NFTs Para leigos

Um token não fungível (que significa único, não substituível), ou NFT, é um código digital exclusivo que representa algum tipo de item digital. Pode ser arte digital, música ou outros. Um NFT é protegido e armazenado em um blockchain público. Um token não é intercambiável por outro nem pode ser dividido.

Existem muitos tipos diferentes de tokens não fungíveis, e eles podem ser criados em blockchains bem conhecidos, como Bitcoin e Ethereum.

DO QUE VOCÊ PRECISA PARA COMEÇAR

Se deseja se envolver nos mercados de NFT ou planeja codificar, compilar e implantar um contrato inteligente de NFT personalizado, precisará de dois itens principais:

- Uma carteira MetaMask, disponível para download em: https://metamask.io.
- Ether, a "moeda" necessária para fazer transações, obtida em "exchanges" [bolsas] de criptomoedas populares, como a Coinbase; acesse: https://www.coinbase.com.

DEZ MERCADOS DE NFT

Para ter uma ideia do cenário do NFT, confira os seguintes mercados:

- **OpenSea** (https://opensea.io/), a primeira e maior plataforma peer-to-peer para criptomoedas.
- **Axie Marketplace** (https://marketplace.axieinfinity.com/), no qual os ativos do jogo Axie Infinity são comprados e vendidos.
- **CryptoPunks Marketplace** (www.larvalabs.com/cryptopunks/forsale), no qual punks exclusivos 24-x-24 pixelizados estão listados para venda.
- **NBA Top Shot** (https://nbatopshot.com/), mercado para momentos da NBA oficialmente licenciados.
- **Rarible** (https://rarible.com/), um mercado que permite criar e listar rapidamente seus próprios NFTs.
- **SuperRare** (https://superrare.com/), um mercado seletivo, para o qual os artistas que queiram anunciar nele devem ser convidados.
- **Alcor** (https://alcor.exchange/nft-market), uma exchange descentralizada em que os NFTs podem ser comprados e vendidos.

NFTs Para leigos

- **Binance NFT Marketplace** (www.binance.com/en/nft/), um mercado geral de NFT que opera na Binance Smart Chain (mas também suporta NFTs na rede Ethereum).
- **Foundation** (https://foundation.app/), uma plataforma na qual os criadores podem criar e leiloar suas obras de arte digitais.
- **Crypto.com NFT** (https://crypto.com/nft/marketplace), um site de leilões de NFT que lhe permite listar NFTs existentes ou cunhar novos para listar.

USOS POPULARES DO NFT

Os usos dos NFTs são abundantes, e a economia respectiva adotou rapidamente esse método de garantir a escalada digital. Aqui estão alguns exemplos populares:

- **Arte digital:** Essa categoria desfrutou de alguns dos preços de venda mais altos e também representa o primeiro caso de uso de NFT, que pode ser rastreado até o "Quantum", de Kevin McCoy (cunhado em 2014). Muitas plataformas hoje permitem que qualquer pessoa cunhe um NFT de sua arte digital.
- **Colecionáveis esportivos:** Colecionáveis como NFTs representam o análogo digital de, digamos, cartões de beisebol tradicionais e outras lembranças esportivas. A NBA Top Shot, uma plataforma para NFTs colecionáveis oficiais da NBA, viabilizou milhões de dólares em vendas e criou uma nova geração de entusiastas.
- **Ativos de jogos:** Os ativos [ou "itens"] de jogos (como terrenos digitais, skins e personagens) são uma combinação perfeita para NFTs, tendo o maior volume de vendas de qualquer outro segmento de colecionáveis digitais.
- **Música:** Os artistas agora podem tokenizar suas músicas para distribuição direta aos fãs. Em muitos casos, os fãs conseguem conteúdo e obras de arte exclusivos. Em fevereiro de 2021, o DJ e produtor 3LAU vendeu US$12 milhões em NFTs. As ofertas incluíam uma música personalizada, acesso a músicas inéditas, obras de arte personalizadas e novas versões de músicas conhecidas.
- **Memes:** NFTs de velhos memes populares, como Disaster Girl, Nylon Cat e Overly Attached Girlfriend foram vendidos por centenas de milhares de dólares.

NFTs Para leigos

NFTs Para leigos

Tiana Laurence e Dra. Seoyoung Kim

ALTA BOOKS
GRUPO EDITORIAL
Rio de Janeiro, 2023

NFTs Para Leigos

Copyright © 2023 da Starlin Alta Editora e Consultoria Eireli.
ISBN: 978-85-508-2031-3

Translated from original NFTs For Dummies. Copyright © 2022 by Wiley Publishing, Inc. ISBN 978-1-119-84331-3. This translation is published and sold by John Wiley, the owner of all rights to publish and sell the same. PORTUGUESE language edition published by Starlin Alta Editora e Consultoria Eireli, Copyright © 2023 by Starlin Alta Editora e Consultoria Eireli.

Impresso no Brasil – 1ª Edição, 2023 – Edição revisada conforme o Acordo Ortográfico da Língua Portuguesa de 2009.

Dados Internacionais de Catalogação na Publicação (CIP) de acordo com ISBD

L379n   Laurence, Tiana
         NFTs Para Leigos / Tiana Laurence, Dra. Seoyoung Kim ; traduzido por Carolina Palha. - Rio de Janeiro : Alta Books, 2023.
         272 p. : il. ; 16m x 23cm.

         Inclui índice.
         ISBN: 978-85-508-2031-3

         1. Administração. 2. Negócios. 3. NFT. 4. Tokens. 5. Blockchain. 6. Criptomoeda. I. Kim, Dra. Seoyoung. II. Palha, Carolina. III. Título.

2023-1666   CDD 658.4012
                                                             CDU 65.011.4

Elaborado por Vagner Rodolfo da Silva - CRB-8/9410

Índice para catálogo sistemático:
1. Administração : Negócios 658.4012
2. Administração : Negócios 65.011.4

Todos os direitos estão reservados e protegidos por Lei. Nenhuma parte deste livro, sem autorização prévia por escrito da editora, poderá ser reproduzida ou transmitida. A violação dos Direitos Autorais é crime estabelecido na Lei nº 9.610/98 e com punição de acordo com o artigo 184 do Código Penal.

A editora não se responsabiliza pelo conteúdo da obra, formulada exclusivamente pelo(s) autor(es).

Marcas Registradas: Todos os termos mencionados e reconhecidos como Marca Registrada e/ou Comercial são de responsabilidade de seus proprietários. A editora informa não estar associada a nenhum produto e/ou fornecedor apresentado no livro.

Erratas e arquivos de apoio: No site da editora relatamos, com a devida correção, qualquer erro encontrado em nossos livros, bem como disponibilizamos arquivos de apoio se aplicáveis à obra em questão.

Acesse o site www.altabooks.com.br e procure pelo título do livro desejado para ter acesso às erratas, aos arquivos de apoio e/ou a outros conteúdos aplicáveis à obra.

Suporte Técnico: A obra é comercializada na forma em que está, sem direito a suporte técnico ou orientação pessoal/exclusiva ao leitor.

A editora não se responsabiliza pela manutenção, atualização e idioma dos sites referidos pelos autores nesta obra.

Produção Editorial
Grupo Editorial Alta Books

Diretor Editorial
Anderson Vieira
anderson.vieira@altabooks.com.br

Editor
José Ruggeri
j.ruggeri@altabooks.com.br

Gerência Comercial
Claudio Lima
claudio@altabooks.com.br

Gerência Marketing
Andréa Guatiello
andrea@altabooks.com.br

Coordenação Comercial
Thiago Biaggi

Coordenação de Eventos
Viviane Paiva
comercial@altabooks.com.br

Coordenação ADM/Finc.
Solange Souza

Coordenação Logística
Waldir Rodrigues

Gestão de Pessoas
Jairo Araújo

Direitos Autorais
Raquel Porto
rights@altabooks.com.br

Produtor da Obra
Thiê Alves

Produtores Editoriais
Illysabelle Trajano
Maria de Lourdes Borges
Paulo Gomes
Thales Silva

Equipe Comercial
Adenir Gomes
Ana Claudia Lima
Andrea Riccelli
Daiana Costa
Everson Sete
Kaique Luiz
Luana Santos
Maira Conceição
Nathasha Sales
Pablo Frazão

Equipe Editorial
Ana Clara Tambasco
Andreza Moraes
Beatriz de Assis
Beatriz Frohe
Betânia Santos
Brenda Rodrigues

Caroline David
Erick Brandão
Elton Manhães
Gabriela Paiva
Gabriela Nataly
Henrique Waldez
Isabella Gibara
Karolayne Alves
Kelry Oliveira
Lorrahn Candido
Luana Maura
Marcelli Ferreira
Mariana Portugal
Marlon Souza
Matheus Mello
Milena Soares
Patricia Silvestre
Viviane Corrêa
Yasmin Sayonara

Marketing Editorial
Amanda Mucci
Ana Paula Ferreira
Beatriz Martins
Ellen Nascimento
Livia Carvalho
Guilherme Nunes
Thiago Brito

Atuaram na edição desta obra:

Tradução
Carolina Palha

Copidesque
Carlos Bacci

Revisão Gramatical
Alberto Streicher
Thaís Pol

Revisão Técnica
Marco Antongiovanni
Especialista em criptomoedas

Diagramação
Lucia Quaresma

Editora afiliada à: ABDR — ASSOCIAÇÃO BRASILEIRA DE DIREITOS REPROGRÁFICOS   **ASSOCIADO** CBL — Câmara Brasileira do Livro

ALTA BOOKS GRUPO EDITORIAL
Rua Viúva Cláudio, 291 – Bairro Industrial do Jacaré
CEP: 20.970-031 – Rio de Janeiro (RJ)
Tels.: (21) 3278-8069 / 3278-8419
www.altabooks.com.br — altabooks@altabooks.com.br
Ouvidoria: ouvidoria@altabooks.com.br

Sobre as Autoras

Tiana (T) e Seoyoung (Soy) são amigas há anos e estão felizes com seu primeiro livro juntas, como investidora e mestre. T e Soy amam boas comidas, vinhos e conversas interessantes, e este livro se materializou na interseção de seus interesses compartilhados.

Dedicatória

Este livro é para nossas famílias — as irmãs de T, Alea e McKella, os pais de Soy, Mama Kim e Papa Kim, a melhor amiga Celi, e a fadinha afilhada Maddie. Somos abençoadas por sermos amadas e amarmos vocês. ❤

Agradecimentos das Autoras

Este livro não teria sido possível sem as ideias, o trabalho e o apoio de muitas pessoas talentosas. A ordem de agradecimentos não reflete a importância. Gostaríamos de agradecer primeiro à equipe editorial: obrigada a Steve Hayes (nosso editor executivo), por fazer isto acontecer; a Paul Levesque e Nicole Sholly (nossos editores de projetos), por nos manter no caminho certo; e a Becky Whitney (nossa preparadora de originais), por se certificar de que a mensagem foi bem passada e que não parecíamos, nós, as leigas. Também estamos em dívida com nossos editores técnicos — Philip Lee, Andre Nash e Alex Cracraft —, por seu trabalho de amor e atenção minuciosa aos detalhes.

Tiana também é grata à comunidade blockchain e NFT, aberta e acolhedora, pelo apoio e orientação que lhe forneceram ao longo dos muitos anos em que escrevia, construía e investia no espaço. Especificamente, seus amigos Scott Robinson, Casey Lawlor, Alyse Killeen, Jeremy Kandah, Anthony Shook, Tom Bollich, Bram Cohen, Brian Behlendorf e outros ajudaram a moldar sua compreensão da tecnologia blockchain e do futuro da inovação. Tiana também gostaria de agradecer a sua equipe de pesquisa — Joe Leonard e Will Rice.

Seoyoung é adicionalmente grata a Sanjiv Das, amiga de longa data e colega, que a doutrinou com a ideologia tecnológica e a levou para o Vale do Silício; a Atulya Sarin, amiga e life coach, a quem deve sua carreira acadêmica; e a George Chacko, amigo e mentor, que lhe sugeriu criar um curso sobre FinTech. Todas as ideias e escritos de Seoyoung são produto de sua orientação especializada e liderança de pensamento.

Sumário Resumido

Introdução 1

Parte 1: Começando 5
CAPÍTULO 1: Apresentando os Tokens Não Fungíveis................7
CAPÍTULO 2: Um NFT Todo Seu 19
CAPÍTULO 3: O Futuro dos NFTs............................... 35

Parte 2: Compra e Venda de NFTs 45
CAPÍTULO 4: Entrando no Jogo................................ 47
CAPÍTULO 5: Investindo em NFTs.............................. 69

Parte 3: Botando a Mão na Massa 81
CAPÍTULO 6: O que É a Ethereum? 83
CAPÍTULO 7: Criando uma Conta na Ethereum 111
CAPÍTULO 8: Configurando um Ambiente de Desenvolvimento.... 139
CAPÍTULO 9: Implantando um Contrato Inteligente............ 165
CAPÍTULO 10: Cheio de Não Me Token.......................... 187
CAPÍTULO 11: Construindo um Token ERC-721 197

Parte 4: A Parte dos Dez 227
CAPÍTULO 12: Dez Mercados de NFTs........................... 229
CAPÍTULO 13: Os Dez NFTs Mais Caros......................... 239

Índice... 249

Sumário

INTRODUÇÃO 1
    Sobre Este Livro 1
    Penso que... 2
    Ícones Usados Neste Livro 2
    Além Deste Livro 3
    De Lá para Cá, Daqui para Lá 3

PARTE 1: COMEÇANDO 5

CAPÍTULO 1: **Apresentando os Tokens Não Fungíveis** 7
    O que É um Bem Não Fungível? 9
    Explorando os Usos dos NFTs 11
    Descobrindo como o NFT Funciona 12
    Comprando NFTs 15
        Por que comprar NFTs 15
        NFTs como investimentos 16
    Prosseguindo na Jornada NFT 17

CAPÍTULO 2: **Um NFT Todo Seu** 19
    Onde Tudo Começou: Gatinhos Não Fungíveis 20
        Blockchain para as massas 20
        Não é apenas uma moda passageira 22
        O impacto dos NFTs 22
        A mecânica do jogo *CryptoKitties* 25
    Passa a Carteira! A MetaMask 26
    Configurando a Coinbase 28
        Criando sua conta na Coinbase 28
        Verificando seu número de telefone 29
        Adicionando suas informações pessoais 29
        Verificando sua identidade e adicionando sua conta bancária 30
        Adicionando fundos à sua carteira 30
    Fazendo Seus Próprios Gatinhos Não Fungíveis 31
        Comprando seu primeiro CryptoKitty 31
        Usando a função Offer 32
        Criando seus gatinhos 32

CAPÍTULO 3: **O Futuro dos NFTs** 35

Dissecando um NFT de US$69 Milhões. 36
Direitos de Propriedade. 38
NFTs e Propriedade Digital. 39
    Música, filmes e livros 39
    Fotos e outras artes digitais 40
    Ativos de jogos 41
NFTs e Imóveis. 42
    Casas, carros e pets não digitais 42
    Arte, joias, vinhos e colecionáveis 43
Imaginando as Possibilidades 44

PARTE 2: COMPRA E VENDA DE NFTS. 45

CAPÍTULO 4: **Entrando no Jogo** 47

Conhecendo as Vantagens e Desvantagens da Compra de NFTs 48
    Vendo o sucesso dos primeiros NFTs. 48
    NFTs como investimento. 49
Os Riscos das Carteiras Quentes 51
    Comparando carteiras quentes. 52
    Prós e contras das carteiras quentes 52
Sua Carteira da MetaMask. 53
    Instalando a MetaMask 53
    Protegendo Sua Carteira no Chrome e no Firefox 56
Comprando Ether para Sua Carteira da MetaMask 57
Explorando os Mercados de NFT 58
    Navegando no OpenSea 58
    Nifty Gateway. 63
    A descentralização do Rarible 65

CAPÍTULO 5: **Investindo em NFTs** 69

Entendendo que os NFTs Não São Criptomoedas 70
O Investimento em NFT 70
O Investimento em NFT É para Você? 72
Estratégias para Leigos. 73
    Valorização do seu NFT 74
    Escolhendo sua estratégia 75
Os NFTs com Melhor Desempenho. 76
Explorando NFTs Populares. 78
    Arte digital 78
    Colecionáveis. 78

Jogos 78
Música 78
Memes populares 79
Impostos sobre NFTs 79

PARTE 3: BOTANDO A MÃO NA MASSA 81

CAPÍTULO 6: O que É a Ethereum? 83
A Ethereum Virtual Machine 83
Ether: O Gás que Alimenta as Transações 86
    A jornada de uma transação 86
    O que os mineradores ganham com isso? 89
    Do happy hour ao preço dinâmico: Um preço razoável de gás 91
    O céu é o limite? 92
    Taxas de transação 94
O Blockchain: Onde Tudo É Armazenado e Protegido 97
    Etash e prova de trabalho: O que torna a Ethereum inviolável? . . . 98
    Mineradores, nonces e ursos 100
    Quantas "confirmações", de fato? 100
    Blocos descartados 102
    Atualizações para o protocolo subjacente 103
Contratos Inteligentes Fazem a EVM Girar 104
    A vida de um contrato inteligente 105
    Possibilidades emocionantes 105
    Limitações notáveis 106
Oracles: Conectando-se ao Mundo "Externo" 107
A Estrutura Fundamental da Ethereum 108
    Olhando para um contexto ampliado 108
    O básico do blockchain 109
    Ó o gás! 110
    Coisas que tornam a EVM interessante 110

CAPÍTULO 7: Criando uma Conta na Ethereum 111
Noções Básicas sobre Contas de Propriedade Externa 112
    O que significa criar uma conta 113
    Chaves privadas versus públicas 114
    Assinaturas digitais 120
Descobrindo as Contas de Contrato 122
Redes Públicas e Ambientes Privados 124
    Ambientes de desenvolvimento local 124
    Redes de teste 125
    Rede principal 125

Preparando Suas Contas (Na MetaMask) 126
    Renomeando contas na MetaMask. 127
    Adicionando ETH diferente a contas diferentes 130
    Financiando sua conta testnet. 131
    Explorando o blockchain da rede de teste do Ropsten. 135
    Saldos "desaparecidos" 137

CAPÍTULO 8: Configurando um Ambiente de Desenvolvimento 139

Explorando a Pilha de Soluções da Ethereum 140
    Elementos da pilha Ethereum 140
    Pilhas pré-fabricadas 141
Mãos à Obra! 143
    Configurando seu ambiente de teste de blockchain local 143
    Conectando uma rede personalizada (Ganache) à sua
       carteira da MetaMask. 147
    Adicionando contas locais (Ganache) à sua
       carteira da MetaMask 150
    Sincronizando o Remix com sua carteira da MetaMask 159

CAPÍTULO 9: Implantando um Contrato Inteligente. 165

Falando a Minha Língua. 166
    Versão pragma do Solidity 167
    Indo do código-fonte para o bytecode 168
Principais Elementos. 170
    Dados 170
    Funções 170
    Logs de eventos 171
Nada Se Cria: As Bibliotecas 172
Fogo! Lançando Seu Contrato Inteligente. 172
    Começando com um modelo simples 174
    Compilando antes do lançamento. 176
    Implantando 178

CAPÍTULO 10: Cheio de Não Me Token 187

Desenvolvendo na Ethereum 188
    Interoperabilidade e composability. 188
    Os ABCs do EIP e do ERC. 188
Interfaces Padrões de Token. 191
    Padrão de token ERC-20 192
    Padrão de token não fungível ERC-721 193
    Outros padrões de token na Ethereum 195

CAPÍTULO 11: Construindo um Token ERC-721 197
    Escrevendo e Compilando Seu NFT 198
        O código 198
        Passo a passo 201
    Implantando Seu NFT 205
        Implantando no Ganache 205
        Implantando no Ropsten 208
        Implantando na Mainnet 219
    Nutrindo Seu NFT 221
        Seguindo seu NFT no blockchain 221
        Interagindo com seu NFT 223

PARTE 4: A PARTE DOS DEZ 227

CAPÍTULO 12: Dez Mercados de NFTs 229
    OpenSea 230
    Axie Infinity 231
    CryptoPunks 232
    NBA Top Shot 233
    Rarible 233
    SuperRare 235
    Alcor 235
    Binance 236
    Foundation 237
    Crypto.com 238

CAPÍTULO 13: Os Dez NFTs Mais Caros 239
    EVERYDAYS: THE FIRST 5000 DAYS 240
    CryptoPunk nº 7523 241
    CryptoPunk nº 3100 242
    CryptoPunk nº 7804 243
    CROSSROAD 243
    OCEAN FRONT 244
    CryptoPunk nº 5217 245
    Código-fonte da World Wide Web 246
    Stay Free 247
    CryptoPunk nº 7252 248

ÍNDICE 249

Introdução

Bem-vindo ao *NFTs Para Leigos*! Se está curioso sobre NFTs — origem, casos de uso e tecnologia subjacente —, este é o livro ideal para você.

Nesta obra, há informações e conselhos úteis para explorar o mundo dos NFTs. Há também guias passo a passo úteis que ensinam a configurar uma boa carteira para armazenar NFTs, a navegar nos mercados de NFT e até mesmo a codificar seu próprio NFT.

Você não precisa de formação em programação, matemática, teoria de contratos ou economia para entender este livro. No entanto, incorporamos esses elementos para transmitir a natureza multidisciplinar dos NFTs e do que eles representam.

Sobre Este Livro

Naturalmente, este material explica os conceitos básicos do NFT, mas também abordamos os contratos inteligentes e a tecnologia blockchain para explicar como ele é protegido e funciona. Além disso, abordamos vários temas da economia e do direito para transmitir as ricas possibilidades do que pode ser alcançado por meio dos NFTs.

Este livro foi escrito para satisfazer uma variedade de interesses — desde jogos e liderança de pensamento em futuros casos de uso de NFT até explicações mais técnicas, que cobrem o funcionamento interno dos contratos inteligentes que o alimentam e a tecnologia blockchain que o protege.

Você não precisa ler esta obra na íntegra para entender seus tópicos, ela é uma jornada personalizável para todos os públicos — é para você caso esteja simplesmente curioso para aprender a linguagem NFT, ou interessado em comprar e vender NFTs, ou, ainda, tomado por um desejo ardente de codificar e implantar seu próprio token não fungível ERC-721.

Penso que...

A maior suposição que fazemos sobre você é que está interessado em aprender sobre NFTs. Estamos falando sério!

Fazemos suposições adicionais ao escrever nossos guias passo a passo que apimentam o decurso deste livro. Embora não presumamos nenhum conhecimento ou experiência em programação, tecnologia blockchain ou cripto-trading, presumimos que você:

» Tem um computador e acesso à internet.

» Conhece o básico para navegar em seu computador e na internet e sabe como baixar, instalar e executar programas.

» Sabe que alguns endereços da web ou hashes longos podem ser divididos em duas linhas neste livro. Tenha em mente que esses endereços e números grandes devem ser copiados como se a quebra de linha não existisse.

» Entende que as coisas mudam rapidamente, em particular no mundo das criptomoedas, e que alguns de nossos guias podem não representar mais as condições vigentes de quando você estiver lendo este livro.

Por fim, presumimos que sabe que não somos fiduciários e não fornecemos consultoria de investimento. Os mercados que descrevemos e os guias passo a passo que fornecemos para comprar e vender NFTs devem ser considerados demonstrativos e informativos.

Ícones Usados Neste Livro

Ao longo deste livro, usamos os seguintes ícones para orientar suas expectativas e direcionar sua atenção a certas informações.

DICA

Este ícone visa chamar sua atenção para possíveis atalhos ou adaptações fáceis que podem ser feitas sem quebrar um sistema inteiro. (Sim, você vai entender o que queremos dizer com isso!)

LEMBRE-SE

Este ícone é usado para destacar informações particularmente importantes que esclarecem possíveis confusões futuras.

PAPO DE ESPECIALISTA — Este ícone objetiva desviar sua atenção (se você não for técnico) ou a chamar (se for um aspirante a tal) para informações mais técnicas, que não são necessárias para entender os pontos principais.

CUIDADO — Este ícone lhe diz para tomar cuidado! Ele marca informações importantes que podem economizar seu tempo, sanidade, tokens e até amizades!

Além Deste Livro

Além do material que você tem em mãos, este livro vem com uma Folha de Cola de acesso gratuito com algumas dicas adicionais para seu aprendizado, bem como códigos úteis, bastando copiar e colar para se juntar ao mundo elegante dos NFTs. Para obtê-la, acesse: www.altabooks.com.br e digite o título ou ISBN do livro na caixa de pesquisa.

De Lá para Cá, Daqui para Lá

Por mais óbvio que pareça, recomendamos que comece no Capítulo 1. A partir daí, você pode traçar sua própria aventura com base em seus interesses de negociar, cunhar ou pensar em usos criativos dos NFTs.

Você não precisa ler este livro inteiro para entender tópicos selecionados. Nós o orientamos conforme apropriado no caso de certas seções ou capítulos exigirem o conhecimento de uma seção ou capítulo anterior.

Vamos começar!

1
Começando

NESTA PARTE...

Descubra o mundo dos tokens não fungíveis.

Conheça o primeiro NFT: *CryptoKitties*.

Descubra como possuir seus próprios NFTs.

Saiba mais sobre os usos atuais e potenciais de NFTs.

NESTE CAPÍTULO

» Definindo tokens não fungíveis

» Apresentando casos de uso de NFT

» Vendo como os NFTs funcionam

» Aprendendo sobre NFTs como um investimento

Capítulo 1
Apresentando os Tokens Não Fungíveis

Tudo começou com o *Bitcoin:* o criptoativo original baseado em blockchain. Com a acentuada valorização nos preços do Bitcoin (veja a Figura 1-1), a internet ficou em efervescência com as criptomoedas novamente. De fato, as tendências de pesquisa do Google nos EUA mostravam que os googlers estavam tão curiosos sobre o Bitcoin quanto sobre o novo presidente do país (veja a Figura 1-2), e o interesse nos NFTs aumentou naturalmente com a maré do Bitcoin (veja a Figura 1-3).

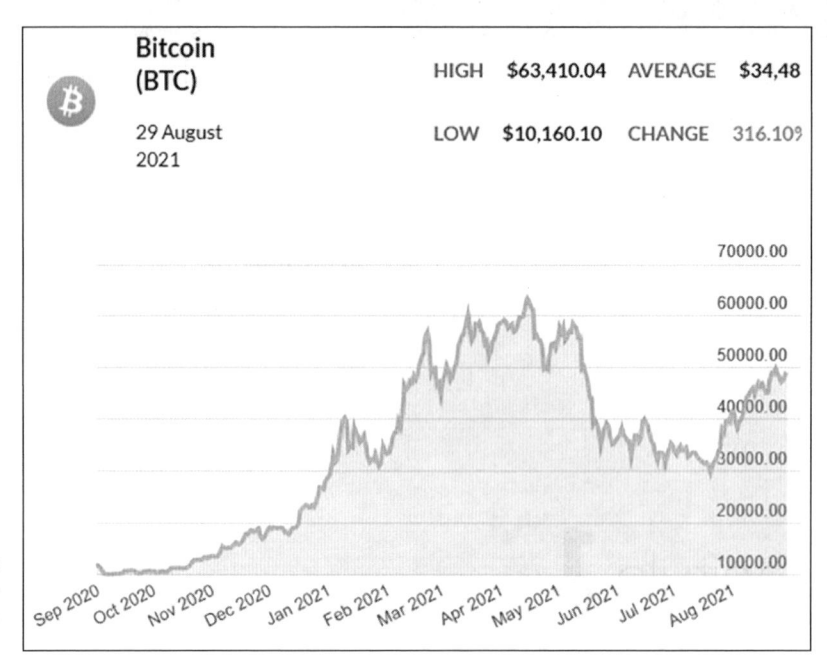

FIGURA 1-1:
Gráfico de preços do Bitcoin.

Disponível em: https://coincap.io/assets/bitcoin.

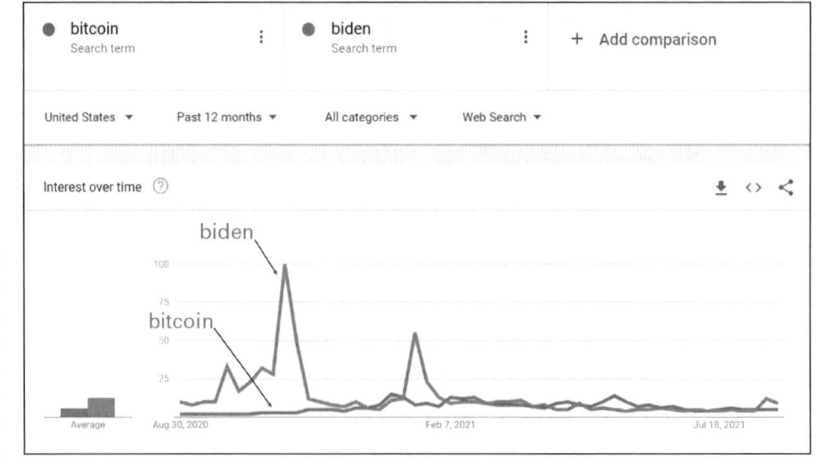

FIGURA 1-2: Google Trends: comparação de pesquisas de *Bitcoin* versus *Biden*.

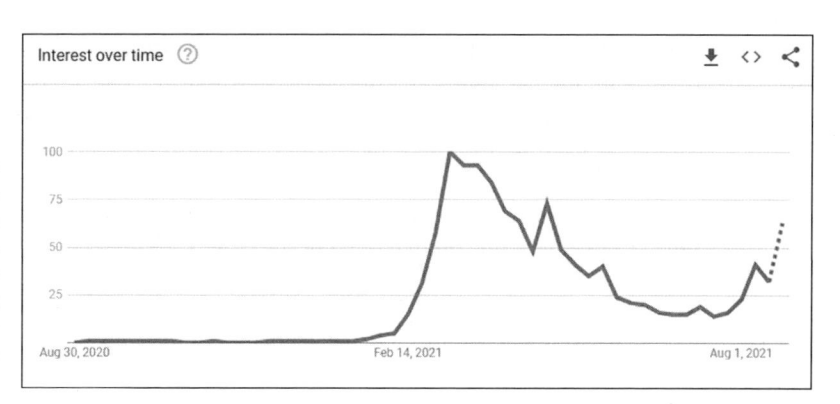

FIGURA 1-3: Google Trends: Comparação de pesquisas para *NFT* ao longo do tempo.

Com relatos extremos e impactantes de cerimônias de queima de arte e NFTs que valem milhões de dólares, uma mistura de espanto, confusão e até desdém envolve essa criatura digital "normal", mas mal compreendida.

Neste capítulo, vamos guiá-lo pelos conceitos básicos dos NFTs — o que são, como funcionam e para que são usados. O objetivo é fornecer um roteiro para decidir de quais aspectos dos NFTs você gostaria de saber mais para personalizar sua seleção de leitura dos capítulos a seguir.

O que É um Bem Não Fungível?

Como você provavelmente aprendeu com amigos ou pesquisas no Google antes mesmo de comprar este livro, NFT significa *token não fungível*. Embora os próprios tokens sejam um desenvolvimento relativamente novo, a ideia de agrupar bens fungíveis e não fungíveis não é.

Pense em notas de dólar, ações da Microsoft e Bitcoin — cada um deles representa um conjunto definido cujos itens são *fungíveis*. Simplificando, não nos importamos com quais notas de dinheiro recebemos, desde que recebamos a quantidade certa, uma vez que cada nota cumpre o mesmo propósito e obrigações que outra.

Bens não fungíveis também são uma parte regular e muito mais prevalente de nossas vidas. Maçãs no supermercado, orquídeas na floricultura e ingressos para um próximo show — inspecionamos nossas frutas e flores para selecionar aquelas que estão menos murchas ou defeituosas. Nos shows, cada ingresso representa um lugar diferente, e um lugar na primeira fila não equivale a um na última.

Por sua natureza, os bens não fungíveis são mais difíceis de registrar e rastrear sistematicamente. Por um lado, eles exigem que mais informações sejam armazenadas para denotar suas diferenças únicas. Embora não possamos digitalizar o mundo, há muitos casos em que nos beneficiaríamos muito de um sistema confiável, transparente e automatizado projetado para agrupar, organizar e rastrear digitalmente coisas não fungíveis que são importantes para nós. Aqui é onde os NFTs entram no jogo!

LEMBRE-SE

Um token não fungível (NFT — *non-fungible token*) é um identificador digital exclusivo que é protegido e armazenado em um blockchain público. Um token não é intercambiável por outro, e um token não pode ser dividido.

O que um NFT realmente representa depende da intenção de seus desenvolvedores. Assim como uma criptomoeda — ou um token fungível — pode representar um meio global de troca (Bitcoin), um token utilitário usado para alimentar contratos inteligentes (Ether) ou um título financeiro vinculado a ações de um fundo (BCAP), os NFTs também diferem em seus usos atuais e potenciais.

Embora o interesse geral em NFTs tenha sido de mínimo a inexistente até recentemente, a comunidade de desenvolvimento está repleta de atividade de token fungível há anos. Após os lançamentos bem-sucedidos de Bitcoin (2009), Litecoin (2011) e Dogecoin (2013), seguiu-se uma onda de projetos, cada um gerando seus próprios tokens fungíveis. Em meio a essa onda criptográfica, os desenvolvedores começaram a imaginar um mundo de colecionáveis digitais — o análogo criptográfico de bonequinhos e artigos esportivos. Esses projetos exigiriam um tipo diferente de padrão de token para garantir a singularidade e a não divisibilidade de cada artigo criptografado.

Finalmente, com o sucesso esmagador dos *CryptoKitties*, um token não fungível da Ethereum que estreou em 2017, o ERC-721 Non-Fungible Token Standard logo se tornou modelo para a comunidade de desenvolvimento. (Leia mais sobre os *CryptoKitties* no Capítulo 2.) Desde então, houve uma explosão de projetos de NFT, com mais de 15 mil NFTs implantados apenas na Ethereum (veja a Figura 1-4).

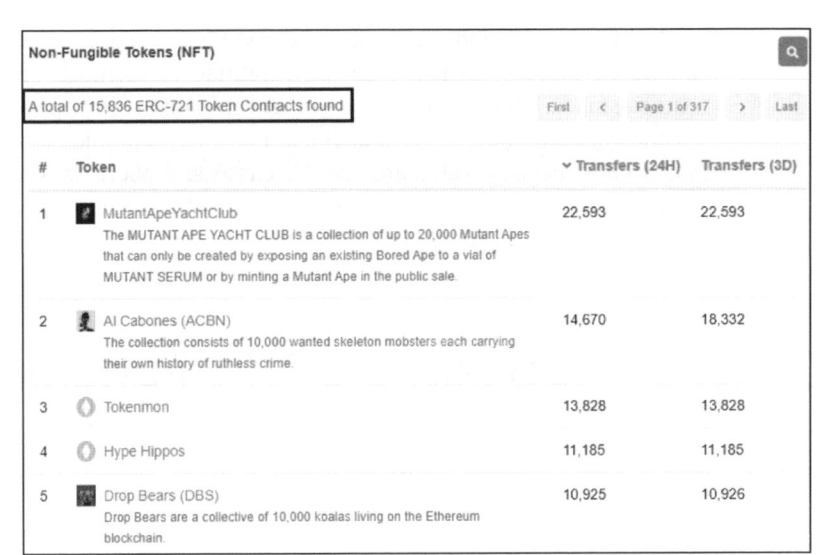

FIGURA 1-4:
Os cinco NFTs mais ativos.

#	Token	Transfers (24H)	Transfers (3D)
1	MutantApeYachtClub — The MUTANT APE YACHT CLUB is a collection of up to 20,000 Mutant Apes that can only be created by exposing an existing Bored Ape to a vial of MUTANT SERUM or by minting a Mutant Ape in the public sale.	22,593	22,593
2	Al Cabones (ACBN) — The collection consists of 10,000 wanted skeleton mobsters each carrying their own history of ruthless crime.	14,670	18,332
3	Tokenmon	13,828	13,828
4	Hype Hippos	11,185	11,185
5	Drop Bears (DBS) — Drop Bears are a collective of 10,000 koalas living on the Ethereum blockchain.	10,925	10,926

Non-Fungible Tokens (NFT)
A total of 15,836 ERC-721 Token Contracts found

Explorando os Usos dos NFTs

O espaço NFT ainda está em sua infância, mas a comunidade de desenvolvimento já está repleta de ideias sobre como colocá-los em bom uso. O caso de uso mais natural — e que atualmente domina o mercado — é o rastreamento de colecionáveis digitais. A partir daí, itens de jogos e mídia digital seriam extensões naturais. No entanto, apesar da recente explosão de NFTs, as implementações atuais ainda são bastante limitadas em seu escopo e, principalmente, envolvem a monetização de colecionáveis. O setor também foi prejudicado pela mentalidade de enriquecimento rápido que tem atormentado o criptoespaço em geral e também atraiu muitos agentes sem escrúpulos.

Ainda assim, vemos muitos casos de uso interessantes para NFTs no horizonte. Alguns deles podem realmente perturbar a maneira como validamos, rastreamos e atribuímos a propriedade de itens únicos e exóticos, ou trabalhar para democratizar efetivamente a criação e distribuição de conteúdo. Imagine tirar o dispendioso trabalho de detetive da verificação do histórico de propriedade de um colecionável raro. Ou imagine um mundo no qual os leilões caros do eBay incluem prova de propriedade no blockchain da Ethereum. Muita atenção está centrada na especulação agora, mas o valor potencial agregado por essas possibilidades emocionantes ofusca as manchetes anunciando os mais recentes milionários e golpistas do NFT.

O mundo das criptomoedas também foi recebido com uma amplitude semelhante de reações, variando de um profundo ceticismo a uma aceitação entusiasmada. Mas, à medida que os governos e as principais instituições financeiras começaram a aceitar Bitcoin e Ether, a promessa da tecnologia subjacente chegou à vanguarda das discussões. Embora os NFTs tenham o benefício de seguir suas criptomoedas (que ainda são muito jovens), precisamos de muito mais tempo para ver como o ecossistema de NFT evoluirá e o que será gerado a seguir.

Descobrindo como o NFT Funciona

As pessoas muitas vezes confundem o próprio NFT com o que ele representa. Um *NFT* é um registro digital protegido por criptografia que verifica sua propriedade ou acesso a, digamos, uma obra de arte digital — mais ou menos como o documento de seu carro indica a propriedade do veículo. Você não tem o carro sem o documento, e não tem o CryptoKitty em sua coleção de jpegs sem o NFT correspondente.

Por exemplo, considere o criptocolecionável conhecido como Mutant Ape Yacht Club (MAYC). Essa nova e estranha coleção de símios mutantes (quem pode ou não fazer parte de um clube?) é o último frisson entre os colecionadores de NFT e agora é o token ERC-721 mais ativo lá fora; veja a Figura 1-5. Mas o que exatamente significa possuir um MAYC em particular?

Ao navegar pelos MAYCs à venda no OpenSea (um dos mercados NFT apresentado no Capítulo 4 e no Capítulo 12), você percebe grafismos e aspectos provocativos na plataforma do mercado; veja a Figura 1-5. O que você está vendo são as representações visuais de cada MAYC individual — mas o próprio NFT é o código digital exclusivo protegido pelo blockchain da Ethereum.

FIGURA 1-5:
MAYCs listados para venda pública no OpenSea.

Por exemplo, considere o MAYC nº 7632, no canto superior esquerdo da Figura 1-5. A compra desse NFT significa que você agora é o proprietário legítimo do registro do TokenID 7632, que está armazenado na conta contrato `0x60e4d786628fea6478f785a6d7e704777c86a7c6` no blockchain da Ethereum. Todas as transferências de propriedade serão memorizadas no blockchain para que a proveniência do MAYC nº 7632 e seu atual proprietário legítimo possam sempre ser conhecidos, conforme mostrado na Figura 1-6.

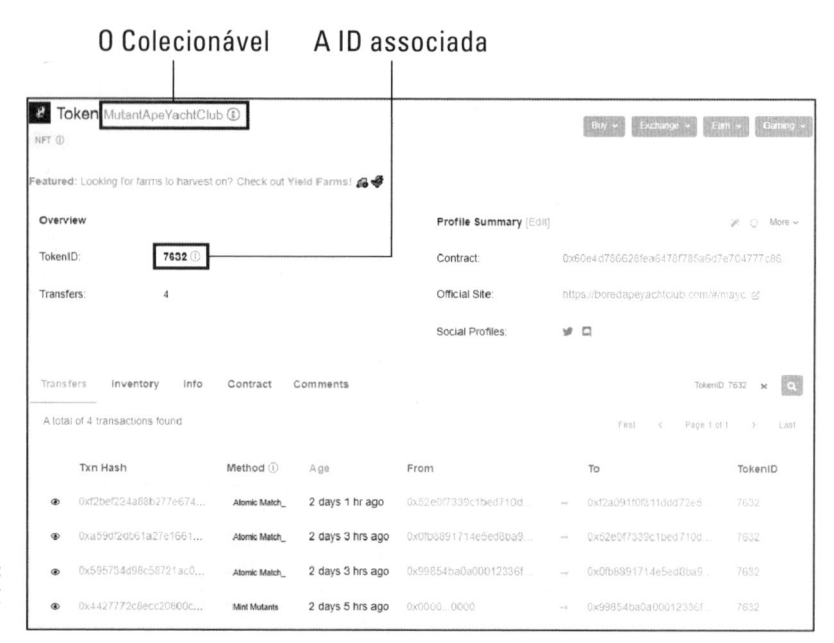

FIGURA 1-6:
MAYC
nº 7632.

Quando este livro foi escrito, havia 14.688 MAYCs e 7.709 titulares. Veja os detalhes individuais e a propriedade de cada MAYC em: `https://etherscan.io/token/0x60e4d786628fea6478f785a6d7e704777c86a7c6`.

LEMBRE-SE

A arte digital que você compra é fácil de duplicar (pressionar a tecla PrintScreen no teclado requer pouco ou nenhum treinamento). No entanto, como o NFT está protegido por um blockchain público, é muito mais difícil transferir, hackear ou duplicá-lo ilegalmente. A beleza dos NFTs está na tecnologia subjacente — um nexo de contratos inteligentes e rede distribuída de validadores — que permite verificar de forma confiável e automática quem realmente possui cada um dos 14.688 NFTs de macacos mutantes.

Assim, nossos símios mutantes fazem parte de um ecossistema descentralizado maior, no qual os registros são mantidos de maneira pública, o que significa que não precisamos de uma parte central confiável, como o Bank of America, para manter um sistema confiável e seguro para rastrear nossos símios mutantes para nós. De sua maneira peculiar, esses símios mutantes estão trazendo mais consciência para o cenário florescente das finanças descentralizadas (DeFi) e das organizações autônomas descentralizadas (DAOs) (para ler mais sobre DAOs, veja os Capítulos 4 e 6).

A maioria dos NFTs é cunhada como token ERC-721 na Ethereum. Assim, como mostrado na Figura 1-6, a proveniência de cada token é memorizada no blockchain público da Ethereum. Cada transação subsequente é validada e executada por uma rede distribuída de mineradores — muito parecida com o sistema que protege o blockchain do Bitcoin.

PAPO DE ESPECIALISTA

Como um NFT é protegido em um blockchain robusto e testado (até o momento, o blockchain da Ethereum nunca foi hackeado), os desenvolvedores de projetos nascentes podem recuperar o sistema existente para proteger registros de propriedade e sistemas de recompensa dentro da subeconomia mais recente em desenvolvimento. Porém, alertamos que, embora o próprio blockchain da Ethereum nunca tenha sido hackeado, os contratos inteligentes individuais implantados na Ethereum já o foram. Portanto, a prática recomendada é usar bibliotecas verificadas que fornecem contratos inteligentes pré-construídos implementando padrões de desenvolvimento revisados e finalizados pela comunidade maior de desenvolvedores principais.

Prometemos que o parágrafo anterior fará muito mais sentido depois que você mergulhar nos capítulos técnicos na Parte 3 deste livro.

Comprando NFTs

Se está curioso para saber como comprar um NFT, saiba que é muito fácil. Existem agora muitos mercados para isso, e o OpenSea é apenas um de muitos. Começando com o Capítulo 2, orientamos sobre como configurar uma carteira para manter seus NFTs e como comprar seu primeiro NFT.

Caso esteja determinado a aprender mais detalhes, vá para os Capítulos 4 e 5, que o familiarizam com as considerações práticas de compra (e venda) de NFTs, e veja o Capítulo 12 para obter um guia sobre dez mercados de NFT.

Antes de avançar, porém, temos duas considerações a destacar.

Por que comprar NFTs

Primeiro, você deve comprar NFTs? Talvez. Depende de suas motivações.

Se planeja realmente *usar* o NFT, então, sim — você deve comprá-lo! Por exemplo, talvez o NFT lhe forneça entrada em um local ou lhe dê o direito legal de postar certas mídias digitais em seu site. Em situações como essas, seu único curso de ação legítimo é comprá-lo.

Também defendemos verificar os mercados de NFT para fins educacionais ou até mesmo de entretenimento. Talvez você simplesmente queira saber como passar pelos movimentos de compra de um NFT. Ou talvez seja mais provável que aprenda a tecnologia subjacente e explore casos de uso adicionais se começar a comprar um NFT.

Em qualquer uma dessas circunstâncias, a pergunta é: "Você está gastando um dinheiro que se arrependeria seriamente de perder?" Se assim for, então você definitivamente não deve comprar NFTs.

NFTs como investimentos

Pensamos em investimentos sob os princípios tradicionais de gestão da área. A essência é ser bem diversificado e reequilibrar ao longo do tempo para ter menos risco à medida que se aproximar da aposentadoria.

Não defendemos escolher ações [títulos mobiliários] individuais como uma boa prática de investimento, e temos a mesma posição quanto aos NFTs. Mas, como mencionamos, não nos opomos a separar algum dinheiro que você *não vai sentir falta*, a fim de se divertir um pouco. Essa diversão pode significar uma viagem ao México, um jantar no elegante restaurante The French Laundry com três estrelas Michelin de Napa Valley ou NFTs de macacos mutantes.

É claro que, à medida que a classe de ativos NFT amadurece, você desenvolve uma melhor noção da relação risco/retorno de vários NFTs e suas alocações apropriadas, se houver, dentro de uma carteira de investimentos bem diversificada. Afinal, com o Bitcoin agora se aproximando de um valor de mercado de US$1 trilhão, todos nós devemos considerar alocar uma (pequena) parte de qualquer portfólio verdadeiramente diversificado para o Bitcoin. Claro, isso está longe de colocar quantias grandes de dinheiro em "investimentos" individuais — sejam ações, sejam NFTs — na esperança de quebrar a banca.

Prosseguindo na Jornada NFT

Em primeiro lugar, esperamos que este livro seja uma forma agradável de você aprender mais sobre essa classe de ativos emergentes. Além disso, esperamos despertar energia criativa, incentivar novas implementações e dissuadi-lo de sucumbir ao desejo de ganhar dinheiro rapidamente.

Desejamos-lhe uma jornada gratificante à medida que você seleciona o próximo capítulo para ler. Muito obrigada!

NESTE CAPÍTULO

» Entendendo NFTs no contexto dos CryptoKitties

» Configurando sua carteira na MetaMask para fazer compras

» Abrindo uma conta na Coinbase para transferir fundos para sua carteira

» Comprando e vendendo NFTs em um mercado

» Cunhando NFTs CryptoKitties

Capítulo **2**

Um NFT Todo Seu

Neste capítulo, você mergulha no mundo emocionante dos tokens não fungíveis (NFTs), que está inserido na plataforma CryptoKitty, da Dapper Labs. Jogar *CryptoKitties* pode ajudá-lo a obter uma compreensão profunda de como os NFTs são criados e negociados.

Mostramos como configurar uma carteira de NFT e uma exchange para comprar e (mais cedo ou mais tarde, criar e) vender seu primeiro NFT, e explorar com confiança os novos mercados, bem como os modelos de negócios em mudança que os NFTs introduziram.

A Dapper Labs está trabalhando duro para tornar suas plataformas acessíveis a todos, independentemente de sua formação técnica. Este capítulo também o prepara para acessar outros mercados de NFT, que abordamos na Parte 2 deste livro.

Onde Tudo Começou: Gatinhos Não Fungíveis

Os NFTs podem creditar sua existência aos *CryptoKitties* (`www.cryptokitties.com`), um novo jogo que foi lançado no último trimestre de 2017, pela Dapper Labs. (A Dapper Labs também criou o sucesso *Top Shop*, a plataforma que permitia aos usuários comprarem NFTs de seus jogadores favoritos da NBA.) Os criadores sentiram que a população em geral não entendia o que era uma criptomoeda ou por que ela importava, muito menos como sua tecnologia funcionava. Da mesma forma, a percepção pública de aplicativos de blockchain permaneceu limitada e focada em golpes de enriquecimento rápido, utilidades na dark web e novos instrumentos financeiros. Os criadores queriam mudar a percepção míope do mercado e desmistificar suas implicações potenciais e de longo prazo que, na melhor das hipóteses, haviam permanecido exóticas.

Blockchain para as massas

Os *CryptoKitties* forneceram um novo ângulo a partir do qual o público em geral poderia visualizar o blockchain. Como um dos primeiros jogos de blockchain do mundo, *o CryptoKitties* poderia aproveitar toda a mesma tecnologia de blockchain que torna o Bitcoin possível. Os *CryptoKitties* não são uma moeda digital; são uma *criptocolecionável* (um ativo digital exclusivo e não fungível) e têm a mesma segurança que uma criptomoeda.

Cada CryptoKitty (veja a Figura 2-1) é único e não pode ser replicado, removido ou destruído. Jogar o jogo às vezes requer uma quantidade significativa de recursos, mas um usuário, enquanto se diverte, ganha uma compreensão íntima de como as criptomoedas e os blockchains funcionam. (O jogo é um pouco viciante, para dizer o mínimo.)

FIGURA 2-1: Aprenda sobre criptomoedas enquanto compra e vende gatos fofinhos.

Os *CryptoKitties* não só apresentaram os NFTs para o mundo, como também introduziram NFTs que poderiam fazer seus próprios NFTs. Eles pegaram os recursos mais difíceis de entender dos blockchains — como suas implicações para a permanência digital e a proveniência rastreável de dados que não podem ser falsificados — e os incorporaram à mecânica de seus jogos.

A Dapper Labs também entendeu as limitações de projetos de blockchain anteriores. Muitas soluções de blockchain estavam procurando problemas e tiveram que usar eventos únicos de captação de recursos para criptomoedas, chamados de ofertas iniciais de moedas (ICOs). Os *CryptoKitties* foram um dos poucos projetos de blockchain em 2017 que não hospedaram uma ICO. Mas eles ficaram tão populares que a venda de gatinhos quebrou seu blockchain, diminuindo as velocidades de transação para o resto dos usuários — uma limitação que a Dapper Labs pode ter negligenciado.

As vendas desses gatos digitais exclusivos, garantidas por meio do novo token, chamado ERC 721, sacudiram a Ethereum. Os sistemas lutaram para acompanhar a demanda por esses gatinhos fofos.

A Ethereum foi um novo blockchain projetado com linguagens de programação internas que permitem aos desenvolvedores construir *aplicativos de blockchain* — aqueles que poderiam tirar proveito de redes distribuídas e sistemas integrados para limpar e liquidar transações. Os tokens foram o aplicativo perfeito para blockchains, permitindo que quase qualquer pessoa emitisse toda uma gama de itens digitais raros — ações, moedas, cupons e muito mais.

O ERC 721 ampliou a funcionalidade dos tokens anteriores introduzindo um padrão aberto que descreve como construir tokens não fungíveis ou exclusivos no blockchain da Ethereum. Os Kitties demonstraram perfeitamente a funcionalidade e as limitações da tecnologia blockchain, além de torná-la divertida e acessível.

O jogo foi uma sensação em todo o mundo, mesmo em meios de comunicação convencionais como *New York Times*, *Wired*, *Forbes*, *CNN Money* e muitos mais. Foi fascinante ver esse jogo peculiar e bem projetado mudar o blockchain para sempre.

A equipe de desenvolvimento do CryptoKitty criou um modelo sustentável baseado em receita que lhe permite continuar crescendo à medida que adquire novos usuários. Antes dos *CryptoKitties*, o blockchain enfrentava dificuldades diante de modelos de negócios sustentáveis. Muitas vezes, as características econômicas do token não se alinhavam com o interesse do usuário e a demanda do mercado. Os *CryptoKitties* mostraram ao mundo que as tecnologias blockchain podem ser usadas para qualquer coisa — até mesmo jogos tolos e fofos para criar gatos digitais.

Não é apenas uma moda passageira

Os céticos que pensavam que os criptogames eram apenas uma moda passageira para os millennials entediados se mostraram errados. Os *CryptoKitties*, que provaram que qualquer coisa pode gerar valor usando blockchains se o tokenomics[1] for sólido, permitem aos usuários acessar a tecnologia blockchain de maneira envolvente. A economia do token é sólida e a utilidade é notável para qualquer pessoa. Mais importante ainda, os usuários não precisam abrir seus terminais ou saber codificar. Eles só precisam jogar.

LEMBRE-SE A tecnologia de registro distribuído (falo mais sobre esse tópico na próxima seção) que suporta tokens não fungíveis tem o potencial de se transformar na maior revolução da era da informação. Suas aplicações potenciais são variadas, para além de gatos digitais, mesmo que aí tenha sido seu início.

O impacto dos NFTs

O blockchain, desde sua instituição em 2009, tem sido um elemento disruptor em inúmeras atividades econômicas. Contudo, o conceito geral de tecnologia blockchain, especialmente na mente do consumidor em geral, ainda estava além da compreensão. (A internet, em seus primeiros dias, também parecia um mistério insondável para a maioria das pessoas.)

Democratização do blockchain

Os NFTs democratizaram o blockchain, tornando-o acessível e extremamente valioso para uma ampla variedade de pessoas. Eles assumiram uma atividade outrora dispendiosa e demorada — vender um item de colecionador — e a tornaram instantânea e verificável, da mesma forma que o e-mail foi uma mudança de paradigma para o envio de uma carta, que poderia levar dias ou semanas para chegar ao destino. Com o e-mail, você recebe e envia instantaneamente uma mensagem por escrito para e de qualquer lugar do mundo. Os NFTs funcionam da mesma forma para a propriedade de itens digitais exclusivos e talvez algum dia representem ativos tangíveis.

---

1 N. da R.: O termo tokenomics é uma junção das palavras "token" e "economics [economia]", e refere-se à lógica de criação, emissão, distribuição e remuneração de um token. Apesar de ser mais comum em inglês, o termo às vezes pode ser traduzido para "economia do token".

PAPO DE ESPECIALISTA

Blockchain é a tecnologia subjacente que sustenta os NFTs. (Você provavelmente já ouviu falar sobre blockchain de passagem, mas pode não estar ciente de muitos de seus aspectos.) Blockchain é um sistema de *registro distribuído*, no qual as informações podem ser armazenadas de forma segura e confiável e no qual qualquer modificação dessas informações é regida por regras estritas. Por exemplo, nenhum participante pode alterar os dados sem que todo o sistema seja informado disso. (Você pode não achar que seja uma estratégia interessante, mas os dados antes do blockchain eram garantidos por um administrador que tinha poderes divinos sobre os registros.)

Os NFTs são valiosos por serem registros confiáveis de proveniência. Você pode registrar transações entre você e outra parte de forma eficiente e verificável no blockchain do sistema. O registro da transferência de seu NFT se torna uma memória compartilhada imutável, distribuída em todo o mundo com recursos rígidos de responsabilização incorporados.

Representação da propriedade

Os NFTs podem representar a propriedade de todos os tipos de itens, incluindo obras de arte digitais e elementos de jogos, não apenas gatos digitais. Esses NFTs são normalmente comprados em Ethereum ou Bitcoin em uma *exchange centralizada* — uma plataforma (como a NBA Top Shop) que facilita as transações.

Negociação entre usuários

Os NFTs podem ser negociados peer-to-peer sem a necessidade de um intermediário. Nesse modelo, a negociação ocorre diretamente entre duas pessoas ou grupos, em vez de usar uma pessoa (ou empresa) como intermediário para todas as negociações para facilitá-las e monitorá-las. Isso significa que não há necessidade de confiar em uma companhia como o eBay ou a Amazon para comprar algo de outra pessoa; você pode fazer isso sozinho usando apenas seu telefone.

Os mecanismos internos de troca que permitem aos usuários negociarem entre si sem um intermediário são chamados de *exchanges descentralizadas* (DEXes), que permitem que você venda seus ativos independentemente de terceiros — eles estão se tornando populares porque as exchanges centralizadas são vulneráveis a roubo. As exchanges administradas por uma empresa exigem que o sistema seja controlado por uma única parte, negando o poder do blockchain e voltando-o contra o usuário. Se um item for roubado de uma exchange de uma empresa, é quase impossível recuperá-lo.

Confecção de contratos inteligentes

Os NFTs permitem trocas descentralizadas por meio de *contratos inteligentes* — scripts de computador executados naqueles registros com acesso a dados sobre o NFT. Por exemplo, ao comprar um CryptoKitty, está adquirindo uma obra de arte digital exclusiva que foi codificada com determinada propriedade que muda automaticamente quando o pagamento é feito — tudo sem a necessidade de um agente terceirizado. Esse sistema reduz o risco ao mesmo tempo em que acelera as transações, eliminando intermediários. Semelhante ao exemplo do e-mail, que mencionamos, a troca de propriedade instantânea com qualquer pessoa no mundo agora é possível.

Criação de escassez digital

A equipe dos *CryptoKitties* abordou o conceito de escassez digital para itens singulares com seus colecionáveis digitais. Não há dois *CryptoKitties* iguais — cada um é único. Os bens digitais, que não são um conceito novo, viram a avaliação do mundo real. Os jogadores do *World of Warcraft* usam o mercado online da plataforma Steam, na qual podem comprar e vender itens do jogo da coleção de seu PC. Mas esse nicho, que era limitado a videogames, não tinha os recursos que o blockchain oferece. Há inúmeros exemplos de hackers, trapaceiros e desenvolvedores mal-intencionados influenciando o ecossistema.

LEMBRE-SE

Os colecionáveis digitais têm um imenso potencial, que começou com os gatos digitais, mas passou para todos os tipos de colecionáveis e arte.

Solução de problemas

A adição de NFT ao mix mudou a forma como as pessoas percebem os colecionáveis digitais, algo evidenciado pelo intenso interesse neles, como CryptoPunks e outros NFTs. Um entusiasta da arte digital pagou US$69,3 milhões pelo NFT *EVERYDAYS: THE FIRST 5000 DAYS*. O CryptoKitty *Genesis*, o mais raro, foi vendido por 246.926 Ether.

O tamanho, escopo e pedigree de longo prazo desses NFTs aliviam os medos associados às criptomoedas, como a lista a seguir deixa claro:

> » **O problema da autoridade emissora central:** Quando os colecionáveis digitais são criados e emitidos, e o mercado identifica os colecionáveis mais raros ou populares, nada impede o criador de simplesmente criar mais. Quando isso acontece, diminui o valor dos colecionáveis originais, tornando-os inúteis.

» **O problema da dependência do fornecedor:** A existência de um colecionável digital depende da presença da autoridade emissora. Se um colecionável digital for criado e o criador inicial deixar de existir, seus colecionáveis digitais também sumirão. Os NFTs, por outro lado, vivem de registros distribuídos que se replicam. Se a economia do token do blockchain estiver alinhada com os nós da rede, seu NFT estará seguro. A maioria dos NFTs contém apenas o contrato inteligente, que em muitos casos aponta para um URL (um risco enorme, uma vez que o host pode ser encerrado ou o conteúdo mudado). A imagem pode ser muito grande ou simplesmente tediosa demais para integrar.

» **Finalidade e função dos colecionáveis digitais:** Os colecionáveis físicos são populares por causa de sua finalidade pretendida. Se você coleciona arte, por exemplo, ela pode valer muito dinheiro e serve a um propósito sendo pendurada na sua parede como um item de decoração e status.

Com a ajuda da tecnologia blockchain, esses problemas foram resolvidos, o que tornou as pessoas muito mais dispostas a investir em colecionáveis digitais além dos videogames. Se os NFTs mantiverem seu valor como um colecionável físico, um mundo inteiramente novo ganhará vida.

A mecânica do jogo *CryptoKitties*

Os *CryptoKitties*, da Dapper Labs, são gatos digitais colecionáveis construídos no blockchain da Ethereum. Eles podem ser comprados e vendidos com *Ether*, a criptomoeda nativa da Ethereum. Você pode criar novos gatos com características emocionantes e níveis variados de fofura.

No lançamento, em 2017, 50 mil gatos Gen 0, conhecidos como Clock Cats, foram criados com um contrato inteligente no blockchain da Ethereum. (Gen 0 significa que foram os primeiros.) Existentes como programas armazenados em um blockchain, os *contratos inteligentes* têm condições predefinidas e seus termos são escritos diretamente no código. Para mais informações sobre contratos inteligentes, veja o Capítulo 9. Os Clock Cats foram distribuídos automaticamente via contrato inteligente a uma taxa de um gato a cada 15 minutos. Todos os gatos foram vendidos em leilão.

Um CryptoKitty é único em aparência, com características distintas. Seu fenótipo é determinado por seus genes imutáveis (genótipo) armazenados no contrato inteligente. Na verdade, todas as mecânicas de jogo fundamentais dos *CryptoKitties* estão vinculadas a contratos inteligentes. Ao transpor a tecnologia blockchain para o game, a equipe de *CryptoKitties* normalizou conceitos anteriormente distantes e capacitou os usuários com a fluência essencial na tecnologia blockchain. Agora você tem uma chance de ganhar o mesmo conhecimento.

Ao dar-lhe a capacidade de criar seus próprios gatinhos, estes se tornaram mais do que apenas um colecionável digital. São artigos pessoais. (Leia mais sobre esses divertidos felinos digitais na seção posterior "Fazendo Seus Próprios Gatinhos Não Fungíveis".) A equipe de *CryptoKitties* também cria uma comunidade autossustentável na qual os usuários podem criar novos colecionáveis e negociá-los no blockchain da Ethereum.

Passa a Carteira! A MetaMask

A MetaMask é uma extensão gratuita do navegador e aplicativo para smartphone que lhe permite interagir com o blockchain da Ethereum. Ela lhe permite logar em sites dApp com suas chaves de carteira e enviar e receber moedas de sua carteira de criptomoedas. Para saber mais sobre outras carteiras e decidir qual é a melhor para você, veja o Capítulo 4.

Para configurar uma carteira na MetaMask, siga estas etapas:

1. **Acesse o site da MetaMask, em:** `https://metamask.io`.

   A MetaMask suporta os navegadores Chrome, Firefox, Brave e Edge. No momento em que este livro foi escrito, não suportava o Safari, mas oferecia um aplicativo para iPhone e um aplicativo para Android. Estamos usando o Google Chrome para este exemplo.

2. **Clique no botão Download Now e, em seguida, clique em Install MetaMask for Chrome.**

3. **Na Web Store do Chrome, clique em Add to Chrome.**

   Quando seu navegador terminar de baixar a MetaMask, você verá a opção de importar uma carteira existente ou configurar uma nova.

4. **Clique no link Add a New Wallet.**

   A MetaMask pede que envie alguns dados. Ele não revelará sua identidade, mas a usa para melhorar o serviço. Você pode optar por sair se quiser.

5. **Crie uma senha.**

   Essa senha é apenas para MetaMask. Não é a frase de recuperação ou as chaves privadas de sua carteira. A senha é de segurança secundária.

   Você é levado para a tela da frase de segurança, na qual lhe é solicitado que escreva uma frase de recuperação. *Não* pule essa etapa.

6. **Anote as palavras e armazene o papel em um lugar seguro.**

    Você pode plastificar o papel e armazená-lo em um cofre. Você precisará da frase de recuperação se perder sua senha ou dispositivo.

7. **Na próxima tela, confirme a frase de recuperação para que a Meta-Mask saiba que você a anotou corretamente.**

    Depois de ter inserido corretamente a frase de recuperação, você pode entrar em sua carteira da MetaMask.

    A equipe da MetaMask está sempre fazendo atualizações. Volte com frequência para ver o que eles adicionaram.

8. **Dentro de sua carteira, vá até Settings e clique na guia geral para alterar a conversão de moeda e escolher a moeda principal.**

    É assim que todas as movimentações em sua carteira da MetaMask são avaliadas.

9. **Escolha um idioma**

    Se você navegar até a seção Advanced, poderá redefinir a conta e limpar todo seu histórico de transações. Você também pode encontrar alguns outros controles, incluindo controles avançados de gás.

10. **Vá até a página principal e clique nos três pontos no lado direito de sua carteira.**

    Ali você pode ver os detalhes de sua conta, incluindo seu endereço Ethereum. Você precisa dele para receber tokens baseados em Ethereum. Isso é tão simples quanto escanear um QR code com seu smartphone. Se já tiver um aplicativo de câmbio de criptomoedas, pule a seção "Configurando a Coinbase".

Uma *carteira de criptomoedas*, como a da MetaMask e outras, permite que você armazene criptomoedas, como o Ether (ETH). Você precisa usar uma *plataforma de câmbio/exchange*, como Coinbase.com, para converter qualquer moeda do mundo real em criptomoedas que você armazena na carteira. Os serviços de câmbio geralmente fornecem uma carteira, mas você pode usar qualquer carteira com qualquer câmbio. A carteira da Coinbase é um aplicativo separado disponível para uso com uma conta Coinbase.com. No entanto, você não precisa fazer a conta para usá-la, e vice-versa.

Configurando a Coinbase

A *Coinbase.com* é um serviço de câmbio popular que lhe permite conectar sua conta bancária a uma carteira de criptomoedas e comprar de uma lista sempre crescente de ativos.

DICA

Você deve ter pelo menos 18 anos e um documento de identificação com foto emitido pelo governo para configurar a Coinbase. Passaportes não são aceitos. Você também precisa de um computador ou smartphone conectado à internet. A Coinbase verifica seu número de telefone por meio de mensagens de texto.

Criando sua conta na Coinbase[2]

A Coinbase não cobra nenhuma taxa para criar ou manter sua conta, mas cobra taxas de transação. Siga estas etapas para criar sua conta na Coinbase:

1. **Acesse** `www.coinbase.com` **em um navegador ou baixe e abra o aplicativo da Coinbase em um telefone com sistema Android ou iOS.**

2. **Clique ou toque em Get Started.**

3. **Insira seu nome legal, seu endereço de e-mail e uma senha.**

   Certifique-se de anotar sua senha e a frase que é gerada para você [*seed phrase*], e armazenar ambas em um lugar seguro. (A *seed phrase* é um conjunto aleatório de palavras usado para recuperar sua carteira. Pense nela como uma senha especial.)

4. **Forneça seu estado de residência.**

5. **Marque a caixa de seleção e clique em Create Account, em um computador, ou toque em Sign Up, em um telefone celular.**

   A Coinbase envia um e-mail de verificação para seu endereço de e-mail.

6. **Abra seu e-mail e selecione Verify Email Address para verificar sua conta na Coinbase.**

   Certifique-se de que o e-mail foi enviado por `no-reply@coinbase.com`.

   Você é levado de volta para a Coinbase.com.

---

2 N. da R.: O processo de criação de conta para brasileiros é um pouco diferente do descrito, mas basta acessar https://www.coinbase.com/pt, clicar em "Começar" e seguir as instruções.

7. Faça login usando o e-mail e a senha que você criou inicialmente para concluir o processo de verificação de e-mail.

Verificando seu número de telefone

Depois de criar a conta na Coinbase e verificar seu e-mail, você também precisa verificar seu número de telefone. Siga os passos a seguir:

1. Faça login na Coinbase.
2. Quando solicitado, selecione seu país e adicione seu número de telefone celular.
3. Clique no pop-up Send Code, em um computador, ou toque em Continue, em seu telefone celular.
4. Insira o código de sete dígitos que a Coinbase enviar para seu número de telefone e clique em Submit, no computador, ou toque em Continue, no telefone.

Adicionando suas informações pessoais

Adicione as informações apresentadas em seu documento de identificação com fotografia válido emitido pelo governo. Para isso, tenha-o em mãos quando concluir estes passos:

1. Entre no aplicativo da Coinbase.

    Depois de verificar seu número de telefone, a Coinbase solicita que você envie uma foto de seu documento de identificação.

2. Insira seu primeiro nome, sobrenome, data de nascimento e endereço, e responda às seguintes perguntas:

    - Para que você usa a Coinbase?
    - Qual é sua fonte de renda?
    - Qual é sua ocupação atual?
    - Quem é seu empregador?
    - Quais são os últimos quatro dígitos de seu número de segurança social (SSN)?

3. Clique em Continue para concluir o processo.

Esta etapa conclui o processo de inscrição. Você precisa esperar até receber mais instruções por e-mail para saber que sua conta foi aprovada. Chegando a esse ponto, você pode completar a próxima seção.

Verificando sua identidade e adicionando sua conta bancária

Quando você receber as instruções adicionais mencionadas na seção anterior, faça o seguinte:

1. **Faça login na sua conta.**
2. **Conclua o processo de verificação de identidade.**

> **DICA**
> Configure a verificação em duas etapas, tal como uma senha descartável baseada em tempo (TOTP) para ajudar a protegê-lo contra o acesso não autorizado à conta. O Google oferece um autenticador, encontrado na Apple App Store e na Google Play Store.

Adicionando fundos à sua carteira

Se você ainda não fez isso, envie um pouco de ETH para sua carteira da MetaMask. Basta iniciar uma sessão em sua carteira e seguir estes passos:

1. **Na página principal de sua carteira, clique no botão Buy.**

   A partir daí, você tem a opção de adicionar tokens por meio de uma carteira que já tenha ou usando o Wyre.

2. **Selecione Directly Deposit Ether e copie o endereço de sua carteira da MetaMask.**

3. **Navegue de volta para sua carteira da Coinbase e use-a para enviar ETH suficiente para comprar um CryptoKitty e cobrir as taxas para a transação.**

   > **CUIDADO**
   > O preço de processamento de sua compra muda diariamente — analise a taxa antes de processar a transação.

4. **Com fundos em sua carteira MetaMask, você pode navegar de volta para o site dos *CryptoKitties,* em: www.cryptokitties.com, para comprar seu primeiro gatinho.**

Se precisar de ajuda adicional para configurar uma carteira ou um aplicativo de exchange, confira *Blockchain Para Leigos,* de Tiana Laurence [Alta Books], ou *Ethereum For Dummies,* de Michael G. Solomon [Wiley]. Ambos os livros abordam esse tópico com mais detalhes.

Fazendo Seus Próprios Gatinhos Não Fungíveis

O jogo *CryptoKitties* tem quatro funções principais: compra, nutrição, reprodução e negociação. Comprar é um processo simples, no qual você adquire um NFT de um gato digital.

Depois de possuir o NFT do gato, pode cunhar um novo NFT criando seu próprio CryptoKitty. Você também tem a capacidade de alugar seu CryptoKitty para ser usado como um "progenitor" para outros usuários que desejem criar seus CryptoKitties. O recurso Offer permite que os usuários ofereçam gatos que não estão à venda, e você pode trocar um gato por outro com qualquer pessoa que esteja disposta a fazê-lo.

Comprando seu primeiro CryptoKitty

A função de compra é direta. Depois de configurar sua carteira na MetaMask (veja as etapas na seção anterior "Passa a carteira! A MetaMask"), você pode ir ao marketplace procurar um gatinho fofo.

Pode começar pesquisando o marketplace dos *CryptoKitties* para encontrar alguns deles. Eles não são gratuitos (a menos que alguém lhe dê um, uma transação que ainda exige que você tenha uma carteira) e podem custar entre US$3 e US$100 mil — mas você paga por eles usando ETH de sua carteira.

Para encontrar um CryptoKitty e comprá-lo, siga estas etapas:

1. **Acesse:** www.cryptokitties.co/search.
2. **Navegue pelos gatinhos na página, insira os termos de pesquisa na parte superior ou escolha Kitty Type, Generation e Cooldown.**
3. **Clique em Next, na parte inferior, para ver mais gatinhos.**
4. **Quando encontrar um gatinho de que goste, clique em Buy Now.**

    Uma nova página é aberta.

5. **Clique duas vezes no gatinho que você está prestes a comprar.**
6. **Se tudo parecer em ordem, clique no botão OK, Buy This Kitty.**

    Surge uma janela de transação do Dapper Labs; ela pede que você configure uma carteira (se não tiver uma) em: www.meetdapper.com. Se decidiu não obter uma carteira da MetaMask, siga as instruções na página do Dapper Labs e, em seguida, volte para encomendar seu *Kitty*.

7. **Clique no botão Submit para comprá-lo.**

   Depois de comprar um *Kitty*, pode levar alguns minutos para o gatinho aparecer em seu perfil. O blockchain da Ethereum precisa registrar a transação e se atualizar com sua nova transferência de propriedade, o que depende da rede Ethereum.

Usando a função Offer

Ofertas [Offer] são outra maneira de comprar gatos. Usando o sistema de ofertas do jogo, os jogadores podem fazer uma oferta em ETH para qualquer *Kitty* que queiram que ainda não esteja à venda. Depois que uma oferta é feita, o proprietário tem três dias para aceitar ou recusar, antes que expire.

Criando seus gatinhos

Em *CryptoKitties*, você pode fazer cruzamentos para criar um novo gato, o qual será a combinação genética de seus pais. Se você tem planos para criar um gato que queira comprar, certifique-se de olhar seu pedigree. Antecipar o resultado é impossível, e as possibilidades de composições genéticas únicas e raras de um CryptoKitty são infinitas. Cada gato tem *Cattributes* [atributos do gato] exclusivos que são visíveis, mas certas características podem ser desbloqueadas por meio da reprodução. Conhecer os Cattributes dos gatos reprodutores pode ajudá-lo a determinar os prováveis resultados da reprodução.

Um gato atua como progenitor em cada par de reprodução e terá um período de recuperação antes de poder cruzar novamente. O segundo gato, a fêmea, incuba o filhote, período durante o qual ela não pode se envolver em outro cruzamento. Você pode criar seus gatinhos de duas maneiras:

» Cruze dois de seus próprios gatos.

» Cruze um de seus gatos com um progenitor ou fêmea públicos. Caso seu gato seja o pai, você recebe uma taxa do dono da fêmea.

LEMBRE-SE Há taxas para o cruzamento, mesmo que você esteja utilizando dois de seus próprios gatos: 0,015 ETH no momento da escrita deste livro, mas isso muda com as condições do mercado.

Embora um CryptoKitty possa cruzar qualquer número de vezes, os períodos de recuperação e gestacional aumentam quanto mais eles acasalam, então preste atenção ao número de cruzamentos (ao lado do ícone Clock, abaixo da foto de seu gatinho). Quanto mais vezes seu gato em potencial foi usado para procriar, mais lento é para produzir descendentes.

Cruze dois gatinhos da mesma geração. O filhote que eles produzem receberá um número de geração que é a maior geração de ambos os pais mais um. Por exemplo, se você criar um Gatinho Gen 4 com um Gatinho Gen 5, terá um Gen 6. Se criar dois Gen 10, por outro lado, ganhará um Gen 11.

> **NESTE CAPÍTULO**
>
> » Examinando o NFT de US$69 milhões de Beeple
>
> » Definindo propriedade e transferências no mundo moderno
>
> » Explorando casos de uso relevantes

Capítulo **3**

O Futuro dos NFTs

Se você estiver lendo este livro na ordem, agora tem uma noção do que são NFTs (definidos no Capítulo 1) e talvez até tenha comprado um (veja como no Capítulo 2). Mas, entre a fofura dos *CryptoKitties* e a extravagância de desembolsar US$69 milhões, a essência dos NFTs pode ser esquecida. Um *token não fungível (NFT)* é simplesmente um código digital protegido por criptografia que verifica a propriedade de itens não fungíveis (isto é, exclusivos).

Este capítulo cobre o potencial futuro dos NFTs e o que eles podem significar para os direitos de propriedade. Antes de entrarmos nesses tópicos, no entanto, primeiro lhe damos algumas informações sobre o infame NFT que vale US$69.346.250 na Christie's, dando uma olhada nas engrenagens do funcionamento interno real desse NFT impossivelmente caro. O que exatamente é esse Beeple NFT, se não a própria arte em si?

Dissecando um NFT de US$69 Milhões

O artista conhecido como Beeple começou sua coleção *EVERYDAYS* com o compromisso de criar uma nova obra de arte digital todos os dias por 5 mil dias. A famosa obra em questão, *EVERYDAYS — THE FIRST 5000 DAYS*, marca a conclusão dessa jornada artística, que teve início em maio de 2007 e culminou na cunhagem do NFT correspondente em 16 de fevereiro de 2021. A obra final *EVERYDAYS* é mostrada na Figura 3-1, mas o que Beeple realmente vendeu?

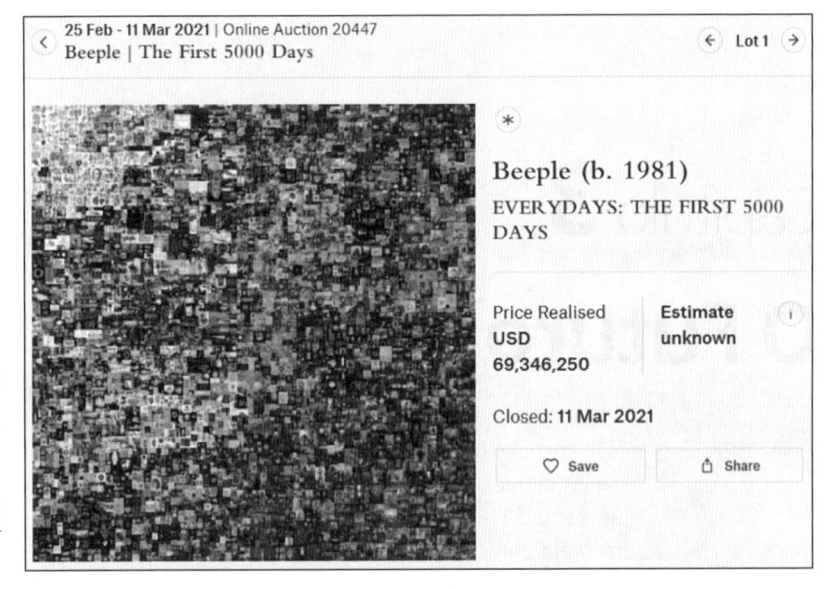

FIGURA 3-1: A famosa obra de arte digital de Beeple, *EVERYDAYS — THE FIRST 5000 DAYS*.

Como as imagens digitais são uma matriz de valores de pixel, Beeple reduziu sua criação de aproximadamente 300 megabytes para uma condensação numérica (conhecida como *código hash*) da representação do gráfico no nível da máquina. Esse código hash foi então incluído com metadados adicionais, passou por um processo de hash novamente e foi armazenado como parte dos metadados do Beeple NFT ao lado do tokenURI `ipfs://ipfs/QmPAg1mjxcEQPPtqsLoEcauVedaeMH81WXDPvPx3VC5zUz`, fornecendo um roteiro para encontrar o *EVERYDAYS* na rede peer-to-peer do IPFS. E, assim, a arte digital de Beeple foi disseminada, e o `token ID 49013` (no endereço do contrato inteligente: `0x2a46f2ffd99e19a89476e2f62270e0a35bbf0756`) nasceu! (Para saber mais sobre a rede IPFS, confira o box "Mergulhando na dark web", na próxima página.)

MERGULHANDO NA DARK WEB

IPFS significa *InterPlanetary File System*, que faz parte do que é coloquialmente chamado de dark web, ou darknet. O IPFS é uma rede descentralizada de compartilhamento de arquivos baseada em armazenamento endereçável a conteúdo, que permite que os dados sejam acessados com base em seu conteúdo, e não apenas no local em que é armazenado. A porção `QmPAg1mjxcEQPPtqsLoEcauVedaeMH81WXDPvPx3VC5zUz` do tokenURI fornece os metadados de conteúdo, dos quais os IPFS precisam para identificar arquivos em toda a rede distribuída. Sim, Beeple distribuiu livremente sua verdadeira obra de arte digital pela versão moderna do Napster!

Esses detalhes aparecem nos registros de eventos da transação em que Beeple cunhou seu NFT de US$69 milhões, conforme mostrado na Figura 3-2. Os detalhes de identificação correspondentes desse NFT estão no local do leilão da Christie, conforme mostrado na Figura 3-3. Se estiver curioso, pode ver os detalhes completos da transação em: `https://etherscan.io/tx/0x84760768c527794ede901f97973385bfc1bf2e297f7ed16f523f75412ae772b3`.

FIGURA 3-2: Um trecho do log de eventos da transação que criou o Beeple NFT.

FIGURA 3-3: Detalhes do Beeple NFT no site de leilões online da Christie.

```
Details                                                    —

Beeple (b. 1981)
EVERYDAYS: THE FIRST 5000 DAYS
token ID: 40913
wallet address: 0xc6b0562605D35eE710138402B878ffe6F2E23807
smart contract address:
0x2a46f2ffd99e19a89476e2f62270e0a35bbf0756
non-fungible token (jpg)
21,069 x 21,069 pixels (319,168,313 bytes)
Minted on 16 February 2021. This work is unique.
```

No final, o que o vencedor do leilão realmente comprou? Nesse caso particular, o NFT não confere direitos exclusivos e legais de acesso à arte digital (a própria arte digital foi distribuída livremente como um bem público); nem representa reivindicações de receita de royalties de seu uso. O que temos aqui é uma incrível história de tecnologia financeira (FinTech) — temos um registro de propriedade desintermediado, mas seguro, memorizado no blockchain da Ethereum, e agora podemos rastrear de forma confiável o histórico desse item digital exclusivo para verificar quem o possui agora e quem o possuiu no passado.

Ao conscientizar sobre essa tecnologia promissora, Beeple e sua grande aposta lançaram uma base para o futuro dos NFTs. Leia mais no Capítulo 13 sobre *THE FIRST 5000 DAYS* e sobre nove outros NFTs que foram vendidos por preços incríveis (incluindo mais duas obras de arte de Beeple).

Direitos de Propriedade

Rastrear a propriedade e a linhagem dos *CryptoKitties* (ou do NFT de Beeple) é apenas o começo do que os NFTs podem realizar. O bom funcionamento dos mercados exige direitos de propriedade bem definidos e aplicáveis. As pessoas muitas vezes consideram como confiáveis os intermediários que servem a esse propósito importante — por exemplo, elas dependem do funcionário do município para manter registros de propriedade, e confiam no DETRAN para manter registros de carros. Agora, os NFTs estão fornecendo uma forma de memorizar as transações e verificar a propriedade que independe de intermediários.

Os NFTs podem ser vistos como ocupando um lugar maior do que apenas ser criptograficamente seguro no blockchain, como no caso do Beeple NFT. Nos tempos modernos, transferir a propriedade implica transferir o direito legal de usar um determinado ativo, seja um carro, seja uma casa, seja uma imagem digital. (O "achado não é roubado" não é uma defesa legal para uma acusação de roubo de automóveis.) Essa estrutura se encaixa bem com os NFTs, que podem ser criados para representar legalmente títulos, escrituras e licenças.

No geral, os NFTs têm o potencial de rastrear de forma confiável as transferências peer-to-peer de registros de propriedade sem a necessidade de um terceiro confiável para verificar a integridade delas. Sua capacidade de rastrear e validar instantaneamente a propriedade de cada item exclusivo os torna adequados para desmantelar qualquer mercado em que tal verificação da procedência seja defeituosa ou inadequada.

NFTs e Propriedade Digital

O rastreamento de propriedade digital era um ponto de partida natural para os NFTs. De colecionáveis digitais a itens de jogos e mídia digital, os NFTs têm o potencial de democratizar verdadeiramente a economia criadora.

Música, filmes e livros

Até pouco tempo atrás, os consumidores tinham que possuir uma música para ouvi-la quando bem entendessem. De fitas cassete a CDs e mp3s, a propriedade das mídias físicas ou digitais foi presumida como o *status quo*.

Apesar da conveniência da música digital, era reconfortante comprar e vender mídia física — os artistas sabiam que apenas um usuário poderia ouvir a música de cada vez, e, uma vez que a mídia física fosse revendida, os consumidores não tinham mais acesso a ela. Assim, a doutrina da primeira venda[1] era promulgada para estabelecer que cópias físicas podiam ser revendidas pelo comprador sem a permissão do detentor dos direitos autorais da própria obra.

Agora, parece que possuir música se tornou uma coisa do passado — com serviços de streaming superando em muito a compra e o download de música.

---

1 N. da R.: A doutrina da primeira venda é um termo jurídico aplicado nos EUA, que equiparou mídias com propriedade intelectual a qualquer outra propriedade física. Ou seja, uma pessoa que tenha comprado um CD pode revendê-lo sem ter que pagar royalties ao autor das músicas.

Essa situação era natural, dado que as cópias digitais não se degradam em qualidade e, consequentemente, o Escritório de Direitos Autorais dos EUA hesitou em aplicar a doutrina da primeira venda às transmissões digitais. Qualquer pessoa pode facilmente vender a música digital que comprou, mantendo uma cópia em seus dispositivos pessoais.

Se os verdadeiros direitos de propriedade e acesso dos meios digitais forem bem estabelecidos e facilmente verificados, as vendas e transferências na esfera digital não devem ser diferentes das vendas e transferências no domínio físico. Assim, os NFTs poderiam trazer de volta o conceito de mídia própria (e a doutrina da primeira venda!) na era digital, não apenas para a música, mas também para filmes e livros.

Fotos e outras artes digitais

O mercado de imagens digitais também fornece um habitat natural para os NFTs, que podem ser usados para demonstrar de forma confiável o direito legal sobre determinada foto ou obra de arte digital. Imagine criar um NFT ao lado de uma imagem digital que você possua (que pode incluir as informações de identificação do NFT nos metadados) para gravar seu proprietário legítimo e usuários autorizados. As vantagens econômicas potenciais para artistas e fotógrafos digitais, que normalmente atuam como colaboradores do Shutterstock e do Getty Images, são enormes.

Com a crescente precisão dos mecanismos de pesquisa de imagens (veja a Figura 3-4), os criadores de conteúdo podem localizar e cruzar usuários não autorizados de seu conteúdo digital de forma automatizada, e os usuários autorizados podem validar sua reivindicação legal usando os metadados do NFT e de imagem correspondentes.

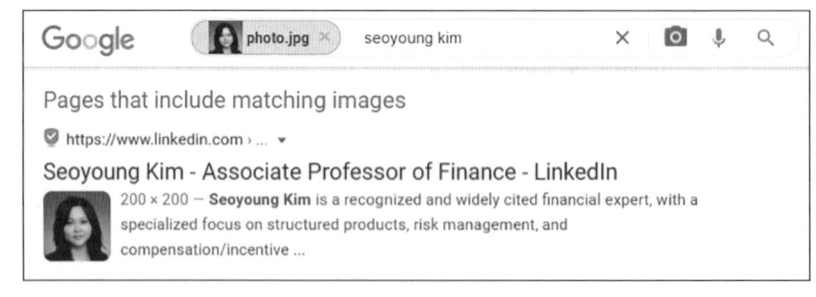

FIGURA 3-4: Um exemplo de pesquisa de imagem no Google.

Uma figura pública também pode usar NFTs para mitigar a criação de um *deepfake* (um vídeo ou uma imagem com o semblante de uma pessoa adicionada ou substituída pelo uso de tecnologia de aprendizado profundo). Imagine os NFTs de Obama, nos quais um novo token é criado para cada obra legítima de mídia digital dele. Os consumidores podem verificar se um arquivo de imagem, áudio ou vídeo foi alterado verificando seu hash em relação aos vários tokens de mídia de Obama. É claro que, em um estado baseado em confiança, você pode confiar nas autoridades centrais para publicar uma lista de hashes de mídia válidos. Mas, em regimes instáveis, um relato imutável e desintermediado de hashes de conteúdo válidos é parte integrante para garantir que o público possa acreditar no que vê.

Ativos de jogos

Com a popularidade de jogos de RPG online, como *EverQuest* e *League of Legends*, os ativos dentro do jogo começaram a ganhar dinheiro do mundo real dos jogadores que estavam ansiosos para acumular riqueza no jogo mais rapidamente ou para alcançar status com itens exclusivos dentro do jogo.

Os jogadores listam seus ativos em mercados como eBay e PlayerAuctions (veja a Figura 3-5) com a promessa de transferir o ativo dentro do jogo após o pagamento (um processo inerentemente repleto de riscos). Os NFTs fornecem um modo natural de representar de forma confiável a propriedade dos ativos e avatares do jogo e facilitar as transferências automáticas entre pares por meio de contratos inteligentes. Imagine um mundo de jogos com propriedade e troca de ativos democratizadas — jogadores experientes mantêm uma parte maior de sua receita de vendas, jogadores novatos pagam menos pelo crédito e as trocas peer-to-peer são instantâneas e praticamente livres de riscos.

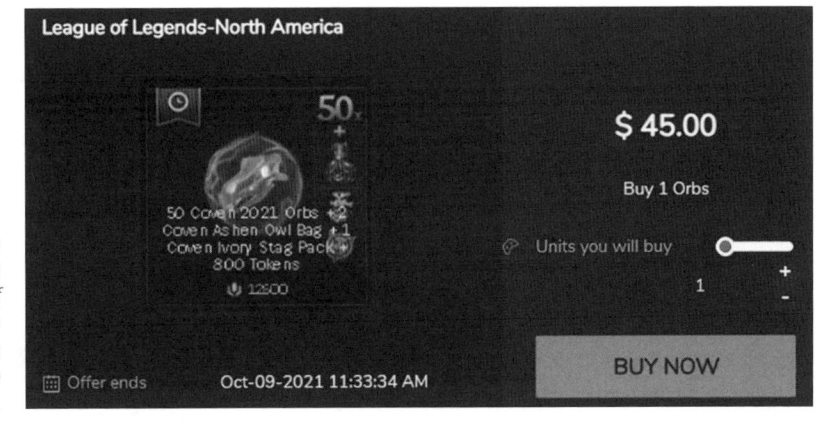

FIGURA 3-5: Um ativo do *League of Legends* para venda em leilões de jogadores.

NFTs e Imóveis

Muitas instâncias do mundo físico também se beneficiariam de um sistema confiável, transparente e automatizado projetado para agrupar, organizar e rastrear digitalmente bens não fungíveis.

Casas, carros e pets não digitais

Imagine um mundo no qual a propriedade de casas e as vendas são memorizadas em um blockchain público, eliminando a necessidade de seguros e serviços de custódia.

Imagine também a emissão de tokens não fungíveis em vez de documentos de carros. Em vez de pagar US$39,99 por um registro do carro no CARFAX [empresa norte-americana], como mostrado na Figura 3-6, você poderia simplesmente consultar o blockchain de código aberto para rastrear a proveniência de certo carro. Você seria capaz de ver as mudanças na propriedade e uma linha do tempo de acidentes, registros de serviços e o cruzamento de divisas estaduais — tudo de graça (ou por uma pequena taxa de transação).

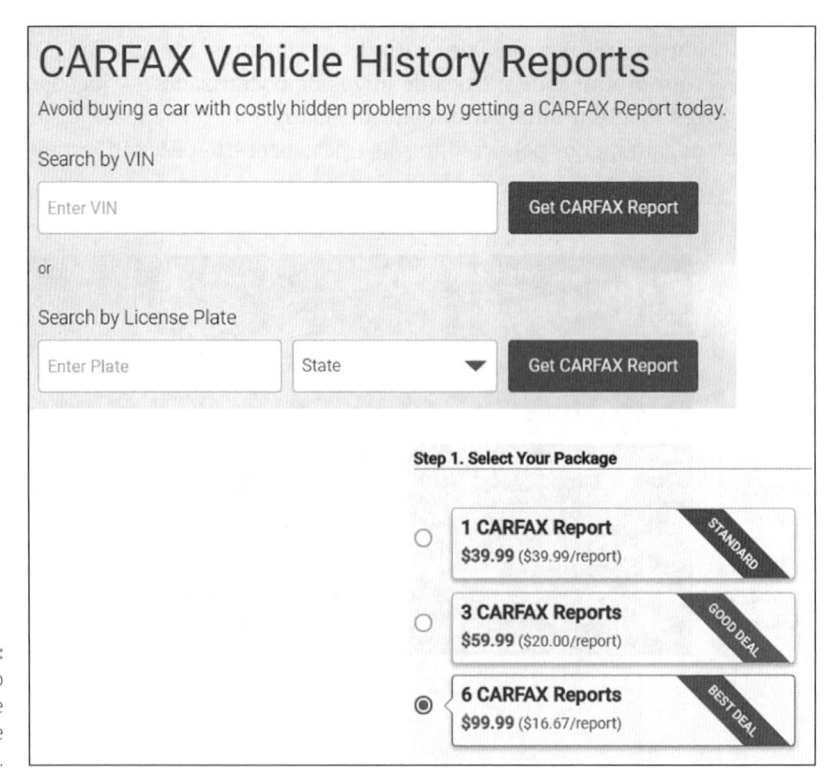

FIGURA 3-6: Interface do CARFAX e regime de preços.

E, claro, os *CryptoKitties* fornecem um caso de teste sólido para rastrear a propriedade e a linhagem de um animal de estimação não digital. Em comparação, um pedigree certificado pelo American Kennel Club (AKC), como mostrado na Figura 3-7, custa US$36 e fornece informações de ancestralidade de apenas (até) quatro gerações.

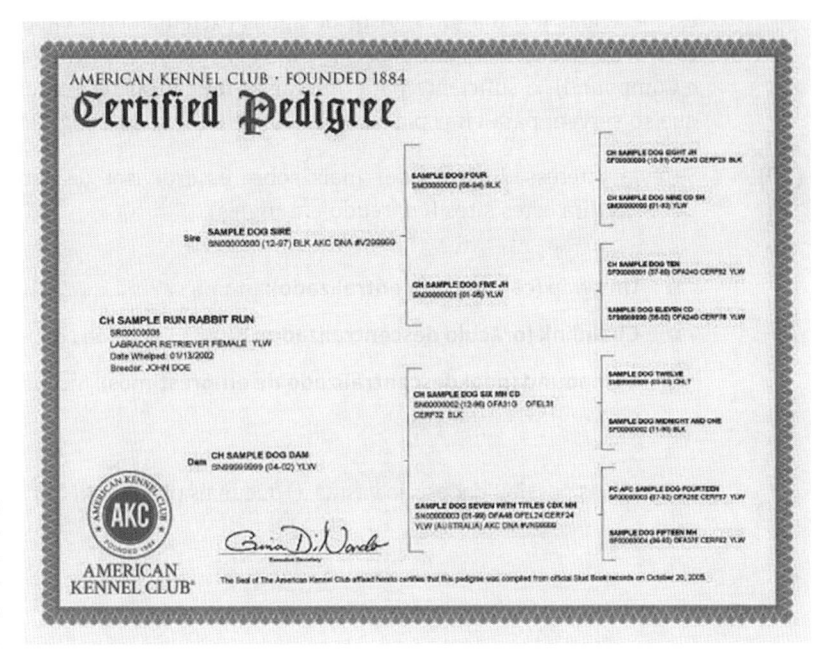

FIGURA 3-7: Um certificado de pedigree emitido pelo AKC.

Arte, joias, vinhos e colecionáveis

Vinhos finos, joias e obras-primas — inúmeras fraudes ocorrem com itens caros e raros. Rudy Kurniawan vendeu infames milhões de dólares em vinhos falsificados, passando misturas mais baratas para garrafas de propriedades de prestígio, como Domaine de la Romanée-Conti e Château Mouton Rothschild.

LEMBRE-SE

Embora os NFTs não consigam detectar ou resolver problemas de falsificação, a inspeção especializada combinada com uma conta confiável de toda a origem de um item fornece garantia — e, se servir de consolo, apenas uma única venda de falsificação da obra original é possível.

CAPÍTULO 3 **O Futuro dos NFTs** 43

Imaginando as Possibilidades

De insígnias de táxi a ingressos para shows, qualquer direito exclusivo e transferível está pronto para mercados peer-to-peer desintermediados. Apresentar o conceito de blockchain e tokens nativos a ideias e práticas estabelecidas levou a um divisor de águas extremamente valioso e significativo: as *finanças descentralizadas*, ou DeFi (pense em Uniswap, Chainlink e Compound), o suficiente para ofuscar as mudanças de nome sem sentido que só servem para virar piadas (alguém se lembra do Long Blockchain?).

DICA

Se está interessado em saber mais sobre esse divisor de águas chamado DeFi, confira estes sites [conteúdo em inglês]:

» **Uniswap (câmbio descentralizado):** `https://uniswap.org/about`.

» **Chainlink (oráculo descentralizado):** `https://blog.chain.link`.

» **Compound (pool descentralizado de empréstimos):** `https://compound.finance`.

No geral, as possibilidades são vastas. O que mais pode ser *NFTizado* no futuro?

2
Compra e Venda de NFTs

NESTA PARTE...

Descubra os prós e contras de comprar seu primeiro NFT.

Veja marketplaces populares para comprar e vender NFT.

Crie seu próprio NFT do zero e de graça.

Acompanhe a venda de seu NFT nos principais mercados.

Crie sua própria estratégia de investimento em NFT.

Estabeleça um plano tributário para seus investimentos em NFT.

> **NESTE CAPÍTULO**
>
> » Configurando sua carteira
>
> » Protegendo sua carteira
>
> » Fazendo uma obra original de arte digital
>
> » Criando seu NFT gratuitamente
>
> » Leiloando sua coleção de NFT

Capítulo **4**

Entrando no Jogo

Este capítulo o prepara para explorar com confiança o mundo do token não fungível para comprar, criar e vender NFTs em várias das plataformas mais populares da internet. Os NFTs permitem a criação de novos tipos de propriedade digital que fortalecem seus criadores. Artistas e colecionadores amam NFTs porque eles têm propriedades específicas que os tornam impossíveis de falsificar. Os NFTs possibilitam a criação de itens como cartões colecionáveis digitais e outros tipos de novas propriedades digitais.

Neste capítulo, você descobre os prós e contras da carteira da MetaMask, como protegê-la e como navegar e usar vários dos mercados NFT mais populares, incluindo OpenSea, Nifty Gateway e Raribles. Também cria e lista seu primeiro NFT de graça e do zero. Finalmente, você aprende sobre os NFTs como uma forma de investimento e as melhores maneiras de capitalizar tokens não fungíveis nos próximos anos.

Conhecendo as Vantagens e Desvantagens da Compra de NFTs

Um *NFT*, ou *token não fungível*, é uma representação digital de um ativo transferido de uma pessoa para outra — normalmente, representa um item digital exclusivo. Essa tecnologia emergente já está sendo usada por empresas de jogos online e pode em breve se tornar o padrão para colecionáveis.

Os tokens não fungíveis são diferentes de outras formas de conteúdo digital. Eles têm certificados apoiados por blockchain que indicam quem possui uma foto ou um vídeo, ou outra forma de mídia online. Cada token é único e atua como um item de colecionador, o que significa que não pode ser duplicado — algo que o torna raro em virtude do design. Os não fungíveis se tornaram extremamente populares desde 2020, com obras de arte caras agora sendo vendidas assim.

Vendo o sucesso dos primeiros NFTs

Alguns dos primeiros não fungíveis foram os gatos colecionáveis digitais do jogo *CryptoKitties*, que abordamos em mais detalhes no Capítulo 2. *CryptoKitties* é um jogo de blockchain na rede Ethereum que o estúdio canadense Dapper Labs desenvolveu. Ele foi pioneiro no padrão de token ERC-721, que permite que os jogadores comprem, coletem, criem e vendam gatos virtuais exclusivos.

Desde sua criação, o padrão de token ERC-721 se expandiu e está sendo usado para facilitar o comércio de todos os tipos de mídia digital.

O Top Shot da NBA

A popularidade dos tokens não fungíveis foi associada ao lançamento do site Top Shot, pela Associação Nacional de Basquete dos EUA (NBA). O site permite que os usuários comprem ou negociem NFTs de seus jogadores favoritos da NBA. Os fãs da NBA são um grupo entusiasmado — cinco meses após o lançamento do Top Shot, houve mais de 100 mil compradores e quase US$250 milhões em vendas. A maioria dessas transações é feita em seu mercado peer-to-peer, com um royalty de cada venda indo para a NBA.

A enterrada de LeBron James, um dos momentos mais emblemáticos do basquete, foi transformada em NFT, que mais tarde foi vendido por US$200 mil. Os fãs adoram comprar lembranças da NBA para se recordarem de jogadores e jogos que foram importantes em suas vidas. Os NFTs aproveitaram esse amor de uma forma totalmente nova.

Músicos

Os NFTs se espalharam para a indústria da música também. Grimes, uma artista que esteve sob os holofotes por vários anos, vendeu uma série de 10 obras no site Nifty Gateway por US$6 milhões. A obra mais vendida foi o videoclipe "Death of the Old", que ela leiloou por US$388.938. Grimes também vendeu várias centenas de edições de dois pequenos clipes intitulados "Earth" e "Mars" por US$7.500 por NFT.

Memes da internet

O famoso meme Nyan Cat foi transformado em NFT. Se você não se lembra desse meme em particular, ele é baseado em um vídeo do YouTube de 2011. A animação mostra um gato com uma Pop-Tart no abdômen voando pelo espaço e deixando para trás trilhas de arco-íris com uma música pop japonesa ao fundo. Em um leilão de 24 horas, seu criador, Chris Torres, vendeu sua edição de aniversário remasterizada de Nyan Cat por US$590 mil.

NFTs incomuns

Itens que não necessariamente se qualificam como uma forma de arte também foram transformados em tokens não fungíveis. Por exemplo, você pode pensar que um tuíte não é arte. No entanto, Jack Dorsey, o CEO fundador do Twitter, vendeu seu primeiro tuíte como NFT por US$2,9 milhões. O tuíte (publicado em 21 de março de 2006) diz: "just setting up my twttr." ["configurando meu Twitter."] Sina Estavi, a rica empresária que o adquiriu, comparou a compra do primeiro tuíte à compra do quadro *Mona Lisa*. Arte e beleza estão verdadeiramente nos olhos de quem vê.

NFTs como investimento

Como em todos os investimentos, você precisa usar de bom senso para determinar o valor da obra de arte do NFT que compra.

CUIDADO

Não somos consultoras financeiras, e isso não é um conselho de investimento.

Os NFTs podem ser valorizados de maneira subjetiva e objetiva. Nesta seção, reunimos alguns itens que você precisa ter em mente e que estão vinculados a uma *queda expressiva do valor do NFT*.

LEMBRE-SE: O NFT é um novo tipo de ativo digital, e as características de seus mercados continuarão a se desenvolver ao longo dos anos. Em poucas palavras, sempre use seu melhor julgamento, compre itens que você ama inatamente e nunca invista dinheiro que não possa perder. Boa caçada!

Popularidade do artista

A popularidade do artista antes da queda é o maior determinante de valor. Se você já ouviu falar do nome dele, é possível que outras pessoas também o tenham e também queiram uma obra digital criada por ele.

Os *CryptoPunks* enfraqueceram um pouco essa ideia porque ninguém afirmaria que tinham alguma popularidade pré-NFT. Os colecionadores de NFT os vendem em mercados como OpenSea ou Rarible por milhares de dólares em Ether (ETH). Tal negociação cria um preço mínimo e lhe dá uma boa ideia de quanto o mercado está determinando seu valor a qualquer momento.

Os *CryptoPunks* também foram um projeto de NFT inicial. Os NFTs podem ganhar valor quanto mais velhos e raros. Muitos dos NFTs de 2017, como *CryptoKitties* e *CryptoPunks*, obtiveram preços impressionantes em leilões.

Segurança blockchain

Quando alguém fala sobre NFTs, a questão da segurança sempre surge. Os NFTs ganharam atenção precisamente porque afirmam ser imutáveis e à prova de fraude. Eles também permitem que você os possua soberanamente, sem depender de uma parte centralizadora para manter a existência e segurança deles (esta é a função do blockchain). A Ethereum surgiu como uma das redes mais populares para proteger NFTs porque é uma das maneiras mais antigas e seguras de criar e protegê-los. Ao avaliar o blockchain de um NFT, você precisa considerar o quão descentralizado ele é, bem como determinar se tem poder de permanência — em outras palavras, se será capaz de manter sua popularidade no futuro.

LEMBRE-SE: Nem todos os NFTs estão completamente on chain. *On chain* significa que os dados que são usados para renderizar a arte digital estão armazenados no blockchain. Como o armazenamento de dados pode ser caro em uma rede de prova de trabalho [Proof-of-Work] descentralizada, os artistas geralmente armazenam a imagem das referências de registro NFT em um serviço de nuvem de terceiros, como a AWS. Alguns NFTs, como Avastars, Aavegotchis e Art Blocks estão completamente hospedados na Ethereum.

CUIDADO: Um NFT off chain é um token que representa a propriedade e não protege a arte digital. Se o NFT estiver on chain, a arte subjacente que o token representa tem a redundância incorporada de uma estrutura de dados distribuída.

Os Riscos das Carteiras Quentes

A MetaMask é uma *carteira quente* [*hot wallet*], uma ferramenta conectada à internet que permite armazenar, receber e enviar ETH e outros tokens. Todas as carteiras baseadas na web são quentes e pouco seguras em relação a todas as carteiras de criptomoedas. Por outro lado, uma *carteira fria* [*cold wallet*] (às vezes chamada de *carteira de hardware* ou *carteira offline*) não está conectada à internet. Dado que a MetaMask é uma carteira quente, não é uma forma segura de armazenar valor. Use-a apenas para pequenas transações que você executará imediatamente.

Até o momento, a MetaMask não sofreu grandes hacks. Ela é uma *carteira determinística hierárquica* (HD wallet), que gera automaticamente uma estrutura hierárquica em forma de árvore de endereços privados e públicos para fazer backup de sua carteira. Você não precisa gerar esses pares manualmente para backups. A MetaMask também tem uma comunidade ativa de desenvolvedores que atualizam regularmente sua base de código. O principal risco que você enfrenta ao usá-la é de ataques de *phishing*, nos quais um golpista envia uma mensagem fraudulenta para enganá-lo e fazê-lo revelar suas senhas e nomes de usuário.

CUIDADO

Ataques de phishing são comuns, e a senha e a frase de recuperação de sua carteira são o alvo. Nunca, sob *nenhuma* circunstância, dê a alguém acesso à sua senha. Você pode prevenir ataques de phishing evitando religiosamente abrir estes itens:

>> Anúncios pop-up.
>> E-mails suspeitos.
>> Links em anúncios ou e-mails suspeitos.

A MetaMask também lhe permite gerenciar sua identidade online. Quando um dApp deseja executar uma transação e escrever no blockchain da Ethereum, a MetaMask atua como uma interface segura para você.

DICA

Dito isso, a segurança da carteira da MetaMask é insuficiente para manter grandes somas. Minha regra de ouro é manter armazenada nela a quantidade que você estaria disposto a ter em sua própria carteira ou bolsa. Se precisar armazenar mais tokens, considere usar uma carteira de hardware, como uma Trezor ou Ledger. Compre também a carteira de hardware diretamente do fabricante. Em alguns golpes recentes na Amazon, os dispositivos foram comprometidos antes de serem enviados ao comprador.

Comparando carteiras quentes

A MetaMask não é a única carteira quente. Nós a escolhemos para usar ao longo deste livro porque ela foi desenvolvida e testada por muitos anos. Existem muitas outras carteiras que você pode explorar, como Exodus e Jaxx. Elas são gratuitas e funcionam bem também.

Prós e contras das carteiras quentes

A útil invenção da MetaMask lhe permite usar o blockchain da Ethereum sem a necessidade de operar também um nó de blockchain completo (executar um nó de blockchain completo é muito trabalhoso e ocupa uma parte significativa do espaço no disco rígido). A MetaMask é útil para novatos no blockchain e nos NFTs.

Esta lista destaca os prós da MetaMask:

- » **Código aberto:** É um software de código aberto que está sendo constantemente atualizado. A grande comunidade de desenvolvimento que contribui para a MetaMask continua melhorando o software e tornando-o mais fácil e seguro de usar.
- » **Configurações:** A MetaMask usa configurações determinísticas hierárquicas que lhe permitem fazer backup de sua carteira.
- » **Integração:** Integra-se a outros aplicativos úteis, como ShapeShift e Coinbase, que são plataformas de troca/exchange e gerenciamento de criptomoedas. Cobrimos a Coinbase no Capítulo 2.

E aqui estão os contras:

- » **Falta de segurança:** Como todas as carteiras quentes, a MetaMask nunca será totalmente segura.
- » **Acesso limitado às suas informações:** A MetaMask tem algum acesso, ainda que limitado, às suas informações, o que deixa algumas pessoas desconfortáveis.

A equipe da MetaMask percorreu um longo caminho desde o lançamento do produto, em 2016, e seu trabalho tornou o acesso ao blockchain da Ethereum fácil, confiável e seguro.

LEMBRE-SE O maior problema com a MetaMask também é o que a torna tão útil: é uma carteira baseada na web. Nunca será tão segura como uma carteira de hardware ou uma carteira de papel.

PAPO DE ESPECIALISTA Quando você adiciona a MetaMask ao seu navegador, é solicitado que atualize suas configurações aprovando uma mensagem que diz algo assim: "Leia e altere todos seus dados nos sites que visita." Aplicativos distribuídos (ou dApps), como os sites de NFT que você acessará mais adiante neste capítulo, acessam o blockchain. A MetaMask precisa injetar um JavaScript web3 em cada página. Isso não altera o site, mas permite que você acesse o site e o blockchain ao mesmo tempo.

Sua Carteira da MetaMask

A MetaMask é uma conhecida cryptowallet que você pode instalar em muitos navegadores populares. Nesta seção, mostramos como configurar sua nova carteira, protegê-la contra roubo e adicionar fundos a ela.

Os criadores da MetaMask queriam fazer uma carteira que fosse fácil de usar e segura. Além disso, queriam que permitisse que novos usuários interagissem com sites da Web 3.0, como o OpenSea (falaremos sobre o OpenSea com mais detalhes mais adiante neste capítulo). Você pode pensar na *Web 3.0* como o esforço contínuo para tornar a internet mais inteligente e conectada, e a MetaMask é sua interface para essa nova web.

A MetaMask lida com o gerenciamento de contas e conecta o usuário ao blockchain da Ethereum. Essa carteira de Ether e tokens ERC20 permite que você gerencie suas chaves privadas da Ethereum por meio de seu navegador da web. Também permite que os usuários façam logon em sites integrados. Isso é muito legal, porque lhe permite executar a Ethereum dApp em seu navegador sem executar um nó Ethereum completo. Antes da MetaMask, você precisava baixar e sincronizar o blockchain completo em seu dispositivo, uma tarefa consideravelmente difícil para a pessoa comum.

Instalando a MetaMask

Colocar a MetaMask em funcionamento é *fácil*. Nesta seção, mostramos as instruções para instalá-la por intermédio destes três navegadores populares: Chrome, Firefox e (o favorito de Tiana) Brave.

DICA Se você não usa um desses navegadores, mas gostaria, sugerimos baixar o Brave de seu site oficial, em: https://brave.com.

CAPÍTULO 4 **Entrando no Jogo** 53

MetaMask para Chrome

Para baixar a MetaMask para o Chrome, abra o Chrome e siga estes passos:

1. **Acesse:** `https://metamask.io.`
2. **Clique no botão de download.**

   Você será enviado para a Chrome Store.

3. **Na página MetaMask, da Chrome Store, clique em Adicionar ao Chrome [Add to Chrome].**
4. **No menu pop-up, escolha Adicionar Extensão [Add Extension].**

É isso. Um pequeno ícone Chrome aparecerá no canto superior direito do navegador. Tudo o que você precisa fazer é clicar nele. Vá para a seção "Protegendo Sua Carteira no Chrome e no Firefox" para ver como fazê-lo.

MetaMask para Firefox

Para baixar a MetaMask para o Firefox, abra o Firefox e siga estes passos:

1. **Acesse:** `https://metamask.io.`
2. **Clique no botão de download.**

   Esta etapa envia você para a página de complementos do Firefox.

3. **Clique no botão Adicionar ao Firefox [Add to Firefox].**
4. **Na janela pop-up exibida, clique em Adicionar [Add].**

Agora você tem uma nova carteira da MetaMask. Um pequeno ícone de raposa aparecerá no canto superior direito do navegador — basta clicar nele. Vá para a seção "Protegendo Sua Carteira no Chrome e no Firefox" para ver como fazê-lo.

MetaMask para Brave

O navegador Brave já tem a MetaMask incorporada, por isso é *fácil* de acessar, pois você só precisa ativá-la. Abra o Brave e siga estes passos:

1. **Acesse:** `https://metamask.io.`
2. **Clique no botão de download.**

3. **Clique em Instalar MetaMask para Brave [Install MetaMask for Brave].**

   Você será direcionado para o site da loja de aplicativos do Brave.

4. **Clique no botão Adicionar ao Brave [Add to Brave].**

5. **Clique em Adicionar Extensão [Add Extension].**

6. **Clique no botão Começar [Get Started].**

7. **Clique no botão Criar uma Carteira [Create a Wallet].**

8. **Clique no botão Não, obrigado [No Thanks].**

   Você também pode clicar no botão Eu Aceito [I Agree] para compartilhar seus dados com a equipe de desenvolvimento da Metamask.

9. **Quando solicitado, crie uma senha exclusiva e anote-a em algum lugar seguro.**

   Não pule esta etapa.

   Você recebe uma senha mestra que consiste em doze palavras.

   O blockchain não tem departamento de atendimento ao cliente — *você* é responsável pela recuperação de sua própria conta. As doze palavras que lhe são dadas em uma senha mestra lhe permitem fazê-lo.

   Na próxima página, a MetaMask pede que você coloque as doze palavras na mesma ordem em que lhe foram dadas. Antes dessa etapa, você tem algumas opções para proteger sua senha e frase: pode anotá-las em um local seguro que não esteja online ou em seu computador. Escrevê-la em vários pedaços de papel e armazenar cada um em dois ou três locais seguros, como um cofre ou um armário de arquivos bloqueável, é uma boa opção. Se puder plastificar sua senha e frase de backup, faça isso agora também.

10. **Digite as palavras conforme indicado e clique em Feito [All Done].**

Protegendo Sua Carteira no Chrome e no Firefox

Se você instalou a MetaMask para Chrome ou Firefox, siga estas etapas para proteger sua carteira:

1. **Abra o Chrome ou o Firefox, clique no ícone de raposa no canto superior direito.**

2. **No meio da nova página exibida, clique no botão Começar [Get Started].**

3. **Clique no botão Criar uma Carteira [Create a Wallet].**

4. **Na página Ajude-nos a melhorar a MetaMask [Help Us Improve MetaMask], clique em Eu Aceito [I Agree].**

5. **Quando solicitado, crie uma senha exclusiva e anote-a em algum lugar seguro.**

    Não pule esta etapa.

    Depois de criar sua própria senha, você receberá uma senha mestra composta de doze palavras.

    ⚠️ **CUIDADO**

    O blockchain não tem departamento de atendimento ao cliente — *você* é responsável pela recuperação de sua própria conta. As doze palavras que lhe são dadas em uma senha mestra lhe permitem fazê-lo.

    Na próxima página, a MetaMask pede que você coloque as doze palavras na mesma ordem em que lhe foram dadas. Antes dessa etapa, você tem algumas opções para proteger sua senha e frase: pode anotá-las em um local seguro que não esteja online ou em seu computador. Escrevê-la em vários pedaços de papel e armazenar cada um em dois ou três locais seguros, como um cofre ou um armário de arquivos bloqueável, é uma boa opção. Se puder plastificar sua senha e frase de backup, faça isso agora também.

6. **Digite as palavras conforme indicado e clique em Feito [All Done].**

Comprando Ether para Sua Carteira da MetaMask

Se você ainda não possui ETH (a criptomoeda nativa da Ethereum), pode comprar pequenas quantidades em seu aplicativo de carteira da MetaMask. Quantidades maiores são permitidas se você passar pelos requisitos de identificação do cliente com o Wyre, o fornecedor de pagamentos para compra de Ethereum.

LEMBRE-SE

O processo de pagamento do *Wyre* lhe permite comprar criptomoedas diretamente com o Apple Pay ou seu cartão de crédito. Não se esqueça de manter apenas pequenas quantidades de criptomoedas em carteiras quentes, como a MetaMask.

Para obter um pouco de ETH, siga estes passos:

1. **No navegador em que instalou a MetaMask, abra sua carteira da MetaMask clicando no ícone de raposa no canto superior direito.**

2. **Faça login em sua carteira usando seu nome de usuário e senha e clique no botão Comprar [Buy].**

3. **Clique no botão Continuar com Wyre [Continue to Wyre].**

   Uma nova janela será aberta e carregará a página de pagamento do Wyre: `https://pay.sendwyre.com/purchase`.

4. **Selecione o valor que pretende e o método de pagamento (Apple Pay ou cartão de crédito).**

Se o aplicativo Wyre não funcionar para você, compre ETH por meio de uma conta da Coinbase, que pode configurar em `www.coinbase.com`. Se precisar de mais apoio para criar a Coinbase, veja o Capítulo 2; para obter ajuda para facilitar uma transferência de carteira para carteira, leia *Blockchain Para Leigos* [Alta Books], de Tiana Laurence.

Os novos tokens aparecerão em sua carteira da MetaMask logo após você comprá-los ou transferi-los. O tempo de espera dependerá da velocidade da rede. Quando chegarem, você estará pronto para comprar seu primeiro NFT.

Explorando os Mercados de NFT

Você pode se perder facilmente em todas as diferentes variações e plataformas que lhe permitem comprar, vender e criar NFTs. Nesta seção, apresentamos três plataformas para tudo isso e até mesmo para criar NFTs.

Navegando no OpenSea

O grande mercado peer-to-peer para bens digitais de propriedade do usuário, OpenSea, oferece colecionáveis, nomes de domínio, arte digital, itens de jogos e outros ativos — todos apoiados por blockchains. O OpenSea lhe permite comprar, vender, criar, transferir e navegar por NFTs em um mercado fácil de usar, e é abençoado com uma grande comunidade de usuários, desenvolvedores e criadores apaixonados.

Devin Finzer criou o OpenSea em 2017 com seu cofundador, Alex Atallah. Finzer havia, pouco antes, vendido sua empresa anterior, Claimdog, para Credit Karma. Sua experiência em trabalhar com grandes gigantes da tecnologia como o Google e estudar ciência da computação e matemática na Brown University o ajudou a ver o potencial de novas economias digitais emergentes habilitadas pela tecnologia blockchain.

O mercado OpenSea foi rapidamente adotado pelos criadores de todos os novos itens digitais construídos com blockchains e evoluiu rapidamente para um mercado de bilhões de dólares. As ferramentas criadas permitem que os desenvolvedores criem ativos digitais ricos e integrados e os vendam.

Tipos de token comuns no OpenSea

Vários tipos de token importantes estão disponíveis no OpenSea. Eles incluem os padrões, como ERC20, ERC1155 e ERC721. Esses padrões diferentes permitem que os usuários programem seus ativos de maneiras distintas:

- » **O ERC20 é um token fungível criado com um contrato inteligente.** Um contrato de token ERC20 mantém o controle de tokens fungíveis. *Fungível* nesse contexto significa que qualquer token único é precisamente igual a qualquer outro. Os tokens ERC20 não têm direitos ou comportamentos especiais associados a eles. Os tokens ERC20 são úteis para tarefas como criar uma criptomoeda e garantir direitos de voto.

- » **O ERC1155 é um token padrão usado para criar ativos fungíveis e não fungíveis (únicos), como cartões digitais, animais de estimação e skins.** Mais complexo que o ERC20, permite que os desenvolvedores usem um único contrato inteligente para representar vários tokens ao mesmo tempo.

> O ERC721 representa a propriedade dos tokens — os tokens ERC721 são usados para rastrear itens, tendo atributos exclusivos. O ERC721 é um padrão mais antigo para ativos digitais não fungíveis. Embora semelhante ao ERC1155, o ERC721 dele difere na medida em que não tem nenhum conceito de saldo. Cada token criado como um ERC721 é único e não fungível, e existe ou não.

PAPO DE ESPECIALISTA

Os desenvolvedores criaram o ERC1155 para ajudá-los a gerenciar as taxas incorridas em seu blockchain. Esse padrão de token leva a economias enormes de gás para projetos que exigem vários tokens. Em vez de implantar um novo contrato para cada tipo de token usando um ERC721, um único contrato de token ERC1155 pode representar vários tokens, reduzindo os custos e a complexidade da implantação.

Comprando NFTs no OpenSea

Comprar um NFT é muito fácil no OpenSea, especialmente se você já possui algum Bitcoin ou ETH e tem uma carteira da MetaMask configurada. No navegador em que instalou a MetaMask, acesse o site do OpenSea (`https://opensea.io`), clique no ícone de raposa e faça login em sua carteira da MetaMask.

Você pode navegar pelas categorias do OpenSea clicando em Marketplace. Cada categoria mostra coleções de tendências, itens listados recentemente e itens recém-cunhados. Para encontrar e comprar NFTs no OpenSea, siga estas etapas:

1. **Em Marketplace, na barra de navegação superior, selecione Art.**

   Esta etapa o leva à página Explore Art, que lista as artes NFT mais recentes. Você pode usar a barra de pesquisa para procurar artistas de que gosta ou procurar o que está disponível.

   Para este exercício, estamos à procura de um dos nossos criadores de NFT favoritos: Artificial Intelligence Art V2. Ele cria obras de arte únicas baseadas em pinturas clássicas. O modelo de IA foi treinado analisando milhões de imagens de artistas famosos como Pablo Picasso, Mark Rothko e Claude Monet. Ele produz uma coleção limitada de obras de arte interessantes que são únicas, mas familiares.

2. **Digite The Aftermath of Uncertainty 1583 na barra de pesquisa.**

3. **Clique na imagem de *The Aftermath of Uncertainty* para acessar sua página, na qual você verá seus detalhes, incluindo o histórico de transações.**

O histórico de transação (role para baixo para vê-lo) mostra quem possui o NFT e o preço que foi pago. Cada NFT tem um proprietário, um criador e um histórico, e essa informação é verificável. A página de cada item também tem uma seção Details, na qual você pode verificar detalhes sobre o contrato usado para criá-lo e outras informações importantes, como qual blockchain protege o NFT e se a imagem está armazenada em um local central ou em vários locais.

4. **Se você localizar uma obra de arte que deseje comprar, clique no botão Buy Now.**

    Sua carteira da MetaMask abrirá uma página de transação que permite adicionar o NFT a ela.

    Depois de comprar o NFT, ele é associado à carteira da MetaMask usada para tal.

LEMBRE-SE

Certifique-se de que sua carteira está segura. Se você não tiver certeza, veja a seção "Instalando a MetaMask", no início deste capítulo.

Criando seu próprio NFT no OpenSea

Configurar sua primeira coleção no OpenSea é simples. Esta seção cobre a criação de uma coleção no OpenSea e a adição de seus próprios NFTs a ela.

Você pode usar qualquer software de arte para criar uma obra de arte digital, então use qualquer ferramenta de criação de arte digital de que goste. Neste exemplo, estamos carregando uma obra de arte abstrata que Tiana criou com o software gratuito disponível em: https://sketch.io.

O OpenSea aceita uma variedade de formatos de arquivo para imagens, vídeos, áudio e modelos 3D. Embora o site sugira manter o tamanho do arquivo em menos de 20MB, suportava arquivos de até 40MB quando este livro foi escrito. Os seguintes tipos de arquivos são suportados pelo OpenSea: GIF, GLB, GLTF JPG, MP3, MP4, OGG, PNG, SVG, WAV e WEBM. (Se você atingir o limite superior de 40MB, poderá encontrar alguns problemas de velocidade.)

O site sketch.io tinha alguns ícones mais antigos no momento da escrita deste livro, mas a Figura 4-1 mostra a página de download com estas opções selecionadas:

» **Format:** JPEG, um dos tipos de arquivo suportados pelo OpenSea.
» **DPI:** 300 — quanto maior a resolução, maior a qualidade da imagem.
» **Size To:** Scale.
» **Size:** 2.0x.

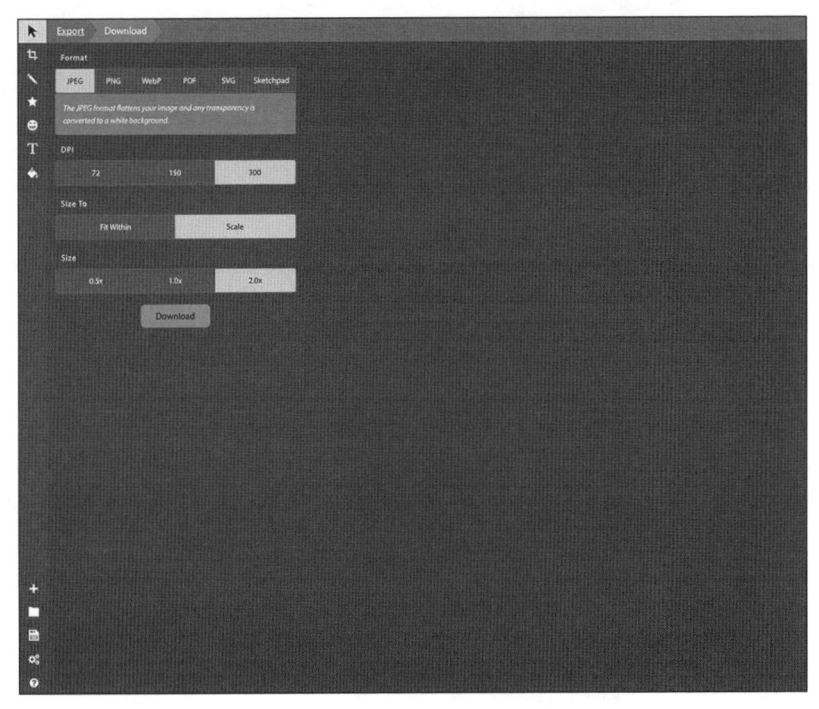

FIGURA 4-1:
A página de download do sketch.io.

Quando baixar seu trabalho artístico, certifique-se de nomeá-lo de forma criativa e salvá-lo em uma pasta acessível. Bom trabalho! Agora você tem uma obra de arte original que pode transformar em NFT. (A Figura 4-2 mostra um original de Tiana Laurence criado no sketch.io para este capítulo.)

FIGURA 4-2: Um original de Tiana Laurence, criado no sketch.io.

Com sua obra de arte concluída, agora é hora de configurar sua primeira coleção no OpenSea. Veja como:

1. **Acesse:** `opensea.io`.

2. **Clique no ícone Profile e escolha My Collections.**

   Com sua carteira da MetaMask instalada em seu navegador, ela deve fazer login no OpenSea automaticamente. Caso contrário, vá para a Etapa 3.

3. **Se solicitado, faça login com sua carteira.**

   Sua carteira será sua identidade no OpenSea.

   Se você ainda não configurou uma carteira, veja a seção "Instalando a Meta-Mask", no início deste capítulo.

4. **Clique no link Create a Collection, na parte superior da página My Collections.**

5. **Digite um nome para sua coleção, bem como uma descrição.**

Agora você tem um espaço no mercado OpenSea! Para adicionar uma obra de arte à sua coleção para outras pessoas verem, basta seguir estes passos:

1. **Na página da coleção, clique em Add Item, na parte superior.**

   Você é enviado a uma nova página, solicitando que envie sua obra.

Em Create New Item, há uma caixa que você pode usar para arrastar e soltar sua imagem, vídeo, áudio ou arquivo de modelo 3D.

2. **Arraste o arquivo de imagem para a caixa indicada na parte superior da página.**

3. **Usando as caixas de texto da página, adicione uma breve descrição e outros detalhes.**

4. **Role até a parte inferior da página e clique no botão Create.**

Parabéns! Você criou seu primeiro NFT. Também pode compartilhá-lo nas redes sociais. (Se você se divertiu muito fazendo isso, marque-me em um tuíte, @LaurenceTiana, com seu novo NFT.)

Nifty Gateway

O Nifty Gateway é uma plataforma de leilão de arte digital premium para tokens não fungíveis. Os famosos gêmeos Winklevoss o compraram dos fundadores, Griffin e Duncan Cock Foster — também gêmeos. O Nifty Gateway vende NFTs criados por artistas populares, como Beeple, Grimes, Billelis e outros artistas de renome internacional. O Nifty Gateway, que tem uma parceria com a casa de leilões Sotheby's, é uma plataforma premium para colecionadores de NFTs.

Descobrindo Nifties e DROPS

O Nifty Gateway chama seus raros itens digitais *de Nifties*, mas não deixe que isso o confunda — *Nifty* é apenas outro nome (mais moderno) para NFTs. Os Nifties seguem o mesmo padrão popular ERC-721 que outros tokens. Cada Nifty é um item digital único. E, como outras plataformas, o Nifty Gateway é um lugar útil para encontrar criptomoedas e arte criptográfica.

O Nifty Gateway oferece um modo fácil de comprar NFTs com seu cartão de crédito ou débito. A maioria das outras plataformas no momento da escrita deste livro exigia que você usasse uma criptomoeda, como o ETH. A plataforma também lhe permite comprar NFTs de criptojogos e aplicativos populares, como *CryptoKitties*, OpenSea e *Gods Unchained*.

Uma característica interessante do Nifty Gateway é o *DROPS*, um momento específico em que um artista lança um número limitado de novas obras de arte digital. Foi assim que a artista Grimes lançou seu NFT *WarNymph*, com seu colaborador, Mac Boucher. Em poucos minutos, eles venderam todas as suas obras de arte.

DICA

Os DROPS se tornaram populares entre os colecionadores porque permitem que você não apenas veja novos trabalhos de artistas incríveis, mas também capitalize sua compra revendendo-os em um mercado de NFT. Essa estratégia é análoga à de comprar ingressos para shows populares e revendê-los em sites de revendedores de ingressos, como o StubHub. A diferença é que os Nifties são vendidos diretamente pelos artistas. Você pode comprar esses NFTs durante um período definido ou comprá-los de seus proprietários originais em mercados secundários.

Configurando uma conta Nifty e fazendo uma compra

Para configurar sua conta Nifty, siga estas etapas:

1. **Acesse:** https://niftygateway.com [conteúdo em inglês].

2. **Clique no botão Sign Up/Sign In.**

3. **Na página de inscrição, preencha as informações da conta para criar uma nova.**

    O Nifty Gateway enviará um e-mail de confirmação com um código.

4. **Verifique seu e-mail e copie e cole na caixa de validação o código que receber.**

Quando se trata de pesquisar e comprar um NFT, é um processo fácil. Siga este procedimento:

1. **Acesse a página inicial do Nifty Gateway:** https://niftygateway.com.

2. **Clique no botão Drops, no canto superior direito.**

    Esta etapa o direciona para uma nova página do DROPS, listando todos os próximos eventos (com datas).

3. **Clique no artista que está em destaque no dia.**

    Esta etapa o direciona para uma página com informações que descrevem o NFT que está à venda.

    A primeira seção mostra informações sobre o artista e a coleção que ele divulgou.

    Os NFTs que estão disponíveis para venda aparecem sob o título Explore Open Collection.

4. **Clique em um dos NFTs para abrir outra página com mais informações sobre quantas edições foram permitidas para essa obra.**

Quando você encontrar um NFT que amar, pode dar um lance nele clicando no botão de lance [Bid] que está na descrição abaixo da imagem do NFT. De dentro do site Nifty Gateway, você compra NFTs com seu cartão de crédito, assim como em sites de compras online comuns.

LEMBRE-SE NFTs são primeiras obras de arte, então podem não ser um investimento produtivo. Sua popularidade (e, portanto, seu valor) pode diminuir ao longo do tempo. Não gaste mais dinheiro em NFTs do que você pode perder, e compre apenas aquilo de que realmente goste.

A descentralização do Rarible

O Rarible, um mercado descentralizado para tokens não fungíveis, foi fundado em 2017 por Alexei Falin e Alexander Salnikov, ambos da Rússia. O Rarible foi lançado para o público três anos depois, em 2020. Como acontece em outras plataformas NFT, você pode criar e vender sua arte tokenizada. Diferentemente de outras plataformas, ele fornece um conjunto diversificado de serviços que são bastante adequados para artistas. O Rarible habilita arquivos de alta resolução e mensagens ocultas. Você também pode configurar contratos inteligentes, que permitem coletar royalties sobre sua obra de arte. Por exemplo, você pode receber uma taxa sempre que sua obra mudar de mãos. O Rarible é uma ótima forma de gerar renda para os artistas. No entanto, isso pode ser contornado se o NFT for revendido em uma plataforma que não suporte o mesmo sistema de royalties.

As diferenças mercadológicas de NFT do Rarible são ainda mais profundas. Desde o início, ele tem sido impulsionado pelo envolvimento da comunidade por meio de uma organização autônoma descentralizada *(DAO)*. Ao contrário dos serviços centralizados, a *DAO* é uma plataforma e um mercado de cunhagem NFT sem custódia, o que significa que não há uma parte central no comando. A DAO do Rarible criou uma forte comunidade de artistas e amantes de NFT que gerenciam a plataforma coletivamente.

Como membro da comunidade, você pode decidir sobre o futuro da plataforma usando seu token de governança nativo, RARI. (Um *token de governança*, para todos os novatos em criptomoedas, é um tipo de criptomoeda que concede poder de voto em um blockchain.) O RARI permite que os criadores e colecionadores mais ativos do Rarible votem em atualizações de plataforma e participem de sua curadoria e moderação.

LEMBRE-SE Para sermos claras, você não pode comprar o RARI e ele não tem valor de mercado — você o ganha participando ativamente da plataforma. Criadores, vendedores e compradores no mercado do Rarible o recebem por meio de distribuições semanais de acordo com seu nível de atividade semanal, como compras e volumes de vendas.

Criar um NFT no Rarible leva apenas alguns minutos. A plataforma tem uma interface simples que lhe permite publicar um NFT e configurar contratos inteligentes com porcentagens de royalties e leilões para sua arte.

A plataforma do Rarible trabalha para resolver problemas de pagamento de propriedade intelectual, fraude e licenciamento de problemas de documentação, oferecendo aos artistas a capacidade de tokenizar suas obras de arte e garantir sua origem e propriedade.

⚠️ **CUIDADO**

O Rarible não é perfeito — ele tem alguns problemas que precisa superar. Por exemplo, os criadores podem fazer *washing* de tokens no sistema DOA do Rarible, um golpe em que um usuário compra sua própria obra de arte para ganhar tokens RARI. Tenha em mente também que o Rarible, no momento da escrita deste livro, ainda não era uma DAO completa. Isso significa que seu voto funciona mais como uma sugestão para a equipe do Rarible. A empresa ainda decide em que trabalhar — o que provavelmente é o melhor a se fazer, dado que o projeto ainda é bastante novo.

Entrando e operando no Rarible

Você configurou uma conta do Rarible conectando sua carteira ao site. Para fazer isso, acesse: https://rarible.com [conteúdo em inglês] e clique em Connect Wallet, no canto superior direito da tela. Selecione MetaMask ou o nome de qualquer serviço de carteira que estiver usando.

Quando a sessão for iniciada em sua carteira, também terá se iniciado no Rarible. Em seguida, você pode ajustar suas configurações de administrador seguindo estas etapas:

1. **Clique no botão My Items, na parte superior da página, ou navegue até:** https://rarible.com/settings.

2. **Nessa página, atualize seu nome de exibição e conecte suas contas de rede social, se desejar.**

3. **Clique no botão Update Profile para salvar as alterações.**

   Se esta etapa criar um novo pop-up de sua carteira da MetaMask, vá em frente e clique nos prompts. Isso pode acontecer quando o site está confirmando sua identidade. Se tiver uma transação pendente em sua carteira, por exemplo, isso impedirá que você atualize suas informações de usuário no Rarible. Você precisará limpar a transação de sua carteira adicionando fundos ou cancelando-a. Depois de limpar sua carteira de transações pendentes, ela pode autenticá-lo no Rarible.

Criando um leilão com uma estrutura de royalties

Antes de mergulhar nas etapas necessárias para realizar um leilão no Rarible, você primeiro precisa criar uma obra de arte digital, usando o Sketchpad ou outro software de arte do tipo.

Com sua obra de arte em mãos, siga estes passos:

1. **Acesse o site do Rarible, em** `https://rarible.com/`.

2. **Clique em Sign in with Metamask.**

   Se ainda não configurou sua carteira da Metamask, volte ao início do capítulo e siga as instruções para configurá-la.

3. **Clique no botão Create, na parte superior da página.**

4. **Na seção Create Collectible, clique em Multiple.**

5. **Clique no botão Choose a File.**

   Esse botão abrirá uma nova janela, que lhe permitirá pesquisar o arquivo para sua arte em seu computador.

6. **Pesquise o nome de seu arquivo de arte usando a barra de pesquisa.**

   O arquivo aparecerá na janela à medida que digitar o nome dele.

7. **Selecione o arquivo de arte clicando nele de dentro da janela.**

8. **Clique no botão Open, no canto inferior direito da janela.**

   Sua arte aparecerá na página do Rarible e você seguirá o resto das instruções de dentro do seu navegador.

9. **Clique no botão Open for bids.**

   Esta etapa permite que o mercado dê lances para seu novo NFT.

10. **Na seção Choose Collection, clique em Rari.**

11. **Adicione o título, uma descrição e a porcentagem de royalties que deseja receber a cada vez que sua obra trocar de mãos.**

12. **Adicione o número de cópias que deseja fazer.**

13. **Clique no botão Create.**

14. **Navegue até sua carteira da MetaMask e clique em Approve.**

Se ainda não adicionou fundos à sua carteira da MetaMask, pode encontrar instruções anteriormente neste capítulo. Haverá uma taxa de gás para garantir seu NFT no blockchain da Ethereum. O valor da taxa não é fixo e será dinâmico. (Para mais informações sobre taxas de gás, veja o Capítulo 6.)

15. **Navegue de volta para o site do Rarible e clique em Start.**

Talvez seja necessário atualizar a página para ver seu NFT.

Parabéns! Você criou com sucesso seu próprio leilão de NFT para várias cópias da mesma obra e definiu uma estrutura de royalties para que seja pago toda vez que seu NFT for negociado.

NESTE CAPÍTULO

» Conhecendo as diferenças entre criptomoedas e NFTs

» Seguindo as regras que regem os investimentos

» Explorando os NFTs de melhor desempenho

» Traçando uma estratégia para investir em NFTs

» Entendendo os impostos sobre NFTs

Capítulo 5
Investindo em NFTs

Este capítulo aborda o novo mundo do investimento em NFT. Aqui você pode explorar estratégias de investimento, incluindo olhar em quais tipos de NFTs investir. Você também é apresentado às regras e órgãos reguladores que regem todos os tipos de investimento, incluindo NFTs.

Se está considerando investir seriamente, gosta de coleções ou quer estar na vanguarda do investimento (ou se está simplesmente curioso), os NFTs têm muito a lhe oferecer. Às vezes, a única maneira de realmente entender um mercado tão novo é explorá-lo. Explorar os marketplaces lhe apresenta a grande variedade de tokens disponíveis. Você também pode ter uma ideia do preço e de como diferentes mercados organizam, listam e vendem seus ativos.

LEMBRE-SE Como em qualquer investimento, você deve pesquisar o máximo possível e nunca investir mais do que pode perder. Também o aconselhamos a acompanhar as mudanças do mercado, pois mudanças em oferta, demanda, tecnologia e regulamentação provavelmente manterão o mercado em fluxo por algum tempo.

CUIDADO: Não somos especialistas em finanças, e as informações contidas neste capítulo não podem ser consideradas consultoria de investimentos ou tributária. Este capítulo não substitui a orientação de consultores profissionais de investimento e contadores.

Entendendo que os NFTs Não São Criptomoedas

Em nível técnico, os NFTs são semelhantes à criptomoeda, pois existem como um registro digital no blockchain. A diferença entre NFTs e criptomoeda é que cada NFT é único. Se você possui um único Bitcoin, por exemplo, pode negociá-lo por outro, e ele terá o mesmo valor de mercado. Isso é descrito como *fungibilidade* — a capacidade de um ativo ser trocado por outro individual do mesmo tipo, o que implica em valor igual entre eles.

No blockchain, qualquer Bitcoin é o mesmo que outro. Isso se aplica ao Ether no blockchain da Ethereum, Litecoin e até Dogecoin, em suas respectivas redes. Milhões de dólares são trocados globalmente por esses tipos de ativos e atraem muitos compradores.

NFTs são diferentes. Cada token não fungível tem um valor único e, embora eles possam ser trocados, não podem simplesmente ser trocados por outro. Apesar de o mercado de criptomoedas ser bastante volátil, a qualquer momento um Bitcoin possui o mesmo valor que qualquer outro. Cada NFT tem seu próprio valor, e ele pode mudar a qualquer momento, sem essa mudança ter nenhuma relação com o valor de outros NFTs.

LEMBRE-SE: O NFT tem valor se tiver um comprador e vendedor dispostos e capazes para tal. Pode ter um mercado bom, ou ninguém querer comprá-lo a qualquer preço. Há especulações de que o mercado de NFTs pode quebrar, assim como os TY Beanie Babies da década de 1990.

O Investimento em NFT

O mundo do investimento tem mudado rapidamente com a invenção das criptomoedas e os novos tipos de ativos digitais, como os *equity tokens* (tokens de investimento que funcionam da mesma forma que as ações), e os NFTs. A regulamentação dentro do espaço não acompanhou o entusiasmo global por esses novos tipos de ativos.

O investimento tradicional tem sido limitado para a população em geral. Você normalmente trabalharia com um corretor de investimentos ou consultor financeiro — indivíduos que o ajudam a navegar pelo mundo complexo de ações, títulos e fundos de investimento. Esses tipos de investimentos têm retornos lentos e mais confiáveis, e os profissionais de investimento que o ajudam são regulados por órgãos governamentais.

Mas nem sempre foi assim. A década de 1920 viu especulações selvagens e fraudes que deixaram milhões de pessoas na penúria. A Securities and Exchange Commission (SEC), criada em 1934 como uma agência reguladora federal independente dos EUA, protege os investidores e faz com que as leis federais de valores mobiliários sejam cumpridas. Fazia parte do New Deal, programa que os EUA criaram para combater as consequências econômicas da Grande Depressão e evitar futuros desastres financeiros causados por fraude ou arrogância.[1]

Para proteger ainda mais o público, o Congresso dos EUA aprovou a Lei de Valores Mobiliários de 1933,[2] que exigia o registro da maioria das vendas de valores mobiliários nos EUA ou disponibilizados aos cidadãos norte-americanos. Essa lei ajuda a prevenir a fraude de valores mobiliários, exigindo que os investidores recebam dados financeiros verdadeiros sobre valores mobiliários públicos. Também deu à Comissão Federal de Comércio (FTC) o poder de interromper as vendas de títulos e colocar as pessoas na cadeia.

LEMBRE-SE

Novos *instrumentos financeiros* — aqueles documentos reais ou virtuais criados por meio de tecnologia blockchain que representam um acordo legal envolvendo valor monetário — estão sujeitos à FTC e à SEC. Tenha em mente essa declaração ao explorar os NFTs, porque eles podem ser um instrumento financeiro e estão sujeitos a regulamentos e leis com base em sua cidadania, país e — se você optar por vendê-las — na cidadania e país do comprador.

A SEC avalia ativos digitais como NFTs de forma semelhante aos tradicionais para determinar se são valores mobiliários. Na época em que escrevemos este capítulo, os NFTs não haviam sido objeto de escrutínio da SEC nem haviam sido tomadas medidas de execução contra os criadores de NFTs. No entanto, os NFTs podem ser usados para fraudar investidores ou para lavagem de dinheiro, e os EUA e outros governos intervêm e regulam o espaço. Às vezes, isso leva anos e pode levar ainda mais tempo para que as penalidades sejam aplicadas.

---

1 N. da R.: No Brasil, a Comissão de Valores Mobiliários (CVM), criada em 1976, possui o mesmo papel que a SEC possui nos EUA.

2 N. da R.: No Brasil, a lei que regulamenta os valores mobiliários é a Lei nº 6.385, de 1976, que também criou a CVM.

Uma forma simples de pensar sobre isso é se você comprar um NFT relacionado a um ativo existente, vendido como um colecionável com um registro público de autenticidade em um blockchain, o que provavelmente não é um título financeiro. Sua compra seria como adquirir uma pintura ou outra obra de arte. Entretanto, os NFTs podem ter muitos tipos de propriedades que podem facilmente torná-los um instrumento financeiro. Se você comprar um NFT que prometa um retorno sobre seu investimento, pode ser um título — um investimento imobiliário vendido como um NFT que prometa um dividendo, por exemplo, ou um fluxo real da arte digital também pode ser um título, pois provavelmente não passaria no Teste Howey,[3] que determina o que se qualifica como um "contrato de investimento" nos EUA e que tipo de ativos estão sujeitos às leis de valores mobiliários do país. Quando você está examinando uma oportunidade de investimento e não tem certeza se é um contrato de investimento, submeta-a a estes quatro critérios:

» Envolve um investimento de dinheiro.
» É um empreendimento comum.
» O lucro é esperado.
» Tal lucro é derivado dos esforços de outros.

O Investimento em NFT É para Você?

Antes de desenvolver uma estratégia de investimento em NFT, primeiro se pergunte se esse tipo de investimento é adequado para você. É possível escolher muitas outras oportunidades de investimento que tenham mais histórico, previsibilidade e pesquisa de mercado disponível. Tal como acontece com todos os investimentos altamente voláteis e especulativos, *não aposte tudo em NFTs*.

CUIDADO

Invista apenas valores que você pode perder. Essa estratégia ajuda a mantê-lo seguro financeiramente e evita o estresse indevido.

Quando e se você vir uma maior demanda e um preço mais alto pelos ativos que possui, será divertido e emocionante. E se ninguém nunca pensar que o que você possui é interessante ou valioso, não será uma perda, porque você permaneceu dentro de seus meios e, esperamos, amou o que comprou.

---

3 N. da R.: O Teste Howey também é aplicado no Brasil para verificar se um determinado ativo deve ser regulado pela CVM ou não. O art. 2º da Lei nº 6.385 formaliza esses critérios na legislação, que está sendo continuamente revisada pela jurisprudência.

Aqui estão duas razões pelas quais as pessoas geralmente investem em NFTs:

> » **Entrar no terreno de novos ativos:** Possuir um dos primeiros NFTs de seu tipo definitivamente carrega um certo prestígio.
>
> » **Ganhar dinheiro:** No momento, algumas pessoas estão fazendo uma fortuna comprando e vendendo NFTs. Infelizmente, poucos dados estão disponíveis para os mercados secundários. Ainda assim, você encontrará muitas histórias de pessoas enriquecendo.

Os NFTs parecem estar desfrutando de um momento semelhante aos primeiros dias das criptomoedas. Algumas pessoas ganharam tanto dinheiro comprando Bitcoin e outros tokens no início, que todos queriam entrar no jogo. Alguns se saíram bem, mas outros investiram em novas moedas que não conseguiram ganhar ou mesmo reter seu valor. Eles perderam um capital significativo nas flutuações do mercado.

Estratégias para Leigos

Os NFTs têm investidores entusiasmados com as significativas oportunidades globais inexploradas disponíveis. NFTs também podem ser uma bolha prestes a explodir, muito parecido com o TY Beanie Baby da década de 1990. A verdade provavelmente está em algum lugar no meio desses extremos.

DICA — Alguns NFTs podem oferecer oportunidades de ouro para investimento e outros podem rapidamente perder valor. De certa forma, investir em NFTs é como qualquer outro tipo de investimento e, sem dúvida, traz riscos. Estar bem informado é sua melhor abordagem.

Você pode decidir colecionar NFTs para se divertir. Muitas pessoas colecionam moedas ou selos por prazer. Sim, às vezes as coleções são extremamente valiosas, mas muitos colecionadores se sentem muito bem nunca vendendo o que conseguiram. Se você, por outro lado, quiser arriscar e construir valor ou riqueza com NFTs, precisa fazer o dever de casa.

LEMBRE-SE — Saltar para os NFTs sem conhecimento suficiente seria como investir em arte tradicional sem entender a arte ou o valor da arte. Você pode ficar preso a um item que não tem valor financeiro. Se for longe demais em tais investimentos, isso pode chegar à ruína financeira.

Valorização do seu NFT

Em muitos aspectos, um NFT é apenas uma versão digital de um item colecionável tradicional ou item de arte moderna digital. Cartões de beisebol, moedas, arte, documentos e até carros podem ser colecionáveis. O que lhes dá valor é sua escassez e desejabilidade. Quanto mais algo é desejado e quanto menor for sua oferta, maior seu valor. Você ainda precisa ter compradores dispostos e capazes, ou então nenhum mercado existe, não importa o quão raro o item seja.

Os NFTs são semelhantes a todos esses itens, mas ao mesmo tempo diferentes. O NFT, em si, é apenas um registro em um blockchain que verifica propriedade e proveniência; um NFT geralmente não contém o conteúdo digital subjacente. Os blockchains têm capacidade limitada, e os arquivos de mídia digital são muito grandes e caros para ser armazenados dessa maneira na maioria dos blockchains tradicionais.

A tecnologia por trás dos NFTs ajuda a criar parte desse valor. Como a escassez está relacionada ao valor dos colecionáveis, as criações digitais tornaram-se desafiadoras. As obras digitais muitas vezes podem ser copiadas sem perda de qualidade — o que pode dificultar a "posse" de um ativo digital. Os NFTs corrigem esse problema permitindo que os artistas criem edições limitadas ou até mesmo um token para o original e vendam os direitos a um colecionador. Esses itens podem representar o valor do ativo; em outras palavras, representam o que alguém está disposto a pagar por ele.

Você pode escolher entre vários métodos para determinar o valor de um NFT. O consenso em torno do valor de qualquer ativo pode ser baseado em marca, escassez ou mercado. Se está habituado a lidar com outros colecionáveis, pode achar esses fatores familiares.

Marca

A marca, nesse contexto, é basicamente uma questão de quem criou ou está relacionado ao ativo NFT. Um dos colecionáveis mais caros vendidos na NBA Top Shot (https://nbatopshot.com) é um videoclipe de LeBron James, que discutiremos mais adiante na seção "Os NFTs com Melhor Desempenho". A marca LeBron tem valor — embora os colecionadores possam ficar impressionados com o movimento exato demonstrado no clipe, o valor mais significativo é a pessoa. O mundo NFT agora tem desenhado alguns grandes nomes, Coors, Coco Cola, NBA, e artistas como Beeple e Grimes. Embora seja possível encontrar um NFT valioso não relacionado à marca de um artista conhecido, é muito mais difícil estabelecer valor em longo prazo.

Escassez

A escassez é um dos fatores mais críticos na determinação do valor do NFT. Se um artista libera uma única cópia de uma obra, ela tem mais valor do que se ele liberar 10 mil. Felizmente, como a escassez é um fator tão importante, a maioria dos mercados deixa claro quantas cópias de cada obra estão disponíveis. Assim, criadores e marketplaces podem impactar rapidamente o valor por meio da escassez, controlando o número de cópias liberadas.

Mercado

O fator final para determinar o valor de um NFT são os mercados nos quais eles são vendidos. Os investidores podem olhar para os mercados para determinar o preço de vendas anteriores, as vendas de itens semelhantes e, em alguns casos, as avaliações.

Escolhendo sua estratégia

Se decidiu que está pronto para entrar no mundo instável dos NFTs, o primeiro passo envolve a pesquisa. A busca por oportunidades de investimento em NFT mostrará que o estado atual desse setor se assemelha ao Velho Oeste norte-americano. Centenas de milhares de NFTs estão disponíveis em dezenas de mercados de NFT. (Exploramos dez desses mercados no Capítulo 12.)

CUIDADO

Certifique-se, antes de fazer uma compra, de que você está lidando com um mercado legítimo e que o ativo subjacente é autêntico — qualquer pessoa pode criar um NFT e chamá-lo de original. Por causa da natureza descentralizada dos NFTs e do blockchain por trás deles, nenhuma fonte oficial avalia a qualidade e a reputação desses mercados.

Comece com um pequeno investimento dentro de um gênero de NFTs que você ame, porque fazer investimentos de que entende e gosta de pesquisar é uma boa rota. Depois de comprar um ativo, você gasta muito tempo lendo sobre ele e observando o mercado.

À medida que você ganhar conhecimento e confiança, provavelmente começará a investir mais. Como investidora, Tiana define metas de investimento que lhe permitem tomar decisões calculadas, mesmo quando um mercado está aquecido. Ter um plano de investimento — e cumpri-lo — ajuda você a tomar decisões fundamentadas, independentemente da classe de ativos.

Uma métrica importante que Tiana procura é o *volume de negociação*, o número de compradores e vendedores que estão ativos a qualquer momento. Isso é um pouco complicado com os NFTs, porque eles estão em um *thin market*, o qual se caracteriza por ter poucos compradores e vendedores.

CUIDADO — Um truque usado por golpistas envolve vender um ativo repetidamente entre contas que possuem para inflar o valor dele e criar falsos sinais de volume. No caso de NFTs, você precisa pesquisar usando fontes não convencionais, como Reddit e Twitter. Qualquer um pode postar lá, por isso, tenha cuidado com golpistas que estejam tentando inflar o valor de um ativo. Esse problema é, infelizmente, muito comum no espaço das criptomoedas.

DICA — Como investidora, Tiana escolhe um *retorno-alvo arbitrariamente conservador*, que se refere ao valor futuro, ou lucro, que você pode esperar ver em seu investimento, algo como 10%. Você precisa fazer sua pesquisa e escolher um número de retorno-alvo com o qual ficaria feliz, porque isso pode ajudá-lo a saber quando vender. O lendário investidor Warren Buffett aconselha os investidores a comprarem quando todos estão vendendo e a venderem quando todos estão comprando. Tiana usa esse método.

Outra prática que ela usa é vender abaixo do que percebe ser o topo do mercado. Novamente, ela escolhe um número arbitrário, como 10% abaixo do que acredita que o topo do mercado será, o que a ajuda a sair de um ativo em vez de ficar presa até ele cair. Negociar no auge de um mercado é extremamente difícil.

Os NFTs com Melhor Desempenho

Os compradores valorizam os NFTs por muitas razões diferentes. Para alguns investidores, são uma forma de arte. Para outros, a compra de um NFT sinaliza a seu grupo social seu poder e inclusão. A *sinalização social* é a ideia de que você faz parte de um grupo e tem um status alto por meio da propriedade de um objeto específico.

DICA — Para entender os NFTs e esclarecer os benefícios e riscos do investimento, revise alguns dos NFTs com melhor desempenho.

Aqui está uma lista de vários NFTs exclusivos e alguns dos fatores que impulsionaram seu preço:

» **LeBron James, a enterrada "cósmica" (criado em 2019; vendido por US$208 mil):** Esse NFT faz parte da exchange NBA Top Shot NFT. Para alguns, Top Shot traz de volta memórias de colecionar figurinhas — e funciona de maneira semelhante. Colecionadores compram pacotes e às vezes acham que um *cartão* (um clipe individual com momentos de jogos da NBA) na coleção é especialmente valioso. "Cosmic" veio de um pacote de 49 cartões. As coleções variam de US$9 para cartões comuns até quase US$1mil para pacotes com probabilidade de conter cartões raros.

- ***Rick and Morty*, "The Best I Could Do" (criado em 2021; vendido por US$1 milhão):** Um esboço de *Adult Swim, Rick and Morty*, do Cartoon Network, foi criado por Justin Roland. Ele vendeu uma coleção de dezoito obras de arte originais da exposição por US$1 milhão. Foi a maior venda até hoje na casa de leilões NFT Nifty Gateway. *Rick and Morty* desfrutam de uma grande base de fãs.

- **CryptoPunk nº 7523 (um personagem de pixel-arte criado em 2017; vendido por US$11,8 milhões):** Faz parte dos 10 mil personagens de pixel-arte feitos pela Larva Labs, o que começou como um pequeno projeto interno no Google. Os *CryptoPunks* são um acessório do mundo NFT, e a propriedade deles aumenta o status social. Veja no Capítulo 13 mais informações sobre o CryptoPunk nº 7523 e outros *CryptoPunks*.

- **O jogo virtual da Axie Infinity, Genesis Estate (criado em 2021; vendido por US$1,5 milhão):** É terra virtual dentro do criptojogo Axie. Tal como acontece com a terra real, seu valor resumiu-se à localização. A propriedade, que está em uma localização privilegiada, oferece uma estética única.

- **O primeiro tuíte do CEO do Twitter, Jack Dorsey (criado em 2006; transformado em NFT e vendido por US$2,9 milhões em 2021):** O Twitter se tornou muito importante, cultural e historicamente. Embora o próprio tuíte tenha sido postado muito antes da criação do primeiro blockchain, o NFT foi criado para representar o primeiro tuíte de todos os tempos, o que sem dúvida tem apelo de colecionador.

- **O meme Doge 2021 (transformado em NFT; vendido por incríveis US$4,4 milhões):** Os memes são pontos de contato culturais que aparecem de muitas formas, e a propriedade de um meme confere status social. O meme Doge, estrelado por um adorável Shiba Inu, era extremamente popular dentro do espaço das criptomoedas porque transmite a piada interna de que qualquer um pode fazer uma.

- **Beeple: *EVERYDAYS — FIRST 5000 DAYS* (obra de arte digital criada em 2021; vendida por US$69,3 milhões):** Essa obra de arte puramente digital (parecida com a arte moderna), que foi a primeira vendida por uma grande casa de leilões (Christie's), é composta de 5 mil imagens feitas ao longo de 13 anos. Foi vendida para colecionadores de NFTs de Singapura, MetaKovan e Twobadour. Veja no Capítulo 13 mais informações sobre essa e outras obras de Beeple.

Explorando NFTs Populares

Existem muitos tipos de NFTs, e novos padrões de token estão sendo desenvolvidos o tempo todo. Nesta seção, mostramos vários dos tipos mais populares.

Arte digital

A arte digital é uma categoria ampla para NFTs, que desfrutou de alguns dos preços de venda mais altos. É também o tipo mais antigo de NFT. O *Quantum*, de Kevin McCoy, foi o primeiro NFT a ser cunhado. Criar e vender dentro desta categoria é extremamente fácil, e existem muitas plataformas que permitem que *qualquer pessoa* crie arte digital NFT.

Colecionáveis

Os colecionáveis também são uma grande categoria no mercado de NFT. Esses tipos de NFTs são muito parecidos com cartões de beisebol e selos tradicionais. O NBA Top Shot, a maior plataforma de colecionáveis esportivos, movimentou milhões de dólares em vendas e capacitou uma nova geração de entusiastas.

Jogos

Os jogos também se beneficiaram do blockchain. Os ativos de jogos são uma combinação perfeita para os NFTs, tendo o maior volume de vendas de qualquer segmento: em 2020, mais de 600 mil ativos de jogos foram vendidos. Esse número incluía terrenos digitais, skins e personagens.

Os NFTs, que permitem que os jogadores tenham mais poder e controle sobre seus ativos digitais nos jogos, são disruptivos à economia normal do jogo, que favorece os criadores de jogos sobre os jogadores.

Música

A música vendida como NFT também se tornou popular. Ele permite que os artistas vendam música diretamente para seus fãs, e que estes tenham vantagens extras que eram tradicionalmente difíceis de facilitar. A indústria da música ainda está se ajustando à mudança maciça do streaming. Os artistas não estão mais à mercê das gravadoras para gravar e promover vendas físicas de álbuns, e artistas independentes estão encontrando novas maneiras de monetizar e compartilhar seu conteúdo. Os músicos agora podem tokenizar suas músicas e vendê-las diretamente aos fãs. Em muitos casos, os fãs podem receber conteúdo e obras de arte exclusivos, que não podem ser encontrados em nenhum outro lugar.

NFTs de música podem levar a algumas transações significativas. Em fevereiro de 2021, o DJ e produtor 3LAU vendeu US$12 milhões de NFTs. As ofertas incluíam uma música personalizada, acesso a músicas nunca antes ouvidas, obras de arte personalizadas e novas versões de músicas existentes.

Memes populares

É uma das categorias mais estranhas: memes que foram transformados em NFTs. Memes populares mais antigos, como Disaster Girl, Nylon Cat e Overly Attached Girlfriend, foram vendidos por milhares de dólares. Os memes têm características como universalidade — pertencem a um momento cultural no tempo e às pessoas que participaram dentro da subcultura que gerou sua criação e popularização. A propriedade de um meme parece estar em oposição à ideia de escassez, então esse é um espaço único.

Impostos sobre NFTs

Se você quer se aprofundar no mundo do investimento em NFT, precisa estar preparado para as implicações fiscais. Se pensou que a natureza descentralizada e digital dos NFTs o deixaria longe das garras do Leão, pense novamente. Existem dois tipos de receita de NFT:

- » A renda que os criadores de NFT ganham quando vendem-no.
- » O dinheiro que os investidores ganham vendendo NFTs.

A maioria dos investidores não precisa se preocupar com a forma como os criadores são tributados, mas, apenas a título de informação, é simples: os criadores de NFT, nos EUA, tratam a renda da venda como renda comum.[4] No caso de criadores freelance, é renda de trabalho autônomo sujeita a imposto de trabalho autônomo.

Para os investidores dos EUA, os NFTs são tratados como qualquer outra cobrança nos termos da Seção 408(m)(2) do Código do Internal Revenue Service (IRS), o que significa que os ganhos obtidos com a venda de NFTs

---

[4] N. da R.: No Brasil ainda não existe legislação que disponha especificamente sobre NFTs, então não existe consenso de como se dá a tributação desses ativos, mas a venda de NFTs criados pelo autor deve ser considerada renda de trabalho autônomo, como a venda de um quadro ou escultura.

estão sujeitos a impostos sobre os ganhos de capital. As pessoas de alta renda podem esperar pagar uma taxa de imposto mais alta sobre os ganhos com os NFTs.[5]

Como esperado, o novo fenômeno do NFT ainda se encontra em estudo no IRS [a Receita Federal dos EUA]. Ainda não existe nenhum mecanismo próprio para declarar as transações efetuadas, portanto, tanto os compradores quanto os vendedores precisam manter seus próprios registros detalhados para fins fiscais. Como você relata ganhos de NFTs para o IRS depende de seu relacionamento com os ativos. Os criadores simplesmente os relatam como lucro e perda (L&P) de negócios. Podem descontar quaisquer taxas ou despesas relacionadas com a criação dos NFTs.

LEMBRE-SE

Para garantir que você está de acordo às leis tributárias e outras leis regulatórias, contrate um profissional para ajudá-lo com sua situação específica.

---

[5] N. da R.: No Brasil, a Receita Federal formalizou seu entendimento em relação aos criptoativos na Instrução Normativa nº1.888/19. NFTs de qualquer valor devem ser declarados na ficha de Bens e Direitos, na declaração anual, sob o código de criptoativos do ano da declaração, e informando a plataforma em que o NFT foi comprado, o valor da compra e a data. Os ganhos com criptoativos em geral seguem as regras de ganho de capital, e não há necessidade de declaração para vendas mensais abaixo de R$35 mil. Importante frisar que esse montante refere-se a todos os criptoativos negociados em um mês, não apenas NFTs. Por exemplo, se você vender R$30 mil em NFTs e R$10 mil em bitcoin, haverá necessidade de realizar a declaração. A declaração de ganho de capital deve ser feita até o último dia útil do mês subsequente à venda, no programa de ganho de capital (GCAP) da Receita. Caso tenha havido ganho de capital, o contribuinte deverá emitir e pagar a DARF correspondente.

3 Botando a Mão na Massa

NESTA PARTE...

Conheça a Ethereum Virtual Machine e seu funcionamento.

Saiba como configurar seu ambiente de desenvolvimento.

Siga um guia passo a passo para lançar seu próprio token ERC-721 não fungível.

> **NESTE CAPÍTULO**
>
> » Conhecendo a Ethereum Virtual Machine (EVM)
>
> » Reconhecendo o papel do Ether (ETH) e dos contratos inteligentes
>
> » Aprendendo sobre o blockchain, como as transações são validadas e as informações são protegidas
>
> » Descrevendo limitações e acessando informações fora da EVM

Capítulo **6**

O que É a Ethereum?

Neste capítulo, apresentamos uma visão geral de alto nível da Ethereum: a plataforma da qual tantos tokens — fungíveis e não fungíveis — surgiram.

Você não precisa das informações deste capítulo para implementar nosso guia passo a passo para cunhar seu próprio token ERC-721 não fungível na plataforma Ethereum (esses detalhes práticos e instruções começam no Capítulo 7 e culminam na criação de seu próprio NFT, no Capítulo 11). No entanto, este capítulo fornece informações úteis para ajudá-lo a entender melhor as características básicas de seu NFT e como ele interage com o resto do universo da Ethereum.

A Ethereum Virtual Machine

Imagine um único e todo-poderoso computador que armazena e executa código com base no consenso de uma comunidade sem líderes, também conhecida como organização autônoma descentralizada (DAO, da sigla em inglês para *d*ecentralized *a*utonomous *o*rganization). O poder computacional para processar solicitações é pago com tokens fungíveis (a moeda nativa dessa comunidade sem líderes), e os membros da comunidade que fornecem recursos computacionais são compensados com eles. Qualquer pessoa é livre para entrar e sair da comunidade — não há necessidade de pedir permissão —, e seus membros podem participar como desejarem.

Qualquer membro da comunidade pode enviar uma solicitação ao sistema, embora cada solicitação seja paga. Para que uma solicitação seja aceita, a comunidade como um todo deve chegar a um consenso sobre sua validade. Para determinar essa validade, a comunidade pode fazer estas perguntas:

- » O membro em questão tem o número necessário de tokens para pagar pela solicitação?
- » A solicitação é viável, dados os recursos do supercomputador da comunidade?
- » O membro tem permissão para fazer tal solicitação?

Para total transparência, todas as informações (código, transações e acervos de token, por exemplo) são memorizadas para sempre e ficam acessíveis a todos. Para manter a integridade do estado desse computador, todo membro da comunidade mantém, separada e continuamente, cópias atualizadas do sistema.

No universo da Ethereum, esse computador é a *Ethereum Virtual Machine* (EVM) [máquina virtual da Ethereum], e a comunidade sem líderes é uma rede de computadores operada por (literalmente!) qualquer um que dela deseje participar. Cada um desses computadores (também conhecidos como *nós*) armazena duplicatas atualizadas da EVM. Qualquer pessoa pode optar por participar como um *nó de mineração*, ou *minerador*, que é compensado para validar e processar solicitações de computação para execução. O software em si é de código aberto e gratuito, embora o hardware e a eletricidade necessários não o sejam.

Para iniciar uma solicitação de computação, referida como *transação*, você precisa de uma conta que possa receber, armazenar e enviar Ether *(ETH)*, a criptomoeda nativa da Ethereum (essas contas também podem implantar e interagir com contratos inteligentes implantados). Na Ethereum, esse tipo de conta é oficialmente conhecida como *conta de propriedade externa*. Quando você ouve alguém mencionar conta, provavelmente é essa a referência.

No Capítulo 7, explicamos os tipos de conta, a criação delas e seu gerenciamento com mais detalhes.

LEMBRE-SE

Todas as transações na EVM devem ser pagas com ETH. Transações podem implicar em operações como:

» Transferir ETH de uma conta para outra.

» Armazenar dados na EVM.

» Manipular dados existentes.

Após uma transação solicitada ter sido validada e executada — um processo que requer consenso de rede —, o novo estado da EVM é transmitido e duplicado em toda a rede de nós. Todo o histórico de transações é protegido por um livro-razão distribuído com base em blockchain para qualquer pessoa acessar.

Para ver como esse livro-razão público funciona na prática, execute as seguintes etapas para visualizar todos os dados de transações na EVM desde a gênese do blockchain Ethereum:

1. **Acesse:** `https://etherscan.io`.

2. **Selecione a opção View Txns no menu suspenso Blockchain, conforme mostrado na Figura 6-1.**

   Lá, para todo mundo ver, estão todos os dados de transações na EVM desde tempos imemoriais.

   Txns é a maneira bizarra de a Ethereum se referir às transações.

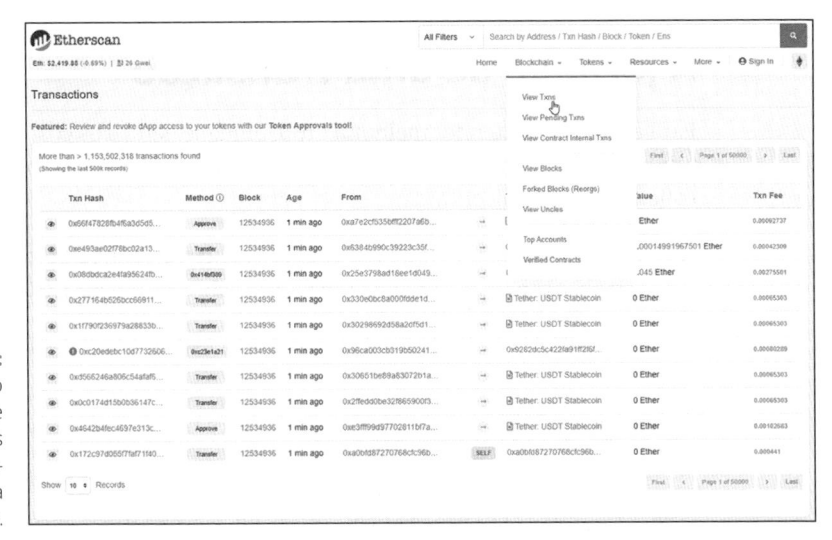

PAPO DE ESPECIALISTA

FIGURA 6-1: Visualização de dados de transações no blockchain da Ethereum.

CAPÍTULO 6 **O que É a Ethereum?** 85

Ether: O Gás que Alimenta as Transações

Na Ethereum, *gás* é a unidade de medida utilizada para denotar a quantidade de trabalho computacional necessário para processar uma transação na EVM.

Ao enviar uma transação para a rede Ethereum, você deve designar duas entradas relacionadas ao custo:

» **Preço do gás:** O preço, em ETH, que você está disposto a pagar por unidade de gás consumido pela sua transação. Os preços mais altos do gás tornam sua transação mais atraente para os mineradores, que são compensados para validar e executar transações.

» **Limite de gás:** O total máximo de unidades de gás que você está disposto a consumir para executar totalmente sua transação. Limites de gás mais altos garantem que as necessidades computacionais de sua transação sejam suficientemente cobertas para a conclusão.

Em geral, a velocidade e a execução bem-sucedida de sua solicitação dependem do preço e do limite de gás que você designar.

PAPO DE ESPECIALISTA

Dependendo do serviço e das configurações de sua carteira, você pode notar que o gás é indicado em *gwei*, em que 1 milhão de gwei é igual a 1 ETH.

A jornada de uma transação

Para ajudá-lo a entender melhor a probabilidade geral e os custos associados à execução de uma transação, confira o que acontece quando você inicia uma solicitação em sua conta:[1]

1. Sua transação recebe um código exclusivo conhecido como hash da transação (e abreviado como TxnHash, TxHash ou TXID).

Para fins ilustrativos, aqui está um exemplo de um TxnHash:

---

1 N. da R.: No momento em que este livro foi escrito, o Ethereum ainda funcionava com o Proof of Work, que é descrito nesse passo a passo. Contudo, em 15 de setembro de 2022 a rede mudou para o Proof of Stake — muitas das etapas aqui escritas permanecem as mesmas, mas a confirmação de transações não depende mais da solução de uma equação complexa (Passo 5), sendo feita por sorteio, em que os participantes comprometem recursos que serão queimados caso eles aprovem transações fraudulentas, gerando prejuízo financeiro. Quando apropriado, colocaremos notas explicando as diferenças entre os sistemas.

0x7b91d4f49ccafdb93f2ca89fd57649301331bd691cfe26478822afb468ac9589

2. **A transação é transmitida para a maior rede Ethereum de nós.**

3. **Se válida, a transação é adicionada a um conjunto de outras transações pendentes que aguardam execução.**

Esse pool (mostrado na Figura 6-2) é chamado de *mempool*. Para ver os detalhes de uma transação pendente, clique no TxnHash (veja a Figura 6-3).

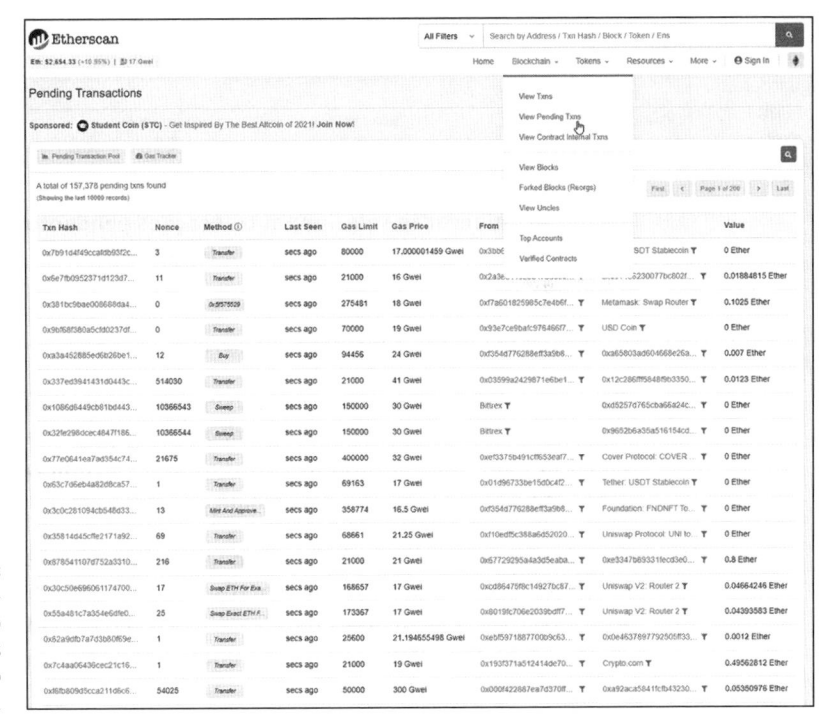

FIGURA 6-2: Transações não confirmadas aguardando no mempool.

⑦ Transaction Hash:	0x7b91d4f49ccafdb93f2ca89fd57649301331bd691cfe26478822afb468ac9589
⑦ Status:	⊙ Pending
⑦ Block:	(Pending)
⑦ Time Last Seen:	⟲ 00 days 00 hr 00 min 07 secs ago (Jun-01-2021 06:50:54 AM)
⑦ Estimated Confirmation Duration:	< 9 mins | 🞂 Gas Tracker
⑦ Pending Txn Queue: ⓘ	0% ▬▬▬▬▬▬▬▬▬ 100%
⑦ From:	0x3bb63a4942d9c11498a18151264dde905806288b
⑦ Interacted With (To):	Contract 0xdac17f958d2ee523a2206206994597c13d831ec7 (Tether: USDT Stablecoin)
⑦ Token Transfer:	▸ Pending Transfer to → 0xccbe19c71671410888... For 64 ◆ ERC-20 (Tether USD Token)
⑦ Value:	0 Ether ($0.00)
⑦ Max Txn Cost/Fee:	0.00136000011672 Ether ($3.61)
⑦ Gas Price:	0.000000017000001459 Ether (17.000001459 Gwei)

FIGURA 6-3:
Uma transação pendente, aguardando confirmação e execução.

4. **Os nós de mineração selecionam transações pendentes desse pool para formar um (ainda não confirmado) bloco de transações.**

   (Por razões que discutimos a seguir, os mineradores tendem a selecionar transações pendentes com preços de gás mais altos.)

5. **Os mineradores correm para resolver uma equação complexa — um *quebra-cabeça de prova de trabalho (PoW)*, que requer um vasto poder de computação — para ganhar o direito de adicionar e confirmar um novo bloco para o blockchain da Ethereum.**

6. **Depois que uma solução é encontrada, o minerador vencedor, que recebe uma recompensa de bloco, transmite seu bloco para a rede; as transações selecionadas para esse bloco são executadas (desde que não esgotem seus respectivos limites de gás) e uma nova corrida de mineração começa.**

   A Figura 6-4 mostra a transação pendente anterior (apresentada na Etapa 1), com seu número de bloco correspondente, que foi confirmada com sucesso. Essa transação é agora uma parte permanente do blockchain da Ethereum.

FIGURA 6-4: Confirmação da transação pendente da Figura 6-3.

Transaction Hash:	0x7b91d4f49ccafdb93f2ca89fd57649301331bd691cfe26478822afb468ac9589
Status:	Success
Block:	12547059 1 Block Confirmation
Timestamp:	15 secs ago (Jun-01-2021 06:51:13 AM +UTC)	Confirmed within 20 secs
From:	0x3bb63a4942d9c11498a18151264dde905806288b
Interacted With (To):	Contract 0xdac17f958d2ee523a2206206994597c13d831ec7 (Tether: USDT Stablecoin)
Tokens Transferred:	From 0x3bb63a4942d9c... To 0xccbe19c716714... For 64 ($64.00) Tether USD (USDT)
Value:	0 Ether ($0.00)
Transaction Fee:	0.0010743490922 Ether ($2.85)
Gas Price:	0.000000017000001459 Ether (17.000001459 Gwei)

No geral, a conclusão bem-sucedida de sua transação requer as seguintes condições:

» **Sua transação deve ser válida.** Por exemplo, você deve ter fundos suficientes e as permissões apropriadas para executá-la.

» **Sua transação deve ser confirmada e colocada em fila para execução.** Sua transação deve ser selecionada por um nó de mineração bem-sucedido que ganhe o direito de adicionar e confirmar um novo bloco ao blockchain da Ethereum.

» **A complexidade computacional total de sua transação não deve exceder o limite de gás designado.** (Você, como a pessoa que solicita a transação, define o limite de gás.)

O que os mineradores ganham com isso?

Para cada novo bloco adicionado, o minerador vencedor recebe uma recompensa de bloco, que vem em duas partes:

» **Pagamento fixo:** No momento da escrita deste livro, essa parcela fixa era de 2 ETH.

» **Taxas individuais:** Essas taxas são anexadas a cada transação selecionada para o bloco em questão.

Por exemplo, o minerador do Bloco nº 12546760 (veja a Figura 6-5) foi compensado com aproximadamente 2,32175 ETH. Essa recompensa total do bloco é dividida da seguinte forma:

» **2 ETH:** A parte fixa da recompensa do bloco.

» **0,32175 ETH:** A soma das taxas individuais para cada uma das 236 transações selecionadas para esse bloco.

Block Height:	12546760 < >
Timestamp:	⏱ 15 mins ago (Jun-01-2021 05:38:15 AM +UTC)
Transactions:	236 transactions and 34 contract internal transactions in this block
Mined by:	0x52bc44d5378309ee2abf1539bf71de1b7d7be3b5 (**Nanopool**) in 4 secs
Block Reward:	2.321750465869280353 Ether (2 + 0.321750465869280353)
Uncles Reward:	0
Difficulty:	7,575,898,402,191,356
Total Difficulty:	25,572,659,330,806,195,893,138
Size:	70,763 bytes
Gas Used:	14,976,460 (99.94%)
Gas Limit:	14,985,259
Extra Data:	nanopool.org (Hex:0x6e616e6f706f6f6c2e6f7267)

FIGURA 6-5: Metadados para o Bloco nº 12546760.

Naturalmente, os mineradores querem maximizar sua compensação potencial por uma determinada quantidade de trabalho: ou seja, o poder de computação que gastam tentando resolver quebra-cabeças de prova de trabalho que demandam elevada capacidade computacional.

O nível de dificuldade desses quebra-cabeças não é afetado pelo tamanho ou conteúdo do bloco mais recente que um minerador está trabalhando para confirmar. Portanto, ao selecionar transações para um bloco, os mineradores geralmente são incentivados a selecionar:

» O maior número possível de transações, aderindo ao limite total de gás imposto pela Ethereum no nível do bloco.

» Transações com o maior preço do gás por unidade de gás.

Por sua vez, você pode usar esse esquema de incentivo para decidir como definir os preços do gás ao enviar transações para a rede.

Do happy hour ao preço dinâmico: Um preço razoável de gás

Os preços mais altos do gás são mais atraentes para os mineradores quando estão selecionando transações para o próximo bloco. Definir um preço de gás mais alto, conforme mostrado na Figura 6-6, melhora a velocidade esperada para que sua transação seja selecionada, confirmada e executada.

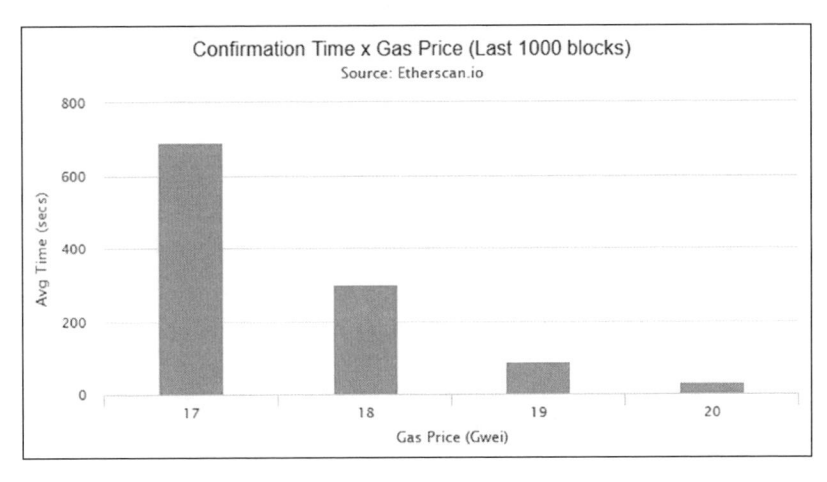

FIGURA 6-6: Tempos médios de confirmação para um determinado preço do gás.

Quanto você deve oferecer para pagar? Afinal, se não estiver com pressa, pode preferir pagar menos e esperar. Em um momento de desespero, pode pagar R$100 por uma garrafa de água no Vale da Morte e se arrepender da compra se ouvir um cliente menos desesperado pechinchar o preço para R$50.

O problema é que os mineradores ficam felizes em desfrutar de preços de gás mais elevados e cobrar maiores taxas quando lhes são oferecidas. Eles não dirão se estariam dispostos a selecionar sua transação a um preço mais baixo e certamente não reembolsarão a diferença. Então, quanto você deve se comprometer a pagar, dado o nível de urgência ou a falta dela? E como essa quantidade deve diferir quando a rede está silenciosa em oposição a quando está extremamente congestionada?

DICA Felizmente, muitos serviços, incluindo o da MetaMask (que abordamos no Capítulo 2 e no Capítulo 4), orientam usuários iniciantes a selecionar Lento [Slow], Médio [Average] ou Rápido [Fast] para preencher automaticamente o preço do gás de uma transação com base nos algoritmos internos da carteira. Usuários mais avançados ainda podem optar por definir um preço de gás personalizado usando suas próprias análises preditivas com base em informações coletadas de blocos recentemente confirmados.

CAPÍTULO 6 **O que É a Ethereum?**

Para uma forma rápida e divertida de monitorar os preços recomendados do gás ao longo do dia, confira o ETH Gas Station, em: `https://ethgasstation.info`. A Figura 6-7 mostra preços em intervalos de dez minutos.

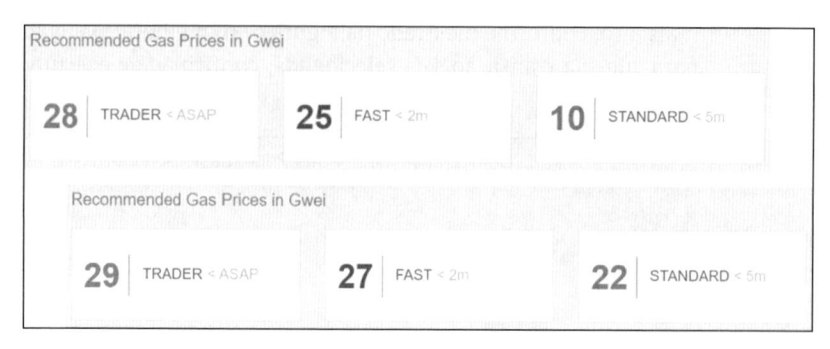

FIGURA 6-7: Print dos preços recomendados do gás do ETH gas Station.

A Etherscan tem um Rastreador de Gás Ethereum, mostrado na Figura 6-8, que pode ser acessado em: `https://etherscan.io/gastracker`.

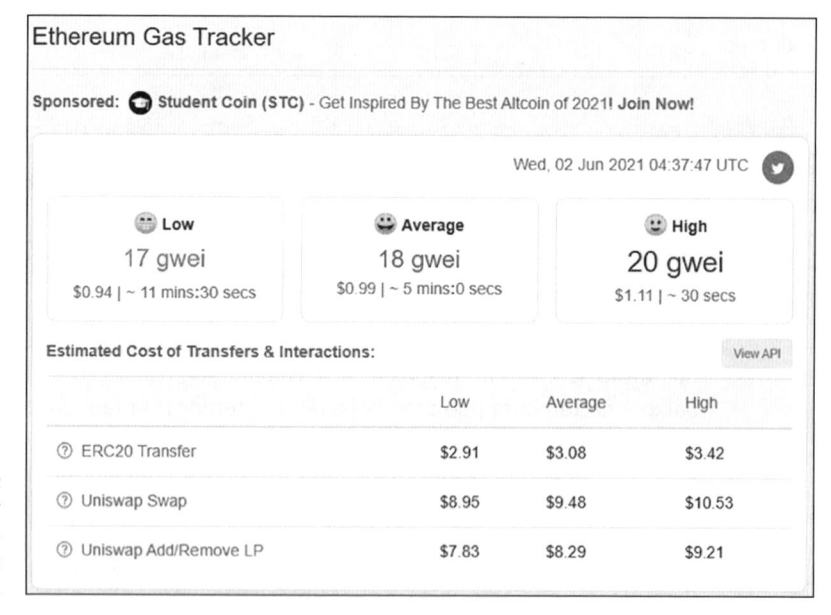

FIGURA 6-8: Rastreador de gás Ethereum da Etherscan.

O céu é o limite?

Embora o preço do gás de uma transação afete sua velocidade de execução esperada, o limite de gás determina se a transação é executada. O que isso significa é que as transações subfinanciadas, em última análise, não conseguem concluir a execução.

Como a atribuição de gás suficiente a uma transação é importante, você pode naturalmente se fazer as duas perguntas a seguir:

» O que há de errado em definir o limite de gás para uma quantidade arbitrariamente alta?

» Você pode calcular as unidades de gás necessárias com antecedência para definir um limite de gás apropriado?

Para responder à primeira pergunta, você não pode simplesmente escolher um grande número para o limite de gás, por uma variedade de razões. A viabilidade é uma grande razão, porque:

» **O limite de gás que você pode definir para sua transação é limitado pela quantidade de ETH em sua conta.** Você deve ter um saldo maior que o preço do gás da transação vezes o limite de gás para enviá-la.

» **O limite de gás em sua transação também é restringido pelo limite de gás prevalecente no nível do bloco.** Sua transação não pode ser incluída em um bloco caso seu limite de gás exceda o limite no nível do bloco.

Além disso, os mineradores são menos propensos a selecionar transações com limites de gás improvavelmente grandes:

» **O limite de gás no nível do bloco restringe quantas transações um minerador pode selecionar para um novo bloco.**

» **Os mineradores são apenas compensados pelo gás real necessário para executar uma transação.** O gás não utilizado dentro do limite alocado de cada transação é devolvido à conta de origem.

» **Transações que parecem ultrapassar grosseiramente seus limites de gás são menos desejáveis para os mineradores.** A razão é que eles ocupam um espaço de bloco valioso sem fornecer a compensação proporcional.

DICA

Para abordar a segunda questão, você pode calcular as unidades de gás necessárias, com antecedência, para definir um limite razoável para certos tipos de transações. Para transações simples, como a transferência de ETH de uma conta para outra, o gás total necessário é claro antes da execução. Considere uma transferência simples com um custo de 21 mil unidades de gás. Para essa solicitação, não pense demais no limite de gás da transação. Basta definir o limite de gás para 21 mil.

O custo computacional total necessário para executar solicitações mais complexas, no entanto, geralmente é difícil de avaliar até que a transação seja concluída. A transação pode conter circuitos defeituosos, mas caros, ou pode ser involuntariamente complexa de outras maneiras.

LEMBRE-SE Ao enviar uma transação que envolva tarefas mais complexas, como participar de uma oferta inicial de moedas (ICO), sua melhor aposta é começar com a orientação dos emissores. Se você é o autor de funções mais complexas que estão sendo chamadas, a melhor prática é fornecer orientação aos usuários finais sobre como definir limites de gás.

Discutimos o uso de gás com mais detalhes, com exemplos práticos e dicas, nos Capítulos 9 e 11, nos quais mostramos como codificar seu próprio NFT na Ethereum.

Taxas de transação

Após sua transação ter sido confirmada e executada, a taxa total de transação incorrida (em ETH) é igual à quantidade real de gás usado pela transação vezes o preço do gás que você designou.

LEMBRE-SE Durante o processo de execução, se a complexidade computacional da transação exceder o limite de gás designado, a transação não será concluída com sucesso. Entretanto, você ainda deve pagar uma taxa igual ao limite de gás vezes o preço do gás que você designou, porque as tentativas de execuções ainda consomem energia computacional na EVM.

Para ver esse conceito em ação, analisamos a taxa de transação para dois cenários diferentes: um para uma transação bem-sucedida e outro para uma transação que fica sem gás.

Cenário 1: Transação executada com sucesso

Considere uma transação enviada com as seguintes entradas:

- **Preço do gás:** 0,000000018 ETH.
- **Limite de gás:** 437.603.

Após a conclusão, o gás real total utilizado por essa transação foi de 307.804 unidades, o que é inferior ao limite de gás de 437.603. A transação foi executada com sucesso, conforme mostrado na Figura 6-9, e a taxa total de transação incorrida foi:

307.804 (gás usado) x 0,000000018 ETH (preço do gás) = **0,005540472 ETH**

FIGURA 6-9: Consumo de gás e a taxa para uma transação bem-sucedida.

Como essa transação não exigiu a conclusão de todo o limite de gás, os fundos restantes são devolvidos à conta de origem — esta lista explica a sequência de eventos:

» No início, 437.603 (limite de gás) x 0,000000018 ETH (preço do gás) = **0,007876854 ETH** é coletado da conta de origem, em antecipação ao pagamento do poder computacional necessário para executar essa transação.

» Com base no gás real consumido pela transação, o minerador é compensado com uma taxa de transação no valor de **0,005540472 ETH**.

» À conta originária é restituída a parcela não utilizada: 0,007876854 - 0,005540472 = **0,002336382 ETH**.

» Como a transação foi executada com sucesso, o estado da EVM foi alterado e é retransmitido para a rede.

Cenário 2: A transação fica sem gás

Considere outra transação enviada com as seguintes entradas:

- **Preço do gás:** 0,000025 ETH.
- **Limite de gás:** 25.000.

Neste caso, durante a execução, o minerador descobre que a complexidade computacional da transação excede seu limite de gás designado de 25.000, e a transação fica sem gás (veja a Figura 6-10). A transação não será executada, mas a taxa total de transação incorrida é:

25.000 (limite de gás) x 0,000025 ETH (preço do gás) = **0,625 ETH**

Transaction Hash:	0xda8c0b80d8e240a83c8f6b067c4656babeb13e8e0ece4fd4292aa06252f1285c
Block:	3840222 8711411 Block Confirmations
Timestamp:	1454 days 9 hrs ago (Jun-08-2017 02:02:57 PM +UTC)
From:	0xec5765dff3b6a36ee32b9c4051d3eaec30f3f483
To:	Contract 0xace62f87abe9f4ee9fd6e115d91548df24ca0943 (Monaco: Token Sale) └ Warning! Error encountered during contract execution [Out of gas]
Value:	0.1 Ether ($264.13) - [CANCELLED]
Transaction Fee:	0.625 Ether ($1,650.82)
Gas Price:	0.000025 Ether (25,000 Gwei)
Ether Price:	$259.41 / ETH
Gas Limit:	25,000
Gas Used by Transaction:	25,000 (100%)

FIGURA 6-10: Consumo de gás e a taxa por uma transação malsucedida.

Embora essa transação não tenha sido executada, o minerador ainda deve ser compensado pelo trabalho de computação fornecido:

- No início, 25.000 (limite de gás) x 0,000025 ETH (preço do gás) = **0,625 ETH** é coletado da conta de origem.
- Com base no poder computacional utilizado pelo minerador em seus esforços (malsucedidos) para executar essa transação, o minerador é compensado com uma taxa de transação no valor de **0,625 ETH**.
- Como a transação não foi executada, o estado da EVM permanece como era antes da tentativa de execução.
- Não há fundos a serem transferidos de volta para a conta de origem.

LEMBRE-SE

Que pena pagar 0,625 ETH para nada acontecer!

O valor total que você pode ser cobrado pela transação é limitado pelo preço do gás vezes o limite que você designou. Se a transação for executada a um custo mais baixo, o preço do gás vezes o gás não utilizado é devolvido à conta.

O Blockchain: Onde Tudo É Armazenado e Protegido

Todas as transações confirmadas na EVM são memorizadas para sempre no blockchain da Ethereum — um livro-razão distribuído baseado em blockchain que atua como um banco de dados sem necessidade de permissões, e compartilhado e sincronizado entre vários nós. Qualquer um dos nós pode acessar o registro, e as atualizações são copiadas para todos os nós (quase) simultaneamente. O blockchain envolve um sistema de manutenção de registros que organiza as informações em blocos cronológicos de dados — em outras palavras, os registros de transações são agrupados em blocos que são regularmente confirmados e anexados à cadeia existente.

Cada bloco é vinculado ao bloco que o precede, incluindo um hash das informações do bloco anterior, formando uma cadeia de blocos, ou *blockchain*. Os blocos são referenciados por altura, que representa sua localização no blockchain — ou o número de blocos que o precedem. O bloco *gênesis* é referenciado como bloco 0.

Cada bloco recém-formado requer consenso de rede antes que possa ser adicionado à cadeia em constante crescimento de blocos confirmados. Como sempre, os mineradores correm para resolver um quebra-cabeça computacionalmente exigente para ganhar o direito de anexar seu bloco ao blockchain. A solução para esse quebra-cabeça, conhecido como prova de trabalho [Proof-of-Work — PoW], é difícil de produzir, mas fácil de confirmar.[2] Por exemplo, adivinhar o número de telefone de alguém é uma tarefa ingrata, mas você pode facilmente confirmar que tem a solução correta quando o número de telefone lhe é fornecido.

Quando os mineradores chegam a uma solução, fecham o bloco pendente e transmitem os resultados para o resto da rede, o blockchain é atualizado e, em seguida, uma nova corrida começa para confirmar o próximo bloco.

---

[2] N. da R.: Usando proof of stake, não existe mais quebra-cabeça, e nem a dificuldade de resolução. Cada nó aprovador deve comprometer uma quantidade de ether, que será perdida caso o nó aprovador não siga as regras do blockchain. Quanto mais ether comprometido, maior a chance de aprovar um novo bloco. A característica de facilidade de confirmar a legitimidade de uma transação permanece.

Etash e prova de trabalho: O que torna a Ethereum inviolável?

Os blockchains públicos, como os da Ethereum e do Bitcoin, exigem um mecanismo de consenso para garantir que o sistema seja:

> » **Tolerante a falhas:** O sistema deve continuar a operar, mesmo na presença de nós defeituosos, falhos ou maliciosos.

> » **Seguro:** As regras que regem como a rede confirma e concorda coletivamente com o status do livro-razão devem garantir que, mesmo que exista um grupo de nós desonestos, ele permaneça inviolável.

O mecanismo de consenso que protege o blockchain da Ethereum é baseado em um algoritmo de prova de trabalho conhecido como Ethash (embora os desenvolvedores estejam trabalhando para mover o sistema para um mecanismo de consenso de prova de participação). Como a prova de trabalho requer a resolução de um problema longo e oneroso para confirmar e executar transações, blocos fechados de informações são difíceis de alterar, porque um nó desonesto deve laboriosa e meticulosamente encontrar uma solução para um novo quebra-cabeça com base nas informações alteradas.

Como os sistemas de prova de trabalho são, por design, computacionalmente complexos, os participantes expressaram preocupações crescentes com o consumo de energia e a hostilidade ambiental de criptomoedas cujos protocolos de segurança dependam da prova de trabalho. As empresas (veja a Figura 6-11), bem como os países (veja a Figura 6-12), estão mudando atitudes sobre pagamentos de criptomoedas e criptomineração. Em resposta, os mecanismos de consenso baseados em protocolos de prova de participação (PoS — Proof-of-Stake) têm ficado cada vez mais populares. Em contraste com a prova de trabalho, a *prova de participação* requer participação suficiente — medida por fatores como saldo e idade da conta — no sistema para confirmar as transações.

FIGURA 6-11: Elon Musk tuíta preocupações sobre a sustentabilidade da criptomineração.

> **Elon Musk** ✓
> @elonmusk
>
> Tesla & Bitcoin
>
> A Tesla suspendeu a compra de veículos com Bitcoin. Estamos preocupados com o rápido aumento do uso de combustíveis fósseis para a mineração e transações de Bitcoin, especialmente o carvão, que tem as piores emissões de todos os combustíveis.
>
> As criptomoedas são uma boa ideia em muitos níveis e acreditamos que tenham um futuro promissor, mas elas não podem vir com um custo tão grande para o meio ambiente.
>
> A Tesla não venderá nenhum Bitcoin e pretendemos usá-lo para transações assim que a mineração passe a consumir uma energia mais sustentável. Também estamos analisando outras criptomoedas que usam < 1% da energia/transação do Bitcoin.
>
> 3:06 PM · May 12, 2021 · Twitter for iPhone

FIGURA 6-12: Repressões na atividade de criptomineração nas notícias.

CRYPTOCURRENCY

Principal região de mineração de Bitcoin na China estabelece multas pesadas para atividades de criptomoedas

PUBLISHED TUE, MAY 25 2021·11:12 PM EDT | UPDATED WED, MAY 26 2021·10:56 AM EDT

Arjun Kharpal
@ARJUNKHARPAL

CRYPTOCURRENCY

O Irã bane a mineração de Bitcoin à medida que suas cidades sofrem blecautes e falta de energia

PUBLISHED WED, MAY 26 2021·2:27 PM EDT | UPDATED WED, MAY 26 2021·2:39 PM EDT

Natasha Turak
@NATASHATURAK

CAPÍTULO 6 **O que É a Ethereum?**

Por anos, a comunidade da Ethereum tem antecipado a Ethereum 2.0,[3] uma mudança do sistema atual, com base na prova de trabalho, para um baseado na prova de participação. Embora muita especulação ocorra em torno de uma possível mudança para a Ethereum 2.0 no futuro próximo, quando este livro foi escrito, a prova de trabalho continuava a ser soberana.

Mineradores, nonces e ursos

A "prova" da prova de trabalho de um minerador bem-sucedido está no bloco nonce incluído no cabeçalho do bloco (que contém informações importantes sobre cada bloco confirmado).

O *bloco nonce* é um número que pode ser encontrado apenas por meio de um processo computacionalmente intenso de tentativa e erro. Nesse processo, os mineradores testam constantemente valores arbitrários até encontrarem o número especial — o nonce — que, quando combinado com outros elementos importantes do bloco, satisfaz uma condição matemática exigida pelo protocolo Ethash. Assim, esse nonce é difícil de encontrar, mas fácil de verificar depois que uma solução é anunciada.

A condição matemática necessária é um alvo em movimento com base no nível de dificuldade do bloco atual. A dificuldade de bloco é ajustada dinamicamente com base no nível de dificuldade do bloco anterior e nos tempos recentes de blocos. O novo nível de dificuldade pode ser maior ou menor que o do bloco anterior, um ajuste dinâmico garantindo que os blocos não sejam formados de forma muito rápida ou muito lenta por um período prolongado à medida que os mineradores entram e saem da rede.

CUIDADO

Não confunda o bloco nonce com a *transação nonce*, um número que denota uma ordenação cronológica de transações enviadas de determinada conta.

Quantas "confirmações", de fato?

O bloco mais recente é o mais vulnerável a ataques porque nenhum bloco o segue, removendo a necessidade de resolver inúmeros quebra-cabeças de prova de trabalho. Um grupo malicioso de nós pode conspirar para lançar um *ataque de 51%*, reunindo pelo menos metade do poder de computação da rede. Seu objetivo final seria gastar os mesmos fundos duas vezes (conhecido como *gasto duplo*). Esse grupo pode empregar a seguinte estratégia:

1. **Enviar uma transação para enviar ETH para uma conta em uma exchange de criptomoedas.**

---

3 N. da R.: Reforçando, a rede Ethereum já fez a transferência para proof of stake em 15 de setembro de 2022. Ou seja, o Ethereum 2.0 já está rodando.

2. **Após a confirmação e execução do bloco, converter imediatamente ETH em dólares e sacar os fundos.**

3. **Ao mesmo tempo, reverter a transação da Etapa 1, explorando o poder de computação coletiva do grupo para encontrar uma nova solução de prova de trabalho que se encaixe no bloco alterado.**

4. **Repetir.**

No entanto, mesmo com poder de computação suficiente para decifrar e alterar o conteúdo do bloco fechado mais recentemente, esse grupo seria pressionado para resolver o quebra-cabeça de novo, alterar 50 blocos rápido o suficiente para substituir o consenso de rede anterior que os confirmou.

Para combater esses tipos de ataques, os fornecedores e os serviços de carteira exigem que as transações confirmadas tenham vários blocos de profundidade antes de considerar que ela está realmente confirmada. O número de confirmações necessárias antes que os fundos pendentes sejam creditados em sua conta varia entre criptomoedas e entre diferentes fornecedores e serviços de carteira. A Figura 6-13 mostra o número de confirmações necessárias, bem como os tempos de espera estimados para um subconjunto selecionado de criptomoedas no Kraken, uma importante exchange de criptomoedas dos EUA.

Kraken's confirmations requirements

Cryptocurrency	Confirmations Required	Estimated Time* If included in the next block.
Bitcoin (BTC)	4 confirmations	EST 40 minutes Dependent on Fee
Bitcoin Cash (BCH)	15 confirmations	2.5 hours (150 minutes)
Cardano (ADA)	15 confirmations	10 minutes
Chainlink (LINK)	20 confirmations	5 minutes
Ethereum (ETH)	20 confirmations	5 minutes
Ethereum Classic (ETC)	40,000 confirmations	6.5 days

FIGURA 6-13. As confirmações da Kraken necessárias e os tempos de espera estimados.

A GRANDE GUERRA CIVIL DA ETHEREUM

Vulnerabilidades do software para um projeto descentralizado de gerenciamento de ativos na Ethereum, conhecido como DAO, resultaram no roubo de cerca de US$50 milhões em Ether em meados de 2016. Em uma reviravolta sem precedentes, a comunidade da Ethereum criou uma cadeia bifurcada para alterar a história da cadeia principal a um ponto anterior ao hacking do DAO.

Embora a maioria dos membros da comunidade Ethereum seguisse o caminho bifurcado com a história alterada, uma minoria substancial se opôs firmemente a essa mudança. Como resultado, a cadeia original com a história inalterada recebeu um token fungível separado, Ethereum Classic (ETC). O ETC ainda existe hoje, embora a um valor muito menor em comparação com o ETH. O blockchain ETC também sofreu inúmeros ataques de gastos duplos, e, consequentemente, as exchanges exigem muito mais confirmações antes de os fundos ETC serem liberados. Por exemplo, a Kraken requer 40 mil confirmações para ETC, enquanto ETH, apenas 20.

A Kraken agora exige que as transações da Ethereum tenham 20 blocos de profundidade (ou seja, 20 confirmações) antes de disponibilizar os fundos para negociação ou retirada. Em contraste, a Coinbase requer 35 confirmações, e a Gemini, apenas 12.

Blocos descartados

Dada a vasta rede de nós de mineração competindo para formar novos blocos, você acabará tendo soluções de prova de trabalho simultâneas ou quase. Nesses casos, a rede vê dois novos blocos criados e anexados na mesma altura de bloco — também conhecido como *número de bloco* —, causando uma divisão temporária no blockchain. Mais precisamente, conforme os resultados do duelo são transmitidos para a rede, um resultado atingirá alguns nós primeiro, enquanto o outro resultado, outros nós. Por um breve momento, diferentes nós têm versões diferentes do estado do blockchain.

À medida que a próxima corrida se segue, uma corrente prevalece, conforme os blocos subsequentes são confirmados e anexados. Isso significa que a rede finalmente aceita a cadeia envolvendo mais trabalho (normalmente, a mais longa), e apenas um dos blocos que duelam permanece confirmado pela rede enquanto o outro se torna obsoleto.

O bloco obsoleto nesse cenário é chamado de *uncle block* no jargão ethereum (representado graficamente na Figura 6-14). Esses blocos também são referidos como *ommer blocks*. No universo do Bitcoin, esses blocos são chamados de *blocos órfãos*.

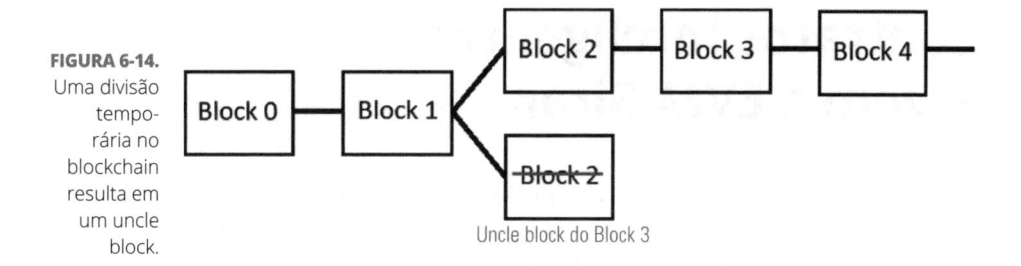

FIGURA 6-14. Uma divisão temporária no blockchain resulta em um uncle block.

Uncle block do Block 3

Atualizações para o protocolo subjacente

Em DAOs como a Ethereum, os participantes são livres para entrar e sair da rede sempre que quiserem e se envolverem na medida em que desejarem, para que qualquer um possa optar por fazer qualquer um dos seguintes:

» Ver todo o histórico de transações.

» Manter uma réplica do estado da EVM.

» Participar como minerador, trabalhando para confirmar e adicionar novos blocos à cadeia.

Além disso, a comunidade da Ethereum geral gerencia patches e atualizações do *protocolo de rede* subjacente — o sistema de código e regras que regem a Ethereum. Qualquer pessoa na comunidade é livre para propor atualizações ao protocolo subjacente, enviando uma *proposta de melhoria Ethereum* (EIP). Em última análise, um grupo dos contribuintes mais envolvidos e significativos para o desenvolvimento de protocolos, conhecidos como *desenvolvedores principais da Ethereum*, determina coletivamente quais EIPs implementar.

Grandes mudanças exigem um *fork* [bifurcação] para o protocolo de consenso subjacente, forçando uma divisão permanente para o blockchain, de modo que todos os blocos subsequentes anexados ao longo do caminho bifurcado devem seguir o novo protocolo de consenso. Normalmente, os hard forks para o blockchain da Ethereum não resultaram em novos tokens (fungíveis), porque a comunidade geralmente segue a direção dos principais desenvolvedores. Como consequência, a ramificação que opera sob o protocolo mais antigo em geral morre de forma silenciosa apenas por falta de atividade.

PAPO DE ESPECIALISTA

A exceção mais notável e controversa a essa tendência geral de bifurcação harmoniosa envolve um hard fork para o blockchain da Ethereum em 2016, o que resultou em uma grande cisão dentro da comunidade e, consequentemente, em dois tokens separados: ETH e ETC (Ethereum Classic).

CAPÍTULO 6 **O que É a Ethereum?** 103

Contratos Inteligentes Fazem a EVM Girar

Um *contrato inteligente* é um programa de software que, uma vez implantado, é alojado em uma conta de contrato especial com seu próprio endereço exclusivo na EVM. O ato de implantar um contrato inteligente é em si uma transação e requer gás. (Apresentamos contratos inteligentes no Capítulo 2 e mostramos como codificar e implantar o seu no Capítulo 9.)

Uma vez implantados, os contratos inteligentes permanecem inativos até que sejam acionados por uma transação. Muitas transações no blockchain da Ethereum são projetadas para chamar funções alojadas em vários contratos inteligentes, o que pode, por sua vez, desencadear chamadas para outras funções de contratos inteligentes (veja a Figura 6-15). Uma *função* nesse contexto é uma peça de código autônoma escrita para realizar uma tarefa específica. Uma *chamada* faz referência a uma função localizada em outro lugar — nesse caso, em outros contratos inteligentes.

FIGURA 6-15: Uma transação de amostra, iniciando uma chamada para uma função de contrato inteligente.

Os contratos inteligentes são projetados para impor um conjunto de regras que são executadas automaticamente quando chamadas. Um contrato inteligente projetado com cuidado, por meio da EVM, é programado para fazer cumprir acordos, verificando as condições desejadas e iniciando solicitações de computação subsequentes ou atualizações de dados em conformidade. E tudo acontece sem precisar de um intermediário confiável!

CUIDADO

Como acontece com qualquer aplicativo proveniente de uma fonte desconhecida ou não confiável, você deve ter cuidado ao se envolver com aplicativos de contrato inteligente na Ethereum.

A vida de um contrato inteligente

Suponha que queira implantar um contrato inteligente para angariar ETH para um novo fundo. A Blockchain Capital (uma empresa de capital de risco em São Francisco, EUA) arrecadou US$10 milhões com uma oferta de token BCAP, implementada como um contrato inteligente na Ethereum. Eis o processo:

1. Você envia uma transação contendo seu código compilado, especificando o preço e o limite de gás apropriados para execução.

2. Quando sua transação for confirmada e executada, sua conta de contrato é criada e atribuída a um endereço.

3. Pouco depois, um potencial investidor envia uma transação para iniciar uma chamada para a função `deposit` de seu contrato inteligente.

4. Uma vez que um minerador selecionou essa transação e confirmou o bloco, a transação começa a execução e a função `deposit` é chamada.

5. A função `deposit` chama outra função interna para confirmar se o potencial investidor atende aos critérios do investidor de seu fundo — digamos, depósito ETH mínimo e idade mínima da conta.

6. Se essas condições forem satisfeitas, a função `deposit` aceita o depósito ETH.

7. Supondo que o investidor tenha designado um limite de gás adequado, a transação é executada, e o estado da EVM é atualizado.

Bravo! Você conseguiu implantar um aplicativo que permite levantar capital para seu fundo de forma automatizada com um processo de validação seguro, descentralizado e autônomo!

No Capítulo 9, fornecemos o guia passo a passo para escrever, compilar e implantar seu próprio contrato inteligente Ethereum.

Possibilidades emocionantes

Uma nova cadeia, cada vez mais em voga, vem na forma de licenças de aplicativos descentralizados (*dApps*) — ou aplicativos executados em blockchain. Seu fascínio decorre de um desejo de democratizar as finanças e eliminar os intermediários. Sua atratividade também se deve à popularidade das criptomoedas e seu valor altíssimo. Se você pensa na Ethereum como uma internet descentralizada — o que muitos chamam de Web3 ou Web 3.0, então dApps são os sites descentralizados desse sistema.

Inúmeros dApps da EVM são construídos para muitos propósitos diferentes. Por exemplo, contratos inteligentes podem ser projetados para fazer qualquer um dos seguintes (embora não necessariamente faça *tudo* isso):

- » Executar uma ICO.
- » Gerar e oferecer suporte a tokens fungíveis (ou seja, criptomoedas).
- » Criar e comercializar colecionáveis não fungíveis (ou seja, NFTs).
- » Fornecer um meio de comunicação social descentralizado.
- » Conduzir uma exchange descentralizada.
- » Hospedar um mercado de apostas descentralizado.

Limitações notáveis

A EVM é um *sistema fechado*, o que significa que tudo na Ethereum é totalmente autônomo, o que garante que o consenso sobre o verdadeiro estado da EVM nunca seja comprometido. Cada nó da rede Ethereum deve ser capaz de executar linearmente todas as transações confirmadas — do bloco de origem ao mais recente — e chegar à mesma conclusão em relação a cada estado dependente de bloco da EVM até o mais recente (por exemplo, contas, saldos, contratos inteligentes ativos e dados armazenados).

Depender de informações fora desse sistema pode levar a falhas que impediriam a conclusão bem-sucedida de um contrato. Suponha que os próximos passos de um contrato inteligente dependam do valor em dólar do saldo ETH de uma conta e não do próprio saldo ETH. A aleatoriedade inerente à obtenção da taxa de câmbio US$/ETH fora da cadeia viola a forma como os contratos inteligentes devem executar ordens. Os resultados podem ser diferentes com base em quando um nó consulta as informações fora da cadeia para determinar a transição de um estado da EVM para o próximo.

LEMBRE-SE Em última análise, isso significa que os contratos inteligentes podem emitir chamadas para outras funções apenas dentro do próprio contrato ou em outros contratos inteligentes na EVM. Eles não podem enviar solicitações HTTP para transferir dados (como quando você acessa informações na internet) ou interagir com interfaces de programação de aplicativos (APIs) externas (fora da cadeia), o que pode comprometer o consenso entre os nós.

Oracles: Conectando-se ao Mundo "Externo"

Suponha que você queira desenvolver um aplicativo de apostas na EVM que seja projetado para enviar ETH para certas contas se a temperatura em São Francisco exceder 37°C a qualquer momento em 1º de janeiro de 2025, conforme relatado por `www.weather.com`. Como você não pode programar contratos inteligentes para enviar solicitações de mensagem para informações fora do blockchain da Ethereum, precisa de uma forma inteligente de obtê-las fora da cadeia para seu contrato inteligente de maneira confiável e automatizada. Eis que surge em cena o oracle.

O oracle fornece um modo de enviar informações estruturadas e atualizadas para a EVM. No exemplo de aposta climática, você pode desenvolver um aplicativo separado fora da cadeia para fazer o seguinte:

1. **Enviar solicitações HTTP para** `www.weather.com` **a partir das 0h de 1º de janeiro de 2025.**

2. **Se a temperatura relatada em São Francisco exceder 37°C, pedir a seu aplicativo off-chain para enviar uma transação para a rede da Ethereum, solicitando o envio dessas informações para o endereço do contrato inteligente que abriga o aplicativo de apostas on-chain.**

3. **Uma vez que a transação é minerada e executada, o status confirmado acima de 37°C aciona o aplicativo de apostas on-chain para iniciar transferências de fundos ETH para as contas apropriadas.**

LEMBRE-SE

O oracle é tão confiável e seguro quanto suas fontes de dados e lógica de programação. À medida que os aplicativos de blockchain mais complexos aumentam em número e popularidade, a demanda por serviços oracle também aumenta. Tais serviços fornecem a infraestrutura para acessar dados e cálculos comuns fora da cadeia, como nestes exemplos:

» **Geração de números aleatórios para jogos de blockchain:** *CryptoKitties* foi o primeiro jogo de blockchain amplamente utilizado, embora agora você possa encontrar vários outros. Veja o Capítulo 2 para obter mais informações sobre *CryptoKitties*.

» **Feeds de preços para aplicativos de apostas, ou DeFi:** DeFi significa *de*centralized *fi*nance, um sistema que oferece serviços financeiros em uma rede de blockchain pública e descentralizada.

» **Feeds de dados de outros blockchains públicos:** Bitcoin e Litecoin são exemplos de outros blockchains públicos.

Aqui estão alguns serviços oracle populares:

- **Chainlink:** https://chain.link.
- **Provable:** https://provable.xyz.
- **Witnet:** https://witnet.io.

A Estrutura Fundamental da Ethereum

Esta seção revisita termos e conceitos discutidos ao longo deste capítulo, aqui apresentados com suas relações interdependentes.

Olhando para um contexto ampliado

Estas palavras-chave são uma parte essencial de seu repertório sobre a Ethereum. Qualquer conversa sobre a Ethereum em particular, e a criptos, em geral, invariavelmente envolve estes termos:

- **Ethereum Virtual Machine (EVM):** Uma plataforma de computação distribuída na qual os nós participantes armazenam duplicatas atualizadas do estado da EVM.
- **Ether (ETH):** Token nativo da Ethereum.

    Todas as solicitações de computação na EVM requerem ETH suficiente para serem executadas.
- **Blockchain:** Um sistema de manutenção de registros no qual os registros de transações são agrupados em blocos ordenados de forma cronológica, com cada bloco criptograficamente vinculado ao que o precede.
- **Livro-Razão distribuído:** Um sistema público de manutenção de registros que é acessível a qualquer pessoa que queira participar sem a necessidade de permissão de uma autoridade central.
- **Organização autônoma descentralizada (DAO):** Uma organização sem liderança que opera de forma autônoma e mantém o consenso com base em um nexo de regras e contratos inteligentes de código aberto.

O básico do blockchain

Discutir os seguintes conceitos técnicos é uma ótima forma de exibir seus conhecimentos em cripto:

- **Nó de mineração:**[4] Um nó especializado que é compensado para validar e processar solicitações de computação resolvendo quebra-cabeças de prova de trabalho computacionalmente exigentes.

- **Mecanismo de consenso:** Fornece as regras em vigor para garantir que uma rede descentralizada continue a operar, sendo capaz de concordar com informações corretas e rejeitar informações falsas em face de participantes desonestos.

- **Proposta de Melhoria da Ethereum (EIP):** Uma proposta para atualizar aspectos do protocolo subjacente que rege a Ethereum.

- **Prova de trabalho (PoW):** Um protocolo de segurança que exige que os participantes resolvam quebra-cabeças longos e onerosos para confirmar e executar transações.

- **Prova de participação (PoS):** Um protocolo de segurança que exige que os participantes demonstrem participação suficiente no sistema para confirmar e executar transações.

- **Altura do bloco (número do bloco):** Indica a localização de um bloco no blockchain ou, mais precisamente, o número de blocos que o precedem.

    O bloco de origem (ou gênesis) é numerado como bloco 0.

- **Block nonce:** Mostra a prova de trabalho do minerador bem-sucedido, que satisfaz uma condição matemática exigida pelo protocolo de consenso baseado em PoW da Ethereum e permite que ele confirme e anexe o bloco ao blockchain em crescimento.

- **Ataque de 51%:** Ocorre sempre que um grupo de mineradores em conluio acumula mais da metade do poder de computação da rede na tentativa de manipular o sistema.

- **Uncle [ou Ommer] block:** Um bloco obsoleto que foi simultaneamente minerado ao lado de um bloco válido a partir do qual a cadeia da Ethereum continua a crescer.

    Eles são conhecidos como *blocos órfãos* no blockchain do Bitcoin.

- **Hard Fork:** Introduz uma grande mudança no protocolo de consenso subjacente, que força uma divisão permanente no blockchain.

---

4 N. da R.: O conceito de nó de mineração ainda existe mesmo depois da atualização para Ethereum 2.0. Contudo, ao invés de resolver quebra-cabeças, o nó compromete ether, esperando que seja sorteado para aprovar um bloco.

Hard forks para o blockchain da Ethereum normalmente não resultam em tokens separados.

Ó o gás!

As palavras listadas nesta seção podem não ser convencionalmente divertidas, mas conhecer seus papéis na velocidade de execução e no sucesso de uma transação dará "um gás" em seu jargão:

- **Transação:** Representa uma solicitação de computação na EVM.
- **Hash de transação (TxnHash):** O código exclusivo atribuído a cada transação.
- **Preço do gás:** Representa quanto ETH alguém está disposto a pagar por unidade de gás consumido pela transação enviada.
- **Limite de gás:** Representa o máximo de unidades de gás que uma pessoa está disposta a usar para executar totalmente a transação enviada.
- **Taxa de transação:** A quantidade real de gás usada para executar a transação vezes o preço do gás designado para a transação.

Coisas que tornam a EVM interessante

Ser capaz de conversar sobre os seguintes tópicos trará um brilho adicional às suas conversas sobre a Ethereum:

- **Contrato inteligente:** Um conjunto de código e dados projetado para impor regras determinísticas que são executadas automaticamente quando chamadas.
- **Aplicativos descentralizados (dApps):** Os programas em execução na EVM.
- **Oracle:** Uma forma de enviar informações de fora da cadeia para a EVM.

> **NESTE CAPÍTULO**
>
> » Detalhando contas de propriedade externa e contas de contrato
>
> » Distinguindo Mainnet e Testnet
>
> » Vendo as diferenças entre carteiras e contas
>
> » Configurando suas contas

Capítulo 7
Criando uma Conta na Ethereum

Este capítulo explica como configurar diferentes tipos de contas na Ethereum e como carregar adequadamente cada uma delas. Como este capítulo abrange o primeiro passo crucial na jornada para construir seu próprio token não fungível ERC-721, recomendamos que o leia para entender os recursos básicos que usamos e as seleções que fazemos ao longo do caminho. No entanto, você *precisa* ler apenas a seção final deste capítulo, "Preparando Suas Contas (Na MetaMask)", então sinta-se à vontade para pular direto para o final se estiver com pressa.

LEMBRE-SE Antes de mergulhar nas instruções práticas deste capítulo, instale e configure uma carteira da MetaMask. Você também precisa de alguns fundos ETH em sua conta (especialmente se planeja cunhar um NFT real na rede Ethereum). Mostramos como fazer essas duas tarefas no Capítulo 2 e no Capítulo 4.

Noções Básicas sobre Contas de Propriedade Externa

Contas de propriedade externa (EOAs) são usadas para enviar solicitações de computação na rede Ethereum. Uma EOA pode receber, armazenar e enviar Ether (a criptomoeda nativa da plataforma Ethereum), bem como interagir com contratos inteligentes implantados. Pode ser feito um pedido para transferir fundos de uma EOA para outra ou para chamar funções em vários contratos inteligentes na EVM — a Ethereum Virtual Machine, de que falamos no Capítulo 6.

LEMBRE-SE As EOAs são, muitas vezes, simplesmente chamadas de *contas*, e seguimos a mesma convenção. Na verdade, sua primeira incursão na criação de uma conta na Ethereum — usando a MetaMask, que abordamos nos Capítulos 2 e 4 — foi criar o que é formalmente conhecido como uma conta de propriedade externa. Ao longo deste livro, usamos os termos *conta* e *conta de propriedade externa* de forma intercambiável.

Aqui estão algumas coisas a ter em mente:

» Você precisa de uma conta para enviar transações na rede Ethereum.

» As contas podem iniciar transações para interagir com contratos inteligentes ou com outras contas.

» As transações entre contas só podem ser solicitações de transferência de fundos (ETH).

» Uma conta não é uma carteira, e uma carteira não é uma conta.

LEMBRE-SE Os serviços de carteira, como o da MetaMask, são projetados para ajudá-lo a gerenciar suas contas da Ethereum. Assim como você pode usar diferentes clientes de e-mail para acessar mensagens enviadas para seu contato, pode usar diferentes serviços de carteira para acessar suas contas da Ethereum.

Criar uma conta é simples e gratuito. Não custa nenhum ETH criar uma conta, embora você precise carregá-la antes de enviar transações, que

— como discutimos no Capítulo 6 — nem sempre são simples e, certamente, não são gratuitas.

O que significa criar uma conta

Muitos serviços de carteira podem criar contas para você. Esses serviços, como o da MetaMask, estão apenas gerando pares de chaves:

> » **Uma chave privada:** Você usa sua chave privada para acessar fundos em sua conta, então nunca deve compartilhá-la.
>
> » **Um endereço público correspondente:** Você pode compartilhar seu endereço público com outras pessoas, para que possa receber fundos de outras contas.

Claro, você não precisa de um serviço de carteira para gerar seus pares de chaves. Na verdade, selecionar uma chave privada é tão simples quanto escolher um número aleatório entre 0 e 2^{256}, que é maior que 1 trilhão em relação à potência de 6 — ou 1 trilhão × 1 trilhão × 1 trilhão × 1 trilhão × 1 trilhão × 1 trilhão.

Como existem muitas chaves privadas possíveis, mesmo que todos os 8 bilhões de pessoas na Terra tenham criado mil contas, o número total de contas ativas — 8 trilhões, nesse cenário — seria muito menor do que o número total de contas possíveis. Adivinhar ou gerar uma chave privada que já está sendo usada é improvável.

PAPO DE ESPECIALISTA

Ainda assim, ter um serviço de carteira para fazer o trabalho pesado tem seus benefícios, especialmente se você não for hábil com matemática. Tecnicamente, você deve escolher um valor de chave privada maior que 0 e menor que `FFFFFFFFFFFFFFFFFFFFFFFFFFFFFFFEBAAEDCE6AF48A 03BBF D25E8CD0364141` (que é menor que o valor de 2^{256}).

As chaves privadas são expressas como números hexadecimais de 64 dígitos, que é um sistema nocional de base 16 em que cada dígito é representado por um dos seguintes 16 caracteres: 0, 1, 2, 3, 4, 5, 6, 7, 8, 9, A, B, C, D, E ou F. Por exemplo:

> » 412 em hexadecimal é igual a $(4 × 16^3) + (1 × 16^2) + (2 × 16^0)$ = 16.642 em números decimais, com os quais estamos mais familiarizados.
>
> » F9C3 em hexadecimal é igual a $(15 × 16^4) + (9 × 16^3) + (12 × 16^2) + (3 × 16^0)$ = 1.022.979 em números decimais.

DICA Ao processar os cálculos anteriores, tenha em mente que qualquer número com a potência de zero é igual a um.

Após gerar aleatoriamente uma chave privada, você precisa gerar uma chave pública correspondente por meio de um Algoritmo de Assinatura Digital de Curva Elíptica (ECDSA). (Tanto o Bitcoin quanto a Ethereum usam o ECDSA `secp256k1` como algoritmo para geração de chaves públicas.) Depois disso, você ainda precisa fazer o hash da chave pública resultante usando a função de hash `keccak256`; pegue os últimos 40 dígitos hexadecimais (ou últimos 20 bytes) e adicione "0x" ao início para chegar a seu endereço de conta pública. Veja a seção "Assinaturas digitais" para saber mais sobre os algoritmos matemáticos usados para autenticação.

Chaves privadas versus públicas

Você usa sua chave privada para sacar fundos de sua conta; seu endereço público é o que pode exibir publicamente para receber fundos de sua conta. Obviamente, você deve saber as chaves privadas de sua conta se quiser acessar suas contas de um serviço de carteira diferente que ainda não tenha usado para acessar essas contas específicas.

Para acessar a chave privada e o endereço público de sua conta na MetaMask, siga estas etapas:

1. **Faça login na MetaMask.**

    O nome de sua conta aparece com o endereço público abaixo dela, conforme mostrado na Figura 7-1. Neste caso, o nome da conta é NFTs For Dummies, e o endereço público é:

    ```
    0xf77a3cE366E32645ffC78B9a88B7e90583646df9
    ```

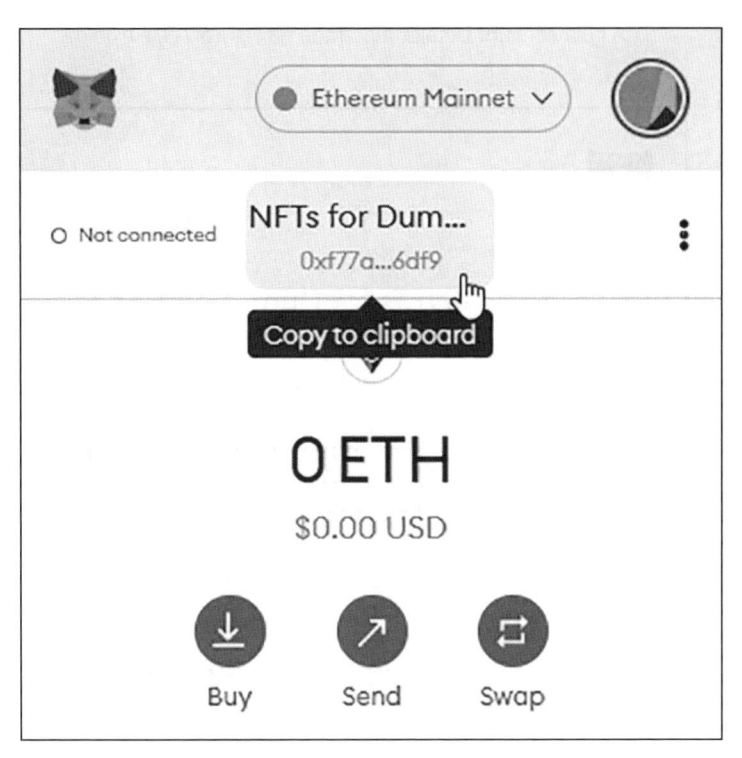

FIGURA 7-1:
O nome da conta e o endereço público exibidos na MetaMask.

2. **Clique no nome da conta para copiar seu endereço público.**

   O endereço público tem 42 dígitos em notação hexadecimal (ou 40 dígitos hexadecimais com um prefixo "0x" adicionado).

3. **Clique nos três pontinhos verticais à direita do nome da conta e escolha Account Details no menu suspenso, conforme mostrado na Figura 7-2.**

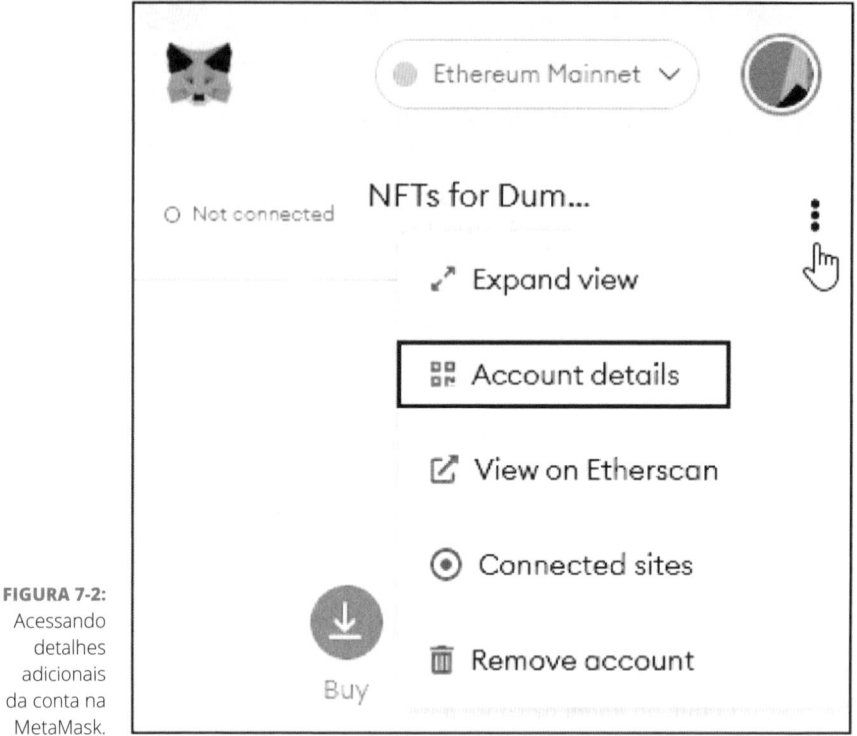

A guia Account Details, mostrada na Figura 7-3, é exibida.

FIGURA 7-2: Acessando detalhes adicionais da conta na MetaMask.

116 PARTE 3 **Botando a Mão na Massa**

FIGURA 7-3:
A guia Account Details na MetaMask.

4. Clique no botão Export Private Key.

5. Digite sua senha da carteira da MetaMask e clique em Confirm, conforme mostrado na Figura 7-4.

CAPÍTULO 7 **Criando uma Conta na Ethereum** 117

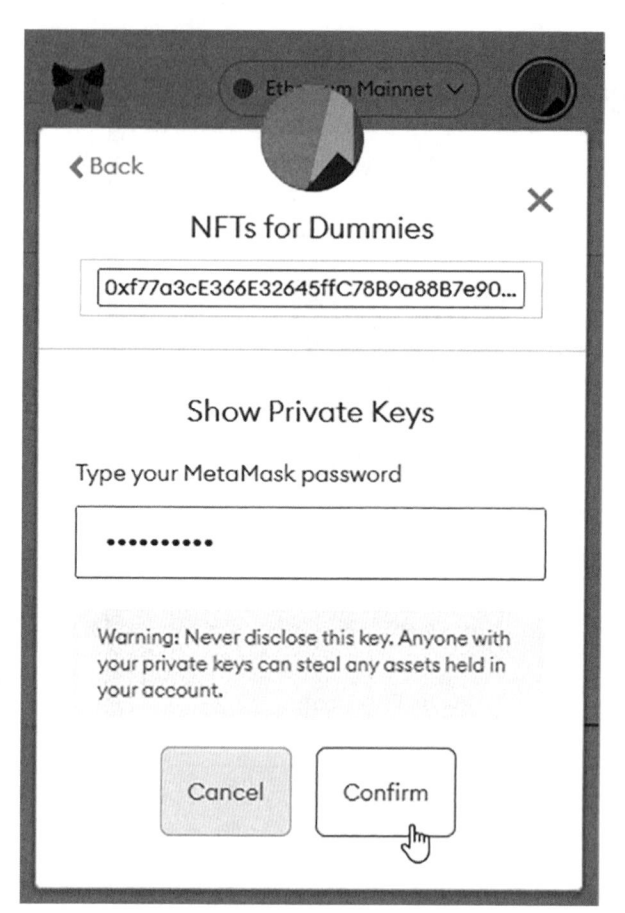

FIGURA 7-4:
Solicitação de senha para acessar a chave privada de uma conta na MetaMask.

6. **Agora você pode simplesmente clicar para copiar a chave privada da conta.**

   Para a conta NFTs For Dummies, mostrada na Figura 7-5, temos a seguinte chave privada, que são 64 dígitos em notação hexadecimal:

   ```
   0bf71f18f67efa95140d5fe4c68afe06f9c9e475b0dde
      035d06a83d8026f441c
   ```

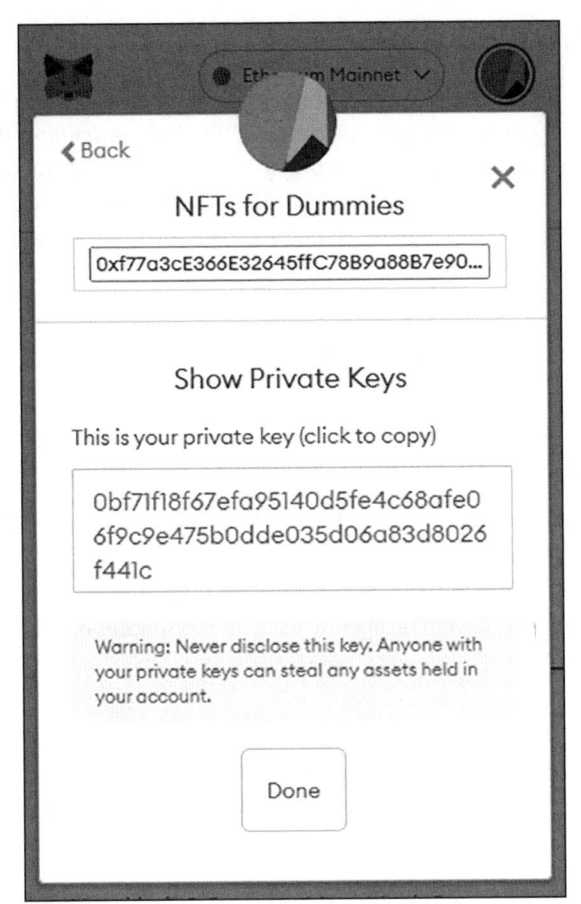

FIGURA 7-5:
Chave privada de uma conta, exibida na MetaMask.

CUIDADO Claro, *não* anuncie sua chave privada para o mundo (como acabamos de fazer aqui).

No geral, chaves privadas e públicas são usadas juntas para formar uma assinatura digital a fim de validar uma transação. Esse processo garante que apenas o proprietário da conta possa enviar transações dela.

Assinaturas digitais

Como o par de chaves privadas/públicas funciona para garantir que apenas você possa gastar o ETH em sua conta? Utilizando *assinaturas digitais*, que são algoritmos matemáticos que validam a autenticidade de uma mensagem ou documento digital. Aqui, fornecemos um exemplo simples de como as assinaturas digitais funcionam. Os elementos básicos estão listados a seguir:

» Uma única chave pública corresponde a cada chave privada.

» Revelar sua chave pública não fornece informações sobre sua chave privada.

» Sua chave privada é combinada com sua chave pública e suas informações de transação para formar uma assinatura.

» Essa assinatura, com sua transação solicitada, é transmitida por toda a rede.

» Quando os validadores aplicam sua chave pública à assinatura transmitida publicamente, devem receber de volta as informações originais da transação.

PAPO DE ESPECIALISTA

Suponha que você tenha uma chave privada, `Kpriv = {7}`, da qual só você saiba; e uma pública correspondente, `Kpub = {3, 33}`, que é compartilhada com todos. Suponha também que queira enviar 16 ETH dessa conta.

As etapas a seguir mostram, de maneira simplificada, como as assinaturas digitais funcionam para provar que você é o proprietário da conta em questão:

1. **Pegue o número 16 (o valor que você deseja enviar) elevado a 7 (sua chave privada) e divida por 33 (que faz parte da chave pública).**

    Em outras palavras, divida 167 por 33. O restante dessa divisão é igual a 25. Esse número, 25, que é sua assinatura digital para essa transação, prova que você é o proprietário da conta sem revelar sua chave privada.

2. **Envie sua solicitação de transferência de 16 ETH com sua assinatura digital de 25.**

    Ou seja, transmita o par de números `{16, 25}` para verificação.

3. **Para verificar se você é o proprietário, os validadores aplicam sua chave pública conhecida $K_{pub} = \{3, 33\}$ elevando 25 a 3 e depois dividindo por 33.**

O restante dessa divisão é exatamente igual a 16, provando que você é o legítimo dono da conta.

A partir daqui, sua transação é adicionada a um pool de memória de transações pendentes aguardando para serem adicionadas ao blockchain — tudo sem divulgar sua chave privada $K_{priv} = \{7\}$!

LEMBRE-SE

Se um usuário mal-intencionado tentar sacar fundos de sua conta, ele não poderá fazer isso sem sua chave privada. Suponha que o usuário mal-intencionado presuma erroneamente que sua chave privada é igual a {8} (em vez do verdadeiro $K_{priv} = \{7\}$). Eis o que aconteceria:

1. **Para assinar a solicitação de transferência de 16 ETH, o usuário mal-intencionado agora eleva 16 a 8 (em vez de 7) e, em seguida, divide por 33 (usando as informações de sua chave pública K_{pub} = {3, 33}).**

   O restante aqui é 4, que é a assinatura digital que é transmitida para a rede.

2. **O usuário mal-intencionado envia a solicitação de transação com a assinatura digital {16, 4}, alegando que é o proprietário legítimo e solicitando a retirada de 16 ETH, com um comprovante de assinatura digital de 4.**

3. **Para verificar, os validadores elevam 4 a 3 e depois dividem por 33 (novamente, usando a chave pública conhecida K_{pub} = {3, 33}).**

   O restante da divisão resulta em 31, o que difere do pedido de transferência de 16 ETH.

   Assim, rejeita-se essa operação fraudulenta, o que demonstra a beleza das assinaturas digitais.

É claro que esse exemplo simples não transmite todo o processo de assinatura e verificação digital da Ethereum. Ainda assim, mostra como pares de chaves e assinaturas digitais operam para demonstrar com credibilidade que você é o proprietário de uma conta sem nunca divulgar suas chaves privadas.

Descobrindo as Contas de Contrato

LEMBRE-SE

As *contas de contrato*, que muitas vezes são simplesmente chamadas de contratos ou contratos inteligentes, são projetadas para armazenar dados e códigos em um endereço de contrato designado na EVM. Em essência, quando você implanta um programa de software na EVM, cria uma conta de contrato que o abriga.

As contas de contrato (contratos) diferem das contas de propriedade externa (contas) de várias maneiras:

» **Os contratos lhe custarão ETH.** A criação de uma conta de contrato é em si uma transação que deve ser iniciada a partir de uma conta de propriedade externa.

» **Os contratos não podem iniciar transações.** Uma vez criadas, as contas de contrato permanecem inativas até que sejam acionadas por uma transação. Uma conta de contrato pode ser chamada por outra, mas essa sequência de chamadas deve, em última análise, ter origem em uma conta de propriedade externa.

» **Os contratos não têm chaves privadas.** As contas de contrato têm apenas endereços públicos, que — como os das contas de propriedade externa — são representados por um número hexadecimal de 42 dígitos.

Naturalmente, como as transações não podem ser iniciadas a partir de uma conta de contrato, não é necessário que ela tenha chaves privadas.

Após um contrato ter sido implantado na EVM, ele é público e qualquer pessoa pode acessá-lo. Qualquer pessoa é livre para usar as funções incorporadas no contrato ou até mesmo acessar todo seu código-fonte, que pode ser encontrado no blockchain público da seguinte forma:

1. **Acesse:** `https://etherscan.io`.

2. **Na barra de pesquisa baseada em texto no canto superior direito, digite o endereço do contrato que deseja encontrar.**

3. **Clique na guia Contract, na linha da guia na parte superior da tela, para ver o código-fonte do contrato, conforme mostra a Figura 7-6.**

    O endereço do contrato é:

    ```
    0x1A79E50064C012639fB6fB6761E332Acf5Ba15d1
    ```

FIGURA 7-6.
Encontrando o código-fonte de um contrato.

Embora a criação de uma conta de contrato custe gás, após sua criação o criador não paga taxas de manutenção contínuas para mantê-la em funcionamento. Em vez disso, qualquer pessoa que queira usar funções incorporadas no contrato deve iniciar uma solicitação de uma conta de propriedade externa e pagar a quantidade apropriada de gás para essa transação.

Criar uma conta de contrato implica enviar uma transação que contenha seu código sem especificar um endereço de destino. Em outras palavras, você não cria simplesmente uma conta de contrato sem propósito, da mesma forma que pode simplesmente criar uma conta de propriedade externa, ainda que não tenha um motivo para usá-la.

DICA

A lista a seguir destaca pontos importantes sobre contas de contrato (mesmo que você ainda não esteja pronto para fazer muitas destas coisas):

» Para criar uma conta de contrato, seu código de contrato inteligente já deve estar pronto para uso.

» A partir de uma conta de propriedade externa, envie uma transação Ethereum para a rede que contenha seu código compilado sem especificar nenhum destinatário.

> Uma vez validado e extraído, seu contrato inteligente tem seu próprio endereço público no blockchain da Ethereum para referência futura por qualquer pessoa na rede.

Antes de criar uma conta de contrato, você precisa primeiro seguir as etapas descritas na seção "Preparando Suas Contas (Na MetaMask)", para configurar suas várias contas (de propriedade externa) para diferentes usos. Depois disso, deve concluir as etapas de configuração de seu ambiente de desenvolvimento (veja o Capítulo 8) antes de finalmente implantar seu primeiro contrato inteligente (veja o Capítulo 9).

Redes Públicas e Ambientes Privados

As redes públicas não demandam permissão e estão abertas a qualquer pessoa que queira delas participar sem a necessidade de permissão de uma autoridade central. Duas categorias de redes públicas são importantes para o ecossistema da Ethereum:

> **Mainnet:** Essa rede principal da Ethereum é o blockchain primário no qual as transações de valor real ocorrem e são memorizadas. Quando alguém fala sobre Ethereum, geralmente está falando da Mainnet. Você precisa usar ETH real para alimentar suas transações na Mainnet.

> **Testnets:** As redes de teste estão disponíveis para os desenvolvedores testarem vários recursos antes de realizarem transações na Mainnet. Você pode usar test-ETH — em vez da coisa real — para alimentar transações em uma rede de teste.

Mesmo antes de jogar em uma testnet, os desenvolvedores geralmente testam seu código em um ambiente de desenvolvimento local, que tem a vantagem de ser mais rápido e simples.

Ambientes de desenvolvimento local

Os ambientes de desenvolvimento local são privados e oferecem uma área restrita fácil e segura ["sandbox"], na qual você pode observar como seus contratos inteligentes podem se comportar após a implantação. *Sandboxes* são seguras porque são ambientes de teste isolados criados para experimentação — o código em uma sandbox não está ativo, então os erros não causam danos reais ou congestionamentos da rede.

Esses ambientes locais, como o Ganache (que apresentamos no Capítulo 8), simulam o blockchain da Ethereum, fornecendo um blockchain privado com contas de teste predefinidas. Ao contrário de uma rede pública, suas transações são executadas automaticamente para facilitar a depuração de seus contratos sem ter que esperar que os blocos sejam minerados por meio de um processo oneroso de prova de trabalho. (Veja, no Capítulo 6, uma explicação do que é prova de trabalho.)

Redes de teste

As redes de teste públicas fornecem outro ambiente de prática mais próximo da forma como a rede Ethereum principal funciona. Ao contrário dos ambientes de desenvolvimento local, as redes de teste fornecem blockchains públicos que seguem principalmente as regras do blockchain da Ethereum.

As redes de teste fornecem uma porta de entrada para a Ethereum sem a dor de desperdiçar ETH real para implantar contratos de teste que ainda não foram totalmente depurados. Você não usa ETH real para alimentar transações em redes de teste — usa o respectivo ETH de teste nativo da rede de teste em questão.

As redes de teste têm dois tipos:

» **Prova de trabalho:** Apenas uma rede de teste — a Rede de Teste Ropsten — é baseada em um protocolo de consenso de prova de trabalho, tornando-a a representação mais próxima da rede Ethereum principal.

Usamos a Rede de Teste Ropsten em nosso guia passo a passo porque ela depende da prova de trabalho, que, como explicamos no Capítulo 6, é a autoridade prevalecente para a Ethereum.[1]

» **Prova de autoridade:** As outras redes de teste — Kovan, Rinkeby e Görli/Goerli — são baseadas em um protocolo de consenso de prova de autoridade. Com esse protocolo, um grupo selecionado de nós é autorizado a validar transações e adicionar novos blocos aos respectivos blockchains de redes de testes.

Rede principal

A rede principal da Ethereum, a *Mainnet*, é onde a ação real — e qualquer coisa de valor real — acontece. Qualquer NFT baseado em Ethereum que

---

[1] N. da R.: Em 15 de setembro de 2022, a rede principal passou a adotar o proof of stake como método de validação. A Ropsten passou a usar proof of stake em junho de 2022, como parte dos testes de migração do Ethereum.

você tenha visto no noticiário ou considerado comprar (como *CryptoKitties*, do Capítulo 2) vive na principal rede da Ethereum.

LEMBRE-SE

Sempre que alguém simplesmente se refere à Ethereum, está se referindo à rede principal da Ethereum, e não às várias redes de teste ou a seus ambientes de desenvolvimento privados.

Preparando Suas Contas (Na MetaMask)

Comece iniciando sessão em sua carteira da MetaMask (para obter informações sobre como configurar a MetaMask, veja o Capítulo 2 e o Capítulo 4). Sua carteira da MetaMask pode conter várias contas e você pode criar quantas quiser, conforme mostrado na Figura 7-7. Ter contas separadas lhe permite manter sua conta na Mainnet (que contém ETH real) separada de suas contas de teste e locais, nas quais você pode armazenar ETH de teste e executar transações para praticar antes de experimentá-las na Mainnet.

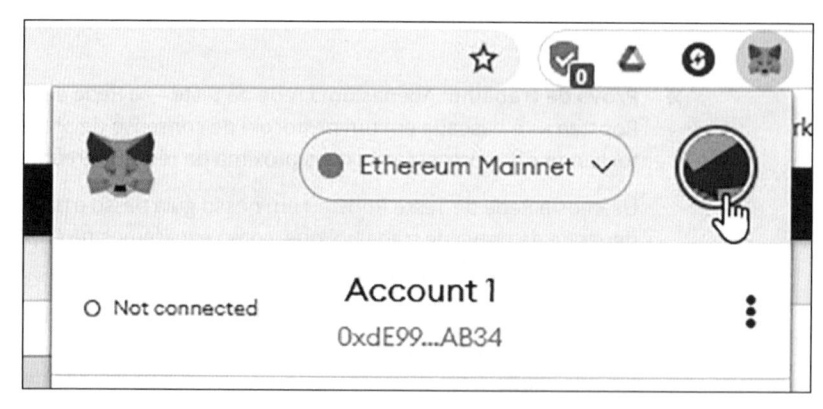

FIGURA 7-7
Criando contas separadas no aplicativo da MetaMask.

DICA

Para criar uma nova conta, clique no círculo colorido no canto superior direito do aplicativo da MetaMask (veja a Figura 7-7) e selecione Create Account no menu suspenso. Cada conta separada que você criar terá sua própria chave privada e endereço público. Recomendamos a criação de pelo menos três contas separadas, com os seguintes rótulos:

» Conta Mainnet.

» Conta Testnet.

» Conta local.

Nos capítulos seguintes, mostramos como configurar seu ambiente de desenvolvimento (Capítulo 8) e se preparar para implantar seus próprios contratos inteligentes (Capítulo 9). Confie em nós: quando você chegar a esse estágio, ficará feliz por ter contas separadas.

LEMBRE-SE Fazemos referência a esses nomes de conta à medida que continuamos nosso guia de configuração ao longo desta seção, bem como quando continuamos as instruções para a construção de seu próprio token ERC-721 não fungível, nos Capítulos 8 a 11.

Renomeando contas na MetaMask

Se já criou contas que deseja renomear (o que não altera mais nada sobre a conta), siga estas etapas:

1. **Selecione a conta que deseja renomear.**

2. **Clique nos três pontinhos verticais à direita do nome da conta, conforme mostrado na Figura 7-8.**

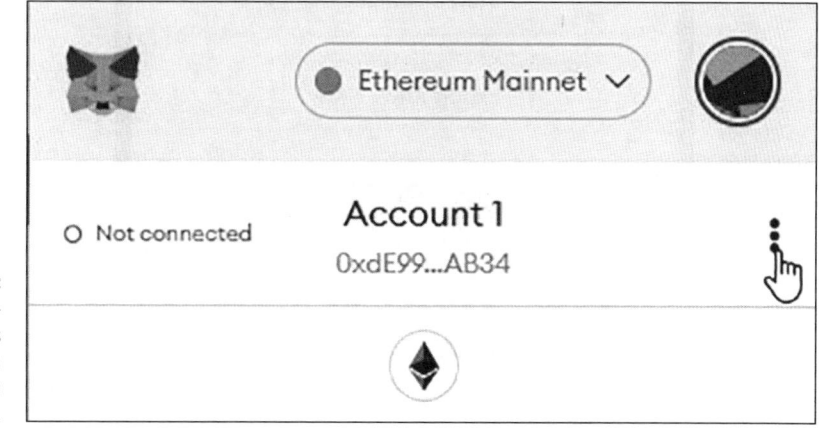

FIGURA 7-8: Navegando pelas opções da conta da MetaMask.

3. **No menu suspenso exibido, escolha Account Details.**

   Uma nova janela é exibida com o nome da conta acima de um QR code, conforme mostrado na Figura 7-9.

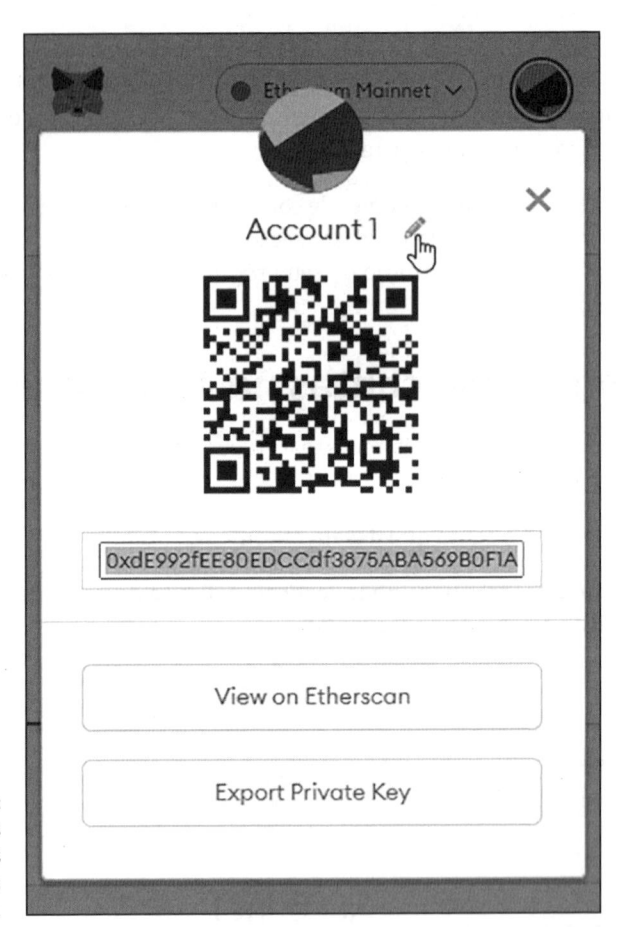

FIGURA 7-9:
Detalhes específicos da conta na MetaMask.

4. Clique no ícone Pencil, ao lado do nome da conta.

5. Renomeie a conta e marque a caixa de seleção, à direita da caixa de entrada de texto, para confirmar a alteração, conforme mostrado na Figura 7-10.

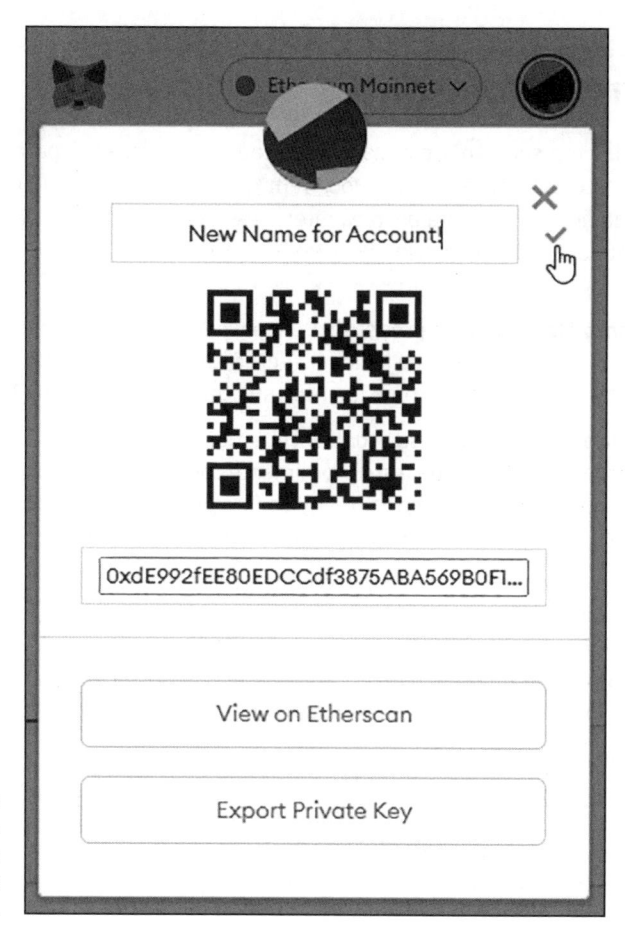

FIGURA 7-10: Renomeando uma conta na MetaMask.

Tcharan! A conta agora mostra seu novo nome.

LEMBRE-SE Alterar nomes de contas na MetaMask não altera a chave privada necessária para enviar transações ou o endereço de conta pública usado para receber fundos. Esses nomes de conta são um recurso estético para ajudá-lo a organizar mentalmente diferentes contas para diferentes usos.

Adicionando ETH diferente a contas diferentes

Depois de ter suas três contas configuradas e nomeadas para ajudá-lo a manter as coisas organizadas, você tem que colocar um pouco de ETH em cada uma delas. Esta lista destaca diferenças importantes a ter em mente ao financiar cada tipo de conta:

- » **Conta Mainnet:** Você precisa de ETH real nessa conta para alimentar transações Ethereum na Mainnet. (Veja o Capítulo 2 e o Capítulo 4 para obter detalhes sobre como financiar sua conta Mainnet com ETH real.)

- » **Conta local:** Financiar sua conta local é muito mais simples e barato porque o ambiente de teste é localmente confinado a seu sistema pessoal e porque o ETH não tem valor prático fora desse ambiente de teste local (você não pode gastar esse ETH fora desse ambiente local).

    Quando você inicia um blockchain privado e prático, seu ambiente de desenvolvimento local também inicia contas locais pré-financiadas com ETH de teste local. Explicamos como importar essas contas locais, com seus fundos de teste, para a MetaMask no Capítulo 8, no qual mostramos como configurar sua pilha de Ethereum.

- » **Conta Testnet:** Para alimentar suas transações de teste nas testnets públicas, você precisa do ETH de teste específico da rede. Aqui é onde as faucets entram em jogo. Uma *faucet* de teste fornece ETH de teste em intervalos regulares, mas você pode solicitar apenas ETH de teste em dado período. (Para saber mais a respeito, veja a próxima seção.)

Financiando sua conta testnet

Você pode financiar sua conta testnet com ETH de teste de várias redes de teste. A MetaMask prestativamente fornece uma lista — você escolhe qual prefere e, em seguida, vai buscar seu ETH de teste. Usamos o Ropsten Ethereum Faucet para financiar nossa conta porque mais tarde usamos a rede de teste do Ropsten para praticar a implantação de contratos inteligentes.

Para financiar sua conta testnet, siga estas etapas:

1. **Acesse a página do Ropsten Ethereum Faucet, em:** https://faucet.ropsten.be, **conforme mostrado na Figura 7-11.**

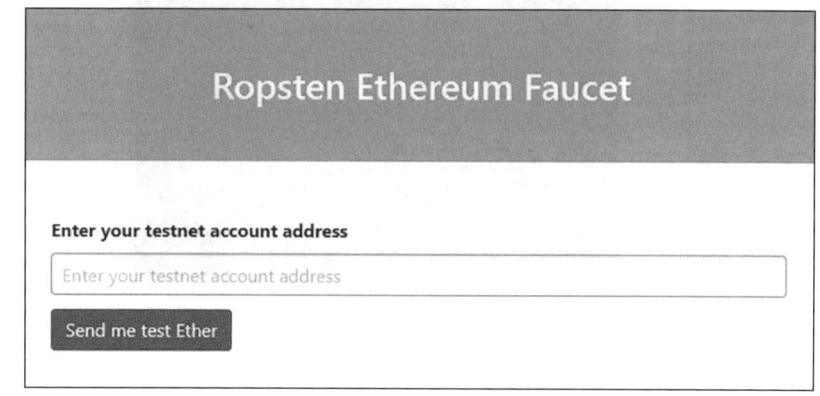

FIGURA 7-11:
O Ropsten Ethereum Faucet.

2. **Inicie sessão em sua carteira da MetaMask.**
3. **Clique no menu suspenso central para alternar as redes da Ethereum Mainnet para a rede de teste Ropsten, conforme mostrado na Figura 7-12.**

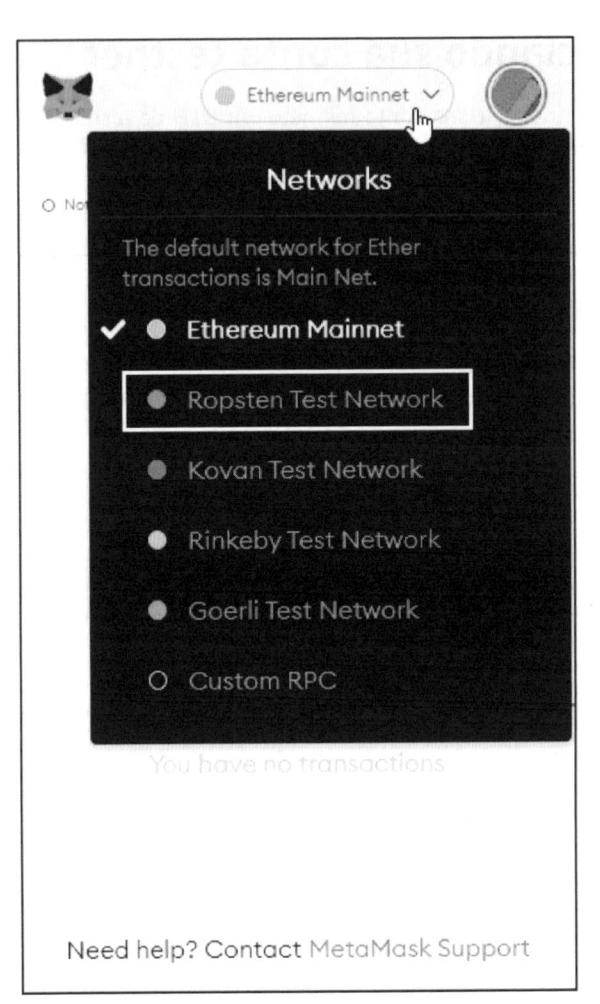

FIGURA 7-12:
Alternando redes em sua carteira da MetaMask.

4. **Selecione sua conta testnet e clique para copiar o endereço da conta pública, conforme mostrado na Figura 7-13.**

   No exemplo, esse endereço de conta é `0x43371B75585785D62e3 a50533aa15ee8D350273F`.

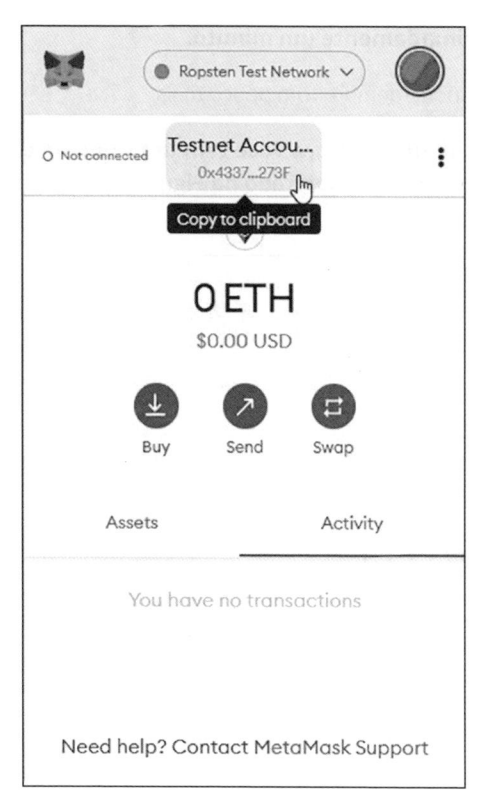

FIGURA 7-13: Copiando um endereço de conta pública de sua carteira da MetaMask.

5. Cole esse endereço de conta no Ropsten Ethereum Faucet e clique no botão Send Me Test Ether, conforme mostrado na Figura 7-14.

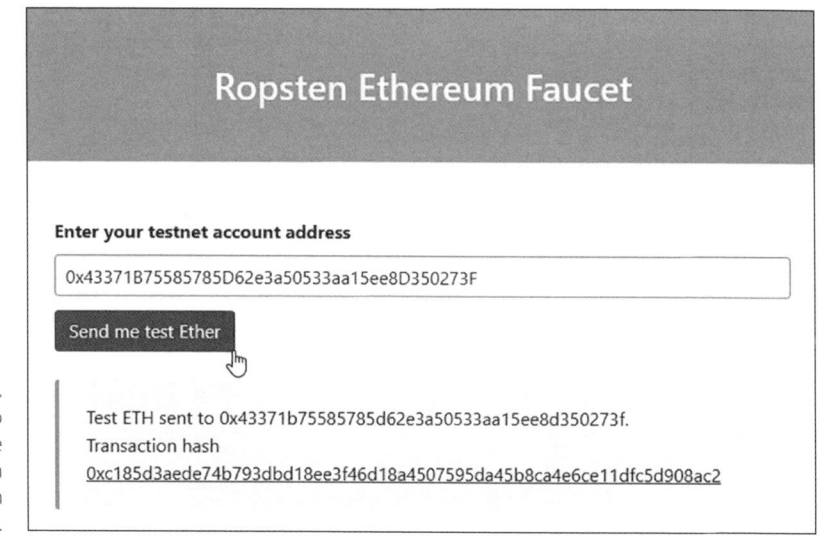

FIGURA 7-14. Solicitando ETH de teste do Ropsten Ethereum Faucet.

CAPÍTULO 7 **Criando uma Conta na Ethereum** 133

6. **Aguarde aproximadamente um minuto.**

   Seja paciente — pode demorar um pouco mais.

7. **Verifique novamente se agora você tem um saldo de conta testnet na MetaMask, conforme mostrado na Figura 7-15.**

FIGURA 7-15: Saldo da conta testnet atualizado, após solicitação de ETH de teste.

Parabéns! Agora você tem 1 ETH de teste em sua conta testnet.

LEMBRE-SE

Se esperou mais de dez minutos e ainda não viu nenhum ETH de teste em sua conta de rede de teste, certifique-se de ter alternado as redes para a rede de teste Ropsten, conforme descrito na Etapa 3 na lista anterior.

CUIDADO

Os faucets da Testnet não fornecem uma fonte ilimitada de ETH de teste, e você será "suspenso" se solicitar ETH de teste muito cedo depois de receber o que é carinhosamente conhecido como "drip" [goteira]. O Ropsten Ethereum Faucet requer um período de até 24 horas entre as solicitações. Se fizer outra solicitação antes que o período termine, entrará na "lista cinza" ["*greylisted*"] e terá que esperar mais 24 horas antes de solicitar mais ETH de teste (a Figura 7-16 ilustra como é essa repreensão).

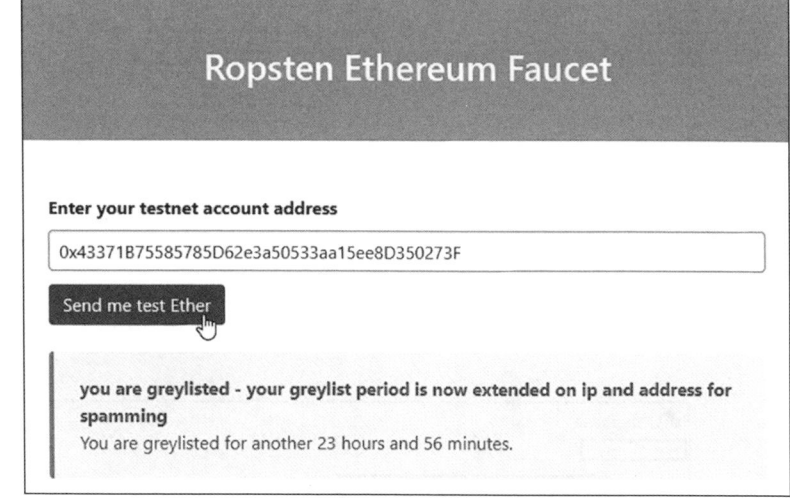

FIGURA 7-16
A lista cinza, avisando quando você solicitar mais ETH de teste muito cedo.

Explorando o blockchain da rede de teste do Ropsten

Assim como ocorre com as transações na Ethereum Mainnet, você pode visualizar suas transações de testnet com todos os outros blocos de transações de testnet, no blockchain de testnet do Ropsten. Veja como:

1. **Acesse:** https://ropsten.etherscan.io.

2. **Digite um hash de transação, número de bloco ou endereço de conta específico para explorar, conforme mostrado na Figura 7-17, e clique no botão Search (o botão com o ícone Lupa).**

   Vamos colar o endereço da conta testnet do exemplo anterior:

CAPÍTULO 7 **Criando uma Conta na Ethereum** 135

0x43371B75585785D62e3a50533aa15ee8D350273F

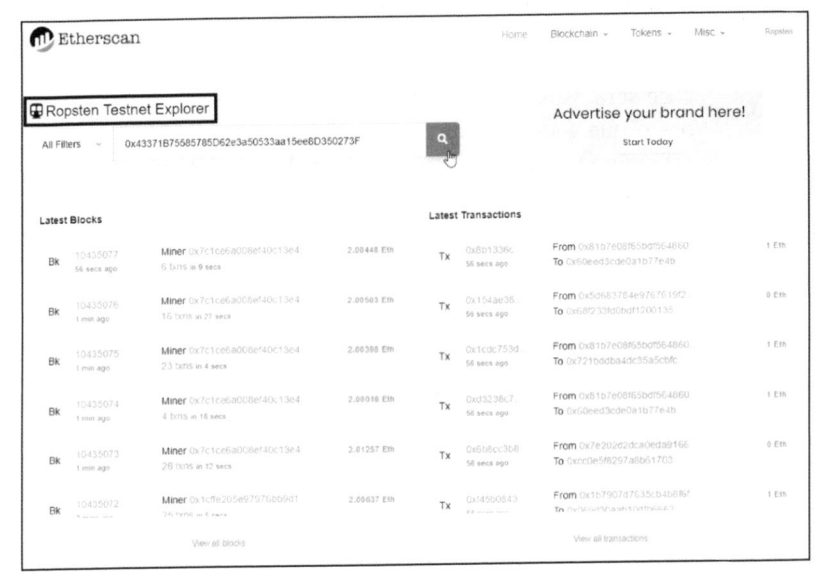

FIGURA 7-17:
Explorando transações na rede de teste do Ropsten.

Essa pesquisa mostra a transação transferindo um único ETH de teste para a conta que inserimos na Etapa 2, conforme mostrado na Figura 7-18.

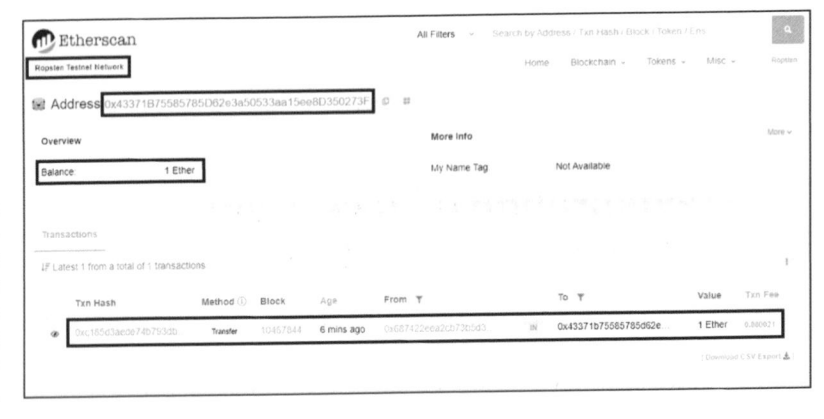

FIGURA 7-18:
Encontrando transações e saldos de contas na rede de teste Ropsten.

É claro que as transações e ETH associados a essa conta testnet não são transferidos para a Ethereum Mainnet, acessada em: `https://etherscan.io`, conforme mostrado na Figura 7-19.

FIGURA 7-19:
A Ethereum Mainnet não revela o ETH de teste.

Saldos "desaparecidos"

E se, de repente, você vir um saldo de conta muito diferente do que acha que deveria ser? Não entre em pânico. Em vez disso, verifique em qual rede você está, porque a MetaMask reflete os saldos de sua conta dentro da rede selecionada.

CUIDADO

Se você alternar a rede na MetaMask, da rede de teste Ropsten para a Ethereum Mainnet, como mostrado na Figura 7-20, o saldo em sua conta testnet refletirá adequadamente 0 ETH (supondo que você não tenha ETH real nessa conta).

CAPÍTULO 7 **Criando uma Conta na Ethereum** 137

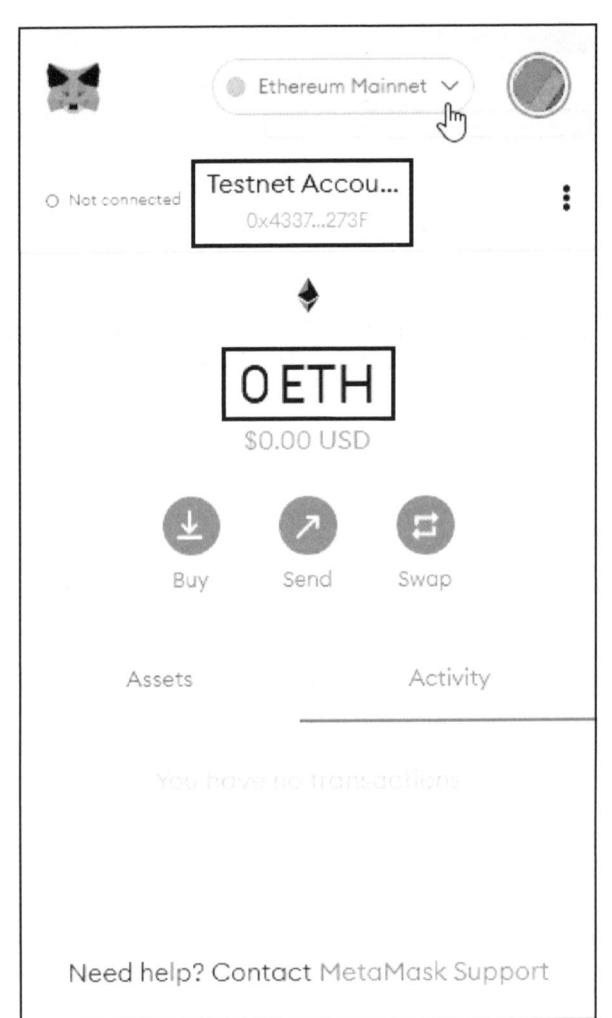

FIGURA 7-20: Esta conta de rede de teste contém 0 ETH quando visualizada na Ethereum Mainnet.

Da mesma forma, se tiver ETH real em sua conta da Mainnet, alternar da Ethereum Mainnet para a rede de teste Ropsten de repente refletirá um saldo de 0 ETH (supondo que você não tenha ETH de teste nessa conta).

NESTE CAPÍTULO

» **Apresentando pilhas de soluções e ambientes de desenvolvimento integrados**

» **Iniciando um ambiente de teste de blockchain local com o Ganache**

» **Configurando a MetaMask para se conectar a redes personalizadas**

» **Sincronizando o Remix-IDE com sua carteira da MetaMask**

Capítulo **8**

Configurando um Ambiente de Desenvolvimento

Neste capítulo, apresentamos os elementos de uma pilha de soluções Ethereum e o orientamos pelas etapas para configurar seu ambiente de desenvolvimento local no Ganache. Também mostramos como configurar sua carteira da MetaMask para se conectar ao ambiente de teste local e importar pelo menos uma de suas contas locais. Por fim, abordamos a sincronização do Remix-IDE com sua carteira MetaMask.

DICA

O Capítulo 7 mostra o primeiro passo crucial na jornada para construir seu próprio token ERC-721 não fungível (configurar suas contas), e este capítulo cobre o segundo passo crucial (configurar seu ambiente de desenvolvimento). É altamente recomendável que você leia o capítulo completo para entender os recursos básicos e as seleções que fazemos ao longo do caminho. Se estiver ansioso, pule direto para a última seção, "Mãos à Obra!".

LEMBRE-SE

Para seguir as listas de etapas deste capítulo, você precisa ter concluído estes passos com antecedência:

1. **Instalar a carteira da MetaMask (veja o Capítulo 2 e o Capítulo 4).**
2. **Criar pelo menos três contas externas separadas (veja o Capítulo 7):**
   - *Mainnet.*
   - *Testnet.*
   - *Local.*

Essas contas precisam de fundos — ETH real em sua conta Mainnet (veja os Capítulos 2 e 4) e ETH de teste em sua conta Testnet (veja o Capítulo 7).

Explorando a Pilha de Soluções da Ethereum

Uma *pilha de soluções* refere-se a um conjunto de componentes de software que cria um ambiente completo, que não requer subsistemas adicionais para suportar o desenvolvimento, a implantação e a execução de seus aplicativos. Você pode construir sua própria pilha ou escolher pilhas pré-fabricadas. Explicamos os componentes necessários de uma pilha completa e o orientamos a construir a sua nesta seção.

Elementos da pilha Ethereum

A partir de uma visão panorâmica, esta lista descreve os elementos típicos de uma pilha de soluções baseadas em Ethereum:

» **Aplicação do usuário final:** Claro, no topo da pilha está a aplicação do usuário final em si!

CryptoKitties (`www.cryptokitties.co`), apresentado no Capítulo 2, é um exemplo de um aplicativo de usuário final baseado em Ethereum.

- **API de cliente Ethereum:** Uma interface de programação de aplicativos (API) é uma ponte entre eles, permitindo que se comuniquem. Uma API de cliente Ethereum permite que um aplicativo de usuário final se conecte a nós Ethereum para acessar informações no blockchain da Ethereum (como saldos de contas, dados de transações passadas e contratos inteligentes). A API de cliente Ethereum também permite que o aplicativo envie transações para a rede Ethereum para que fundos possam ser transferidos, novos contratos inteligentes possam ser implantados ou códigos em contratos inteligentes existentes possam ser executados.

  A API incorporada pela extensão do navegador MetaMask é um exemplo de uma API de cliente Ethereum.

- **Os nós e os clientes:** *Nós* Ethereum são computadores que atuam como *clientes*, o que significa que executam um software cliente especial que adere às regras que regem a forma como a Ethereum valida, executa e registra as transações.

- **Contratos inteligentes:** Contêm o código executável do qual os aplicativos do usuário final dependem para executar várias tarefas. Você pode aprender mais sobre contratos inteligentes, incluindo como implantar os seus, no Capítulo 9.

- **Ethereum Virtual Machine:** Na base de qualquer pilha Ethereum está a Máquina Virtual da Ethereum, Ethereum Virtual Machine (EVM). A EVM, apresentada no Capítulo 6, incorpora o sistema de computação distribuída de nós que mantém cópias atualizadas do blockchain da Ethereum.

Em todas as camadas de pilha Ethereum, estes são os itens que diretamente lhe dizem respeito em sua busca para construir seu próprio token ERC-721 não fungível:

- A API de cliente Ethereum.
- Os elementos necessários para desenvolver, testar e implantar contratos inteligentes — ou seja, um compilador de código-fonte e um ambiente de teste.

Pilhas pré-fabricadas

Você tem inúmeras pilhas de desenvolvimento para escolher — cada uma diferindo em complexidade e ambição —, como mostrado no menu de opções em: `https://ethereum.org/en/developers/local-environment`. (Veja a Figura 8-1.)

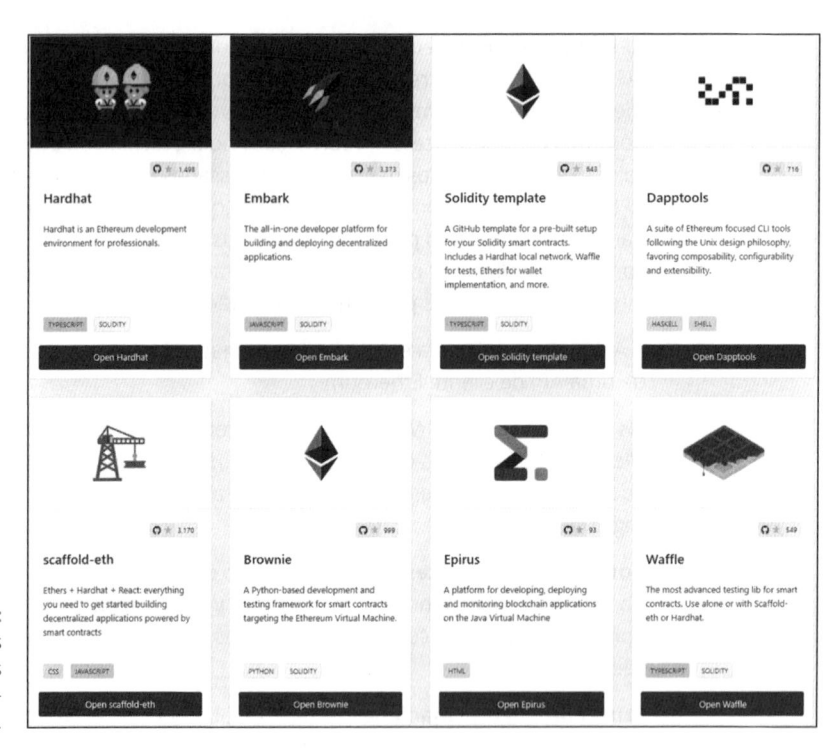

FIGURA 8-1: Estruturas e pilhas pré-fabricadas.

Infelizmente, nenhum pacote contém uma pilha de desenvolvimento pronta e abrangente. Felizmente, porém, muitos projetos estão disponíveis para guiá-lo por meio dos componentes que precisa instalar para completar o ambiente de desenvolvimento adequado às suas necessidades.

Para este livro, estabelecemos a combinação mais simples de componentes que fornecem flexibilidade suficiente para personalizar os recursos de seu NFT, mas não exigem trabalhar com interfaces de linha de comando (CLIs), o que é comum entre os desenvolvedores principais da Ethereum.

PAPO DE ESPECIALISTA

As interfaces gráficas do usuário (GUIs) fornecem um espaço de trabalho visual mais fácil de navegar do que um espaço de trabalho baseado em CLI, que tem uma interface de usuário baseada em texto, a qual exige que você digite comandos.

Especificamente, nosso guia passo a passo usa estes elementos:

» MetaMask, para a API de cliente Ethereum.

» Ganache GUI, para o blockchain de teste local.

» Remix-IDE, para compilar o código-fonte.

Mãos à Obra!

Nesta seção, explicamos como implementar um blockchain local em seu computador pessoal. Em seguida, mostramos como configurar sua carteira da MetaMask para uso em seu ambiente de desenvolvimento local, bem como no Remix-IDE.

Configurando seu ambiente de teste de blockchain local

LEMBRE-SE Como explicamos no Capítulo 7, um ambiente de desenvolvimento local é um lugar privado e seguro para você praticar a implantação e testar seus contratos inteligentes.

Para configurar seu ambiente de desenvolvimento local, siga as etapas a seguir para instalar o aplicativo para desktop do Ganache (Ganache GUI), que faz parte do kit de ferramentas do Truffle Suite de ofertas para desenvolvedores de contratos inteligentes.

1. **Acesse** www.trufflesuite.com/ganache **e clique no botão Download, conforme mostrado na Figura 8-2, para baixar o aplicativo para desktop do Ganache.**

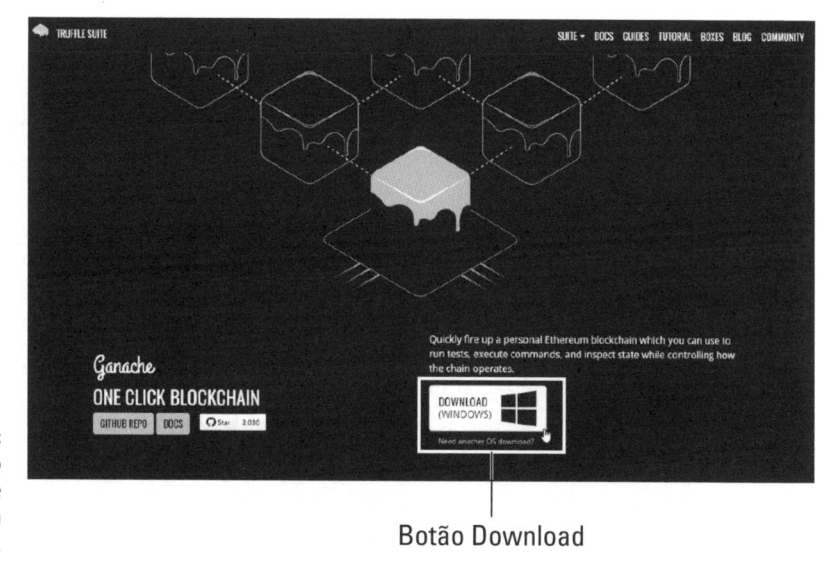

FIGURA 8-2: Baixando o Ganache para desktop.

2. Quando o download estiver concluído, clique duas vezes no pacote de instalação e siga as instruções para instalar o Ganache, conforme mostrado na Figura 8-3.

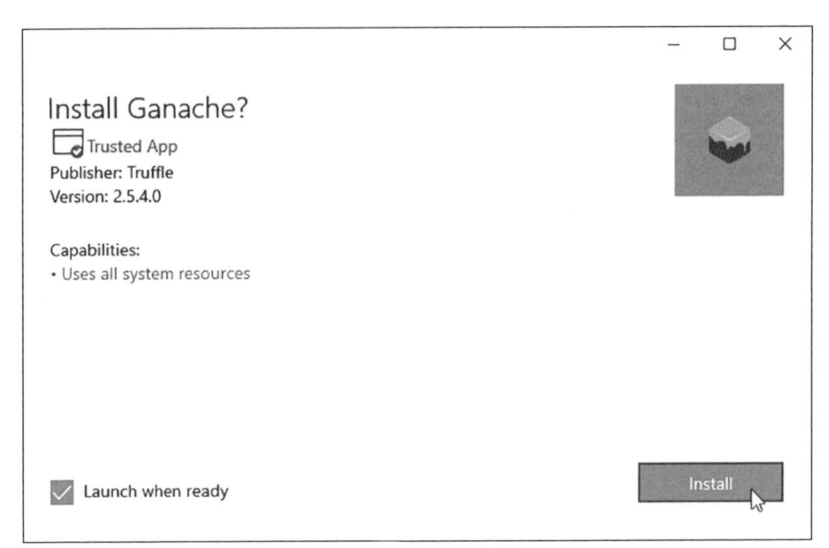

FIGURA 8-3: O instalador do Ganache.

3. Quando a instalação estiver concluída, inicie o Ganache e clique na opção Quickstart Ethereum, na página inicial, como mostra a Figura 8-4.

FIGURA 8-4: A tela inicial do Ganache.

O Ganache inicia um blockchain local com contas de teste que imitam contas de propriedade externa na Ethereum, como mostra a Figura 8-5.

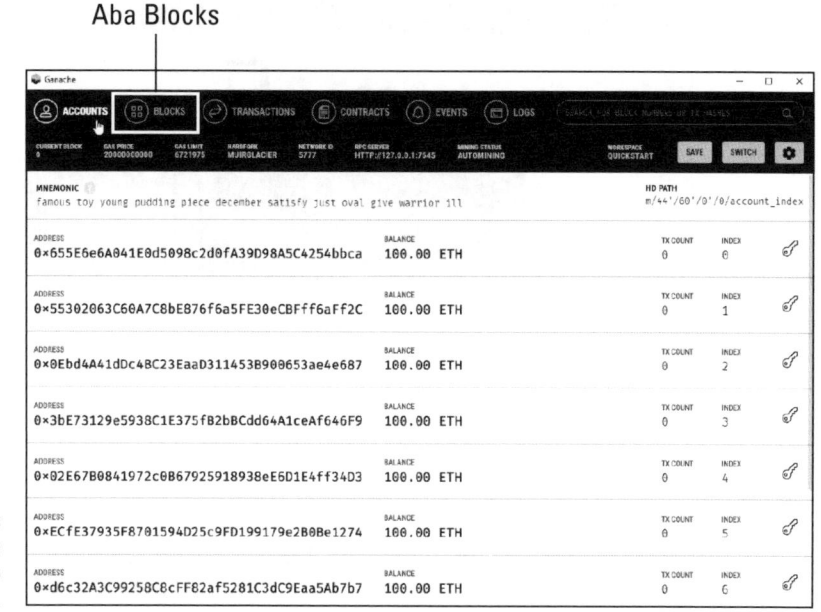

FIGURA 8-5:
Tela de contas do Ganache.

A configuração padrão do Ganache é iniciar dez contas de teste, cada uma com um saldo de 100 ETH de teste, que pode ser usado apenas nesse espaço de trabalho.

4. **Clique na guia Blocks (à direita da guia Accounts, no menu superior da tela) para ver o blockchain de seu espaço de trabalho atual.**

   No início, você tem apenas um bloco: Block 0 (o bloco *gênesis*), como mostrado na Figura 8-6.

FIGURA 8-6:
O bloco gênesis do Ganache, no início.

5. **Salve seu espaço de trabalho clicando no botão Save, no canto superior direito da janela do aplicativo do Ganache (veja a Figura 8-6).**

   O Ganache nomeia automática e aleatoriamente seu espaço de trabalho. No nosso caso, o Ganache o nomeou como Handsomely-Vessel (veja a Figura 8-7).

CAPÍTULO 8 **Configurando um Ambiente de Desenvolvimento** 145

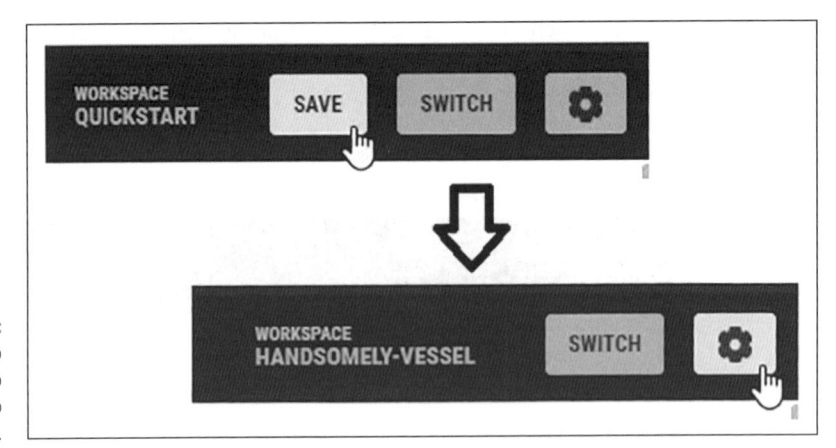

FIGURA 8-7:
Salvando
seu espaço
de trabalho
no Ganache.

6. Feche e reabra o Ganache para ver seu(s) espaço(s) de trabalho salvo(s) na página inicial, conforme mostrado na Figura 8-8, para que você retome facilmente de onde parou.

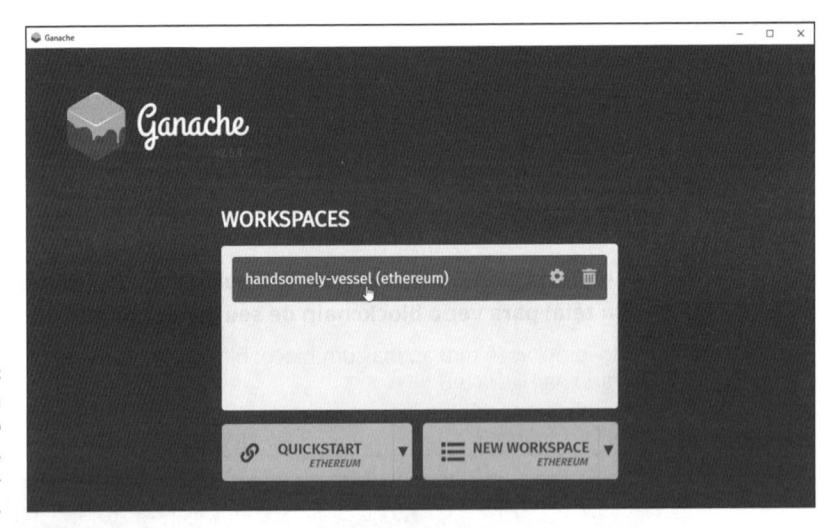

FIGURA 8-8:
A página
inicial do
Ganache,
após a reinicialização.

Parabéns! Você está pronto para começar a trabalhar em seu ambiente de desenvolvimento privado!

146 PARTE 3 **Botando a Mão na Massa**

DICA Se quiser alterar o nome de seu espaço de trabalho, clique no ícone Settings (a engrenagem), à direita do nome de seu espaço de trabalho (veja a Figura 8-7). Aparece uma nova tela, na qual você pode editar o nome de seu espaço de trabalho, conforme mostrado na Figura 8-9.

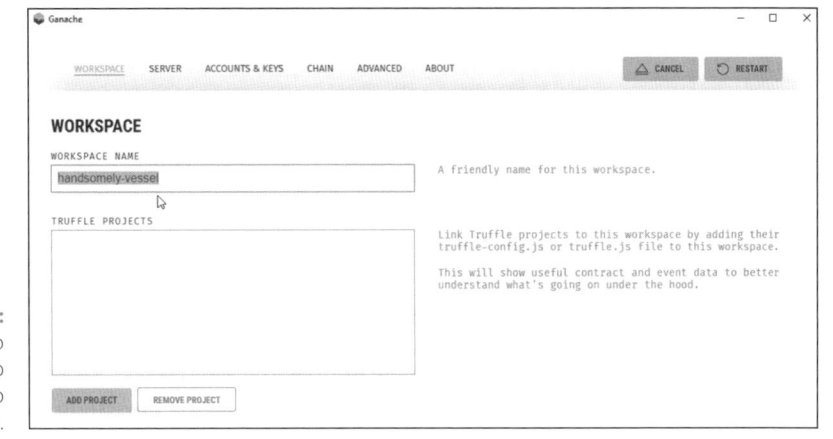

FIGURA 8-9: Editando seu espaço de trabalho no Ganache.

Quanto a nós, estamos mantendo o magnífico nome do espaço de trabalho que o Ganache gerou aleatoriamente: Handsomely-Vessel!

Conectando uma rede personalizada (Ganache) à sua carteira da MetaMask

Depois de iniciar um blockchain local, você está pronto para adicionar essa "rede" personalizada e contas associadas à sua carteira da MetaMask. Siga estes passos:

1. **Abra o Ganache e carregue o espaço de trabalho criado na seção anterior.**

2. **Localize o URL de seu RPC, que, por padrão, é:** `http://127.0.0.1:7545`, **conforme mostrado na Figura 8-10.**

CAPÍTULO 8 **Configurando um Ambiente de Desenvolvimento** 147

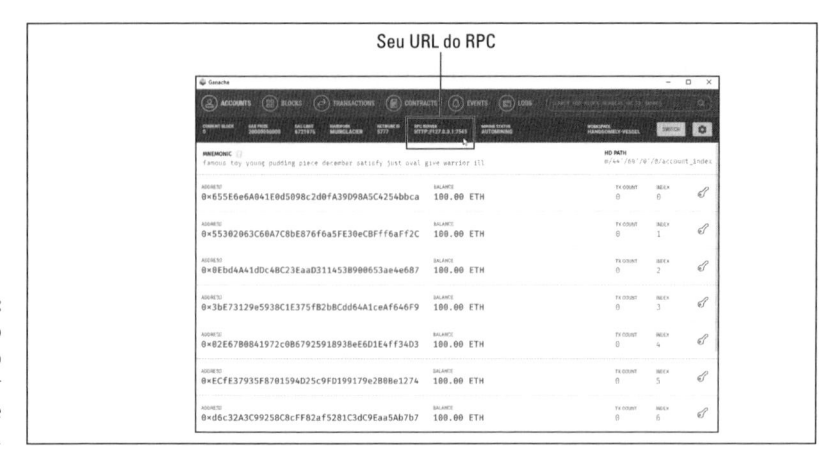

FIGURA 8-10:
Localizando o URL do RPC a partir da interface do Ganache.

3. Inicie sessão em sua carteira da MetaMask.
4. Para alternar de rede dentro da MetaMask, selecione a opção Custom RPC, no menu suspenso, conforme mostrado na Figura 8-11.

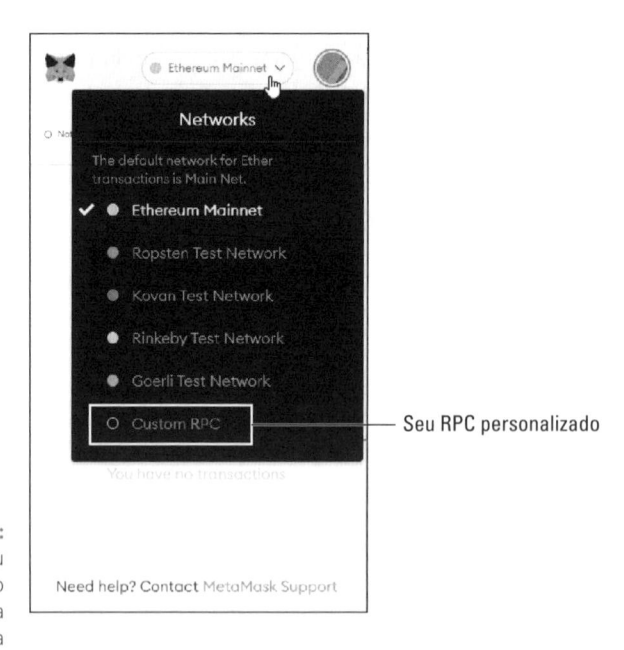

FIGURA 8-11:
O menu suspenso Network, na carteira da MetaMask.

5. **Na nova página exibida, mostrada na Figura 8-12, preencha o nome da rede, o novo URL do RPC e o chain ID, assim:**

   - *Nome da rede:* HANDSOMELY-VESSEL

     > **DICA** Você pode escolher o nome de rede que quiser. Para consistência e para evitar confusão, recomendamos usar o nome da rede que escolheu dentro de seu espaço de trabalho no Ganache.

   - *Novo URL do RPC:* http://127.0.0.1:7545 — o URL padrão do RPC.

   - *Chain ID:* 1337 — o chain ID padrão.

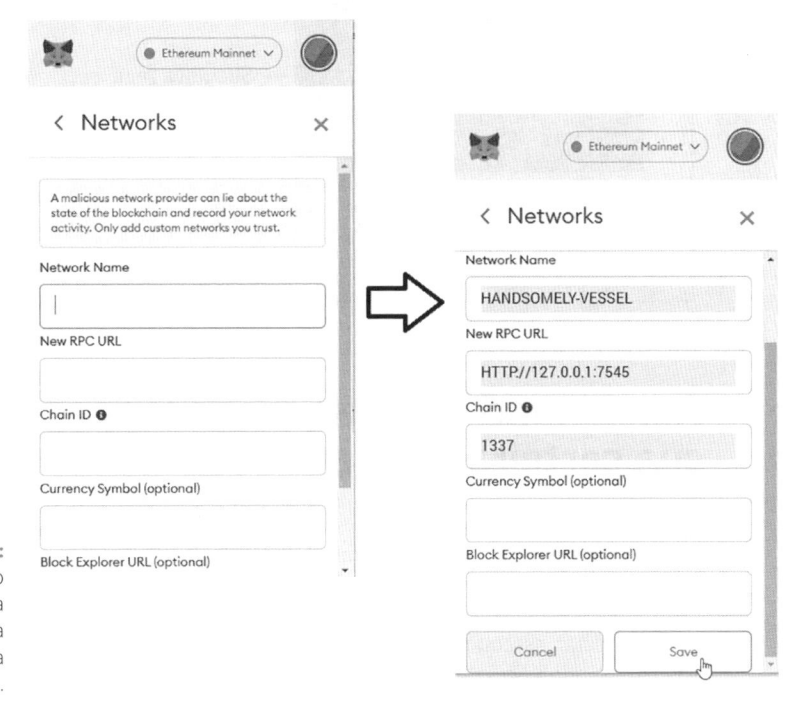

FIGURA 8-12: Adicionando uma nova rede à carteira da MetaMask.

6. **Clique no botão Save.**

   Ótimo trabalho! Você adicionou com sucesso uma nova rede às suas opções de rede da MetaMask, conforme mostrado na Figura 8-13.

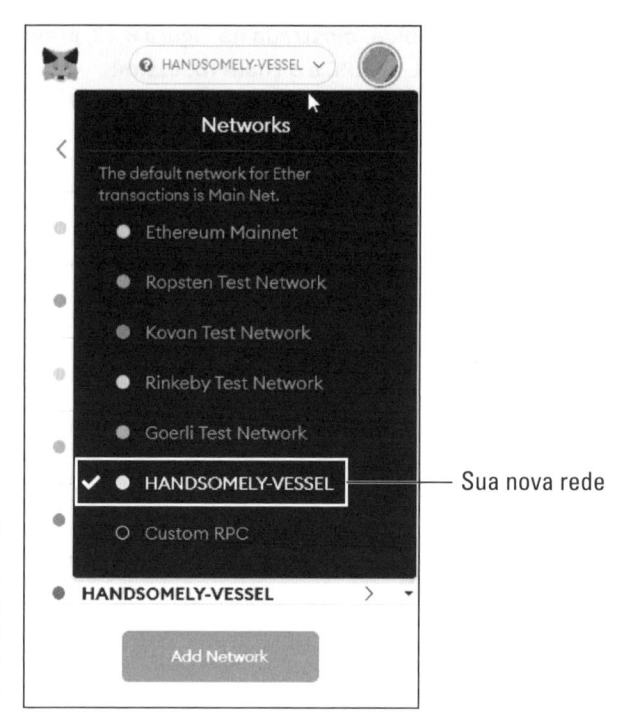

FIGURA 8-13: HANDSOMELY-VESSEL agora aparece nas opções de rede da MetaMask.

Adicionando contas locais (Ganache) à sua carteira da MetaMask

Depois de instalar o Ganache e adicionar a rede personalizada correspondente na MetaMask, importe algumas das contas de seu espaço de trabalho do Ganache para a MetaMask.

Para importar as contas locais, você precisa de suas chaves privadas. Para acessá-las, siga estas etapas:

1. Abra o Ganache e carregue o espaço de trabalho que você criou anteriormente neste capítulo, na seção "Configurando seu ambiente de teste de blockchain local".

2. Na página Accounts, selecione uma conta e clique no ícone Key, na extremidade direita, conforme mostrado na Figura 8-14.

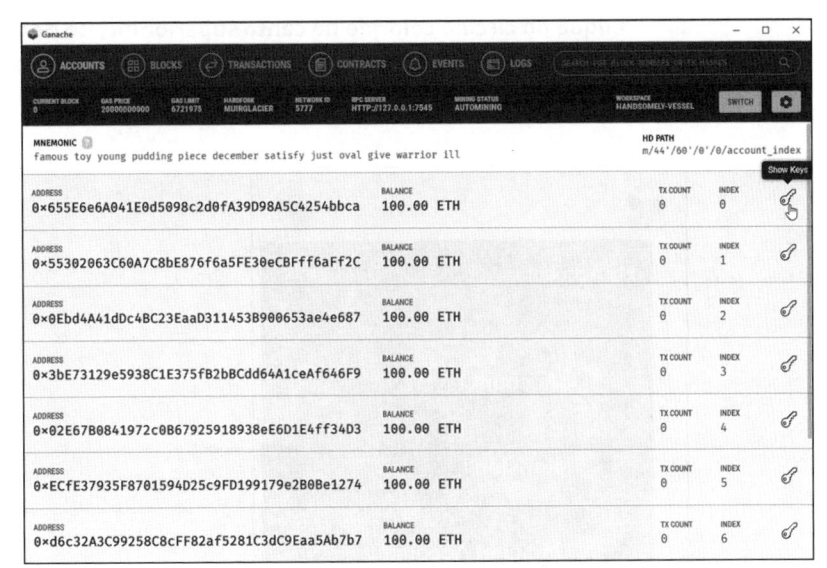

FIGURA 8-14:
Acessando
chaves
privadas da
conta em
seu espaço
de trabalho
no Ganache.

A próxima tela pop-up fornece a chave privada para essa conta, conforme mostrado na Figura 8-15.

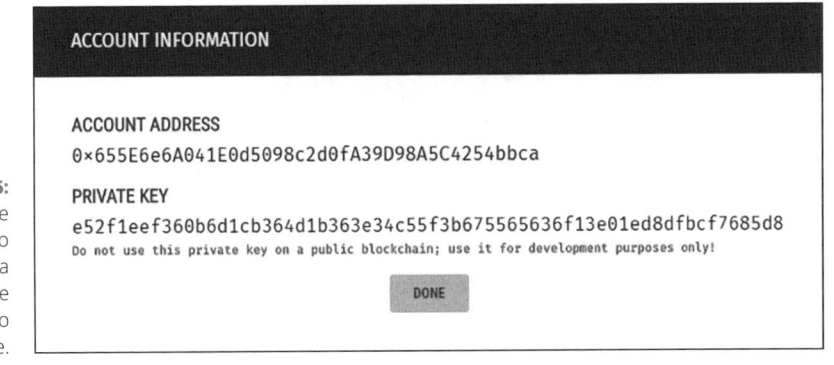

FIGURA 8-15:
Exemplo de
endereço
de conta
e chave
privada no
Ganache.

Com a(s) chave(s) privada(s) em mãos, veja como importar essas contas para sua carteira da MetaMask:

1. **Inicie sessão em sua carteira da MetaMask e mude para a rede Handsomely-Vessel.**

   Nosso nome de rede personalizado é Handsomely-Vessel, que pode diferir do nome de sua rede personalizada (definido nas etapas da seção anterior, "Configurando seu ambiente de teste de blockchain local").

   LEMBRE-SE

CAPÍTULO 8 **Configurando um Ambiente de Desenvolvimento** 151

2. Clique no círculo colorido no canto superior direito do aplicativo da MetaMask e selecione a opção Import Account, no menu suspenso, conforme mostrado na Figura 8-16.

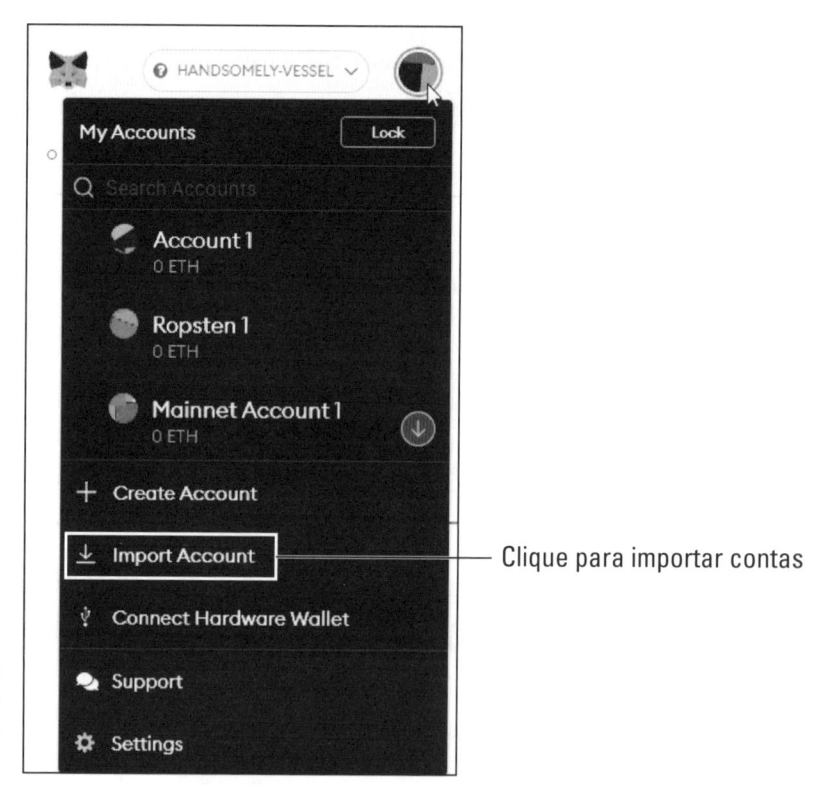

FIGURA 8-16:
A opção Import Account, na MetaMask.

— Clique para importar contas

3. Na nova caixa de diálogo exibida, cole a chave privada de uma conta na área de trabalho do Ganache e clique no botão Import, conforme mostrado na Figura 8-17.

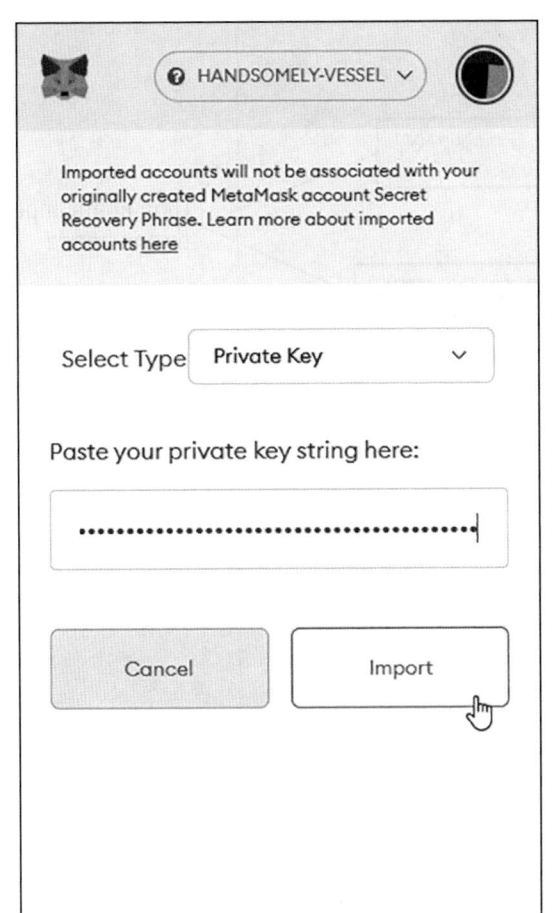

FIGURA 8-17
Importando uma conta para sua carteira da MetaMask.

A Figura 8-18 mostra a conta importada na MetaMask. Observe que mudamos o nome dela.

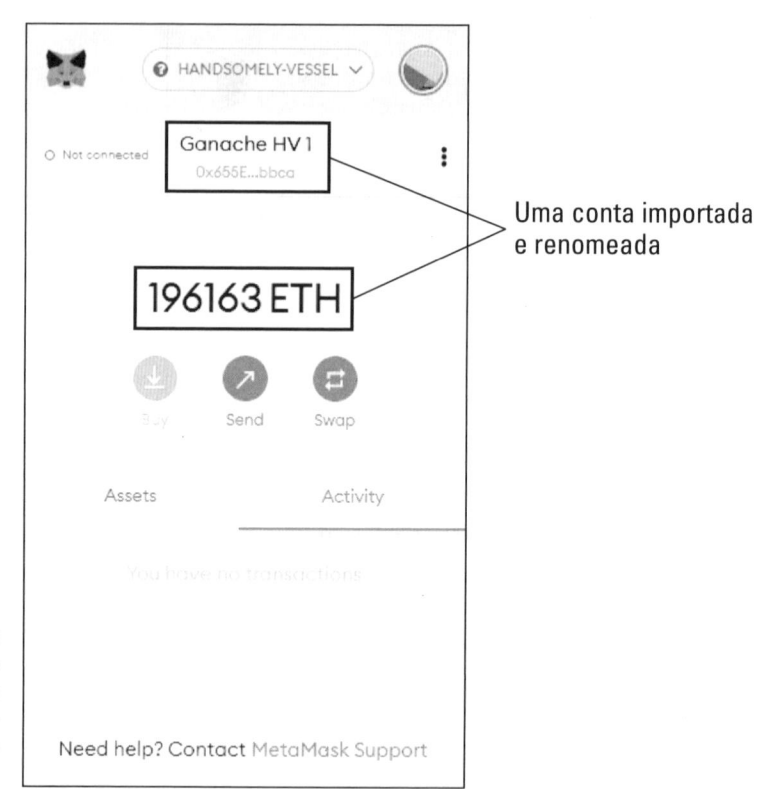

FIGURA 8-18: Uma conta importada e renomeada com sucesso na MetaMask.

DICA

Renomeie sua conta importada para facilitar a lembrança de que ela é uma conta local do Ganache. Mudamos o nome de nossa conta importada para "Ganache HV1" porque ela se relaciona com o nome da conta original. Para renomear suas contas na MetaMask, clique nos três pontinhos verticais à direita do nome da conta e selecione Account Details. Em seguida, clique no ícone Pencil, ao lado do nome da conta, renomeie-a e clique na caixa de seleção para finalizar a alteração (para mais detalhes, veja o Capítulo 7).

Tcharan! Agora você importou com sucesso sua conta local do Ganache para sua carteira na MetaMask.

CUIDADO

Não entre em pânico se vir um saldo estranho refletido em sua conta do Ganache recém-importada. A Figura 8-18 mostra que, mesmo quando conectados à rede apropriada, temos um saldo de 196163 ETH (!), que excede em muito o saldo de 100 ETH de teste refletido em nosso espaço de trabalho do Ganache (veja a Figura 8-14).

LEMBRE-SE

Como explicamos no Capítulo 7, você deve estar na rede certa dentro da MetaMask para ver o ETH de teste apropriado ou o ETH real em cada uma de suas contas. Por exemplo, a Figura 8-19 mostra que nossa conta do Ganache HV1 reflete um saldo de 0 ETH quando mudamos de rede para a Ethereum Mainnet.

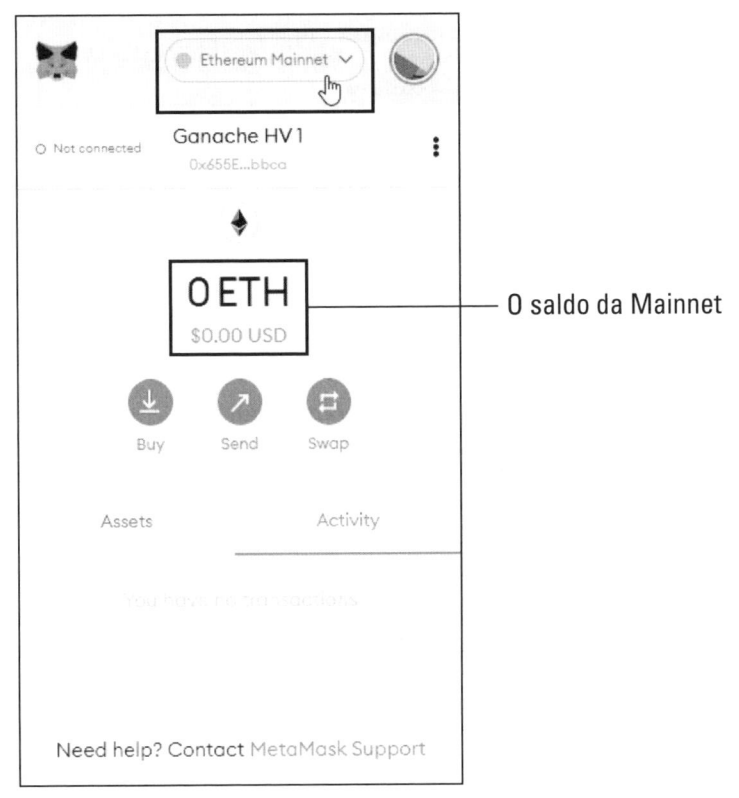

— O saldo da Mainnet

FIGURA 8-19: O saldo de 0 ETH em nossa conta do Ganache HV1 quando visualizada na Mainnet.

Agora você pode enviar transações dessa conta local do Ganache via MetaMask da mesma forma que faria com as outras contas carregadas em sua carteira da MetaMask. Você ainda não está pronto para enviar uma transação que gere uma nova conta de contrato, mas pode seguir estas etapas para transferir fundos entre contas de seu espaço de trabalho local do Ganache:

1. **Na guia Accounts, destaque uma conta diferente em seu espaço de trabalho do Ganache e clique com o botão direito do mouse para copiar o endereço da conta pública, como mostrado na Figura 8-20.**

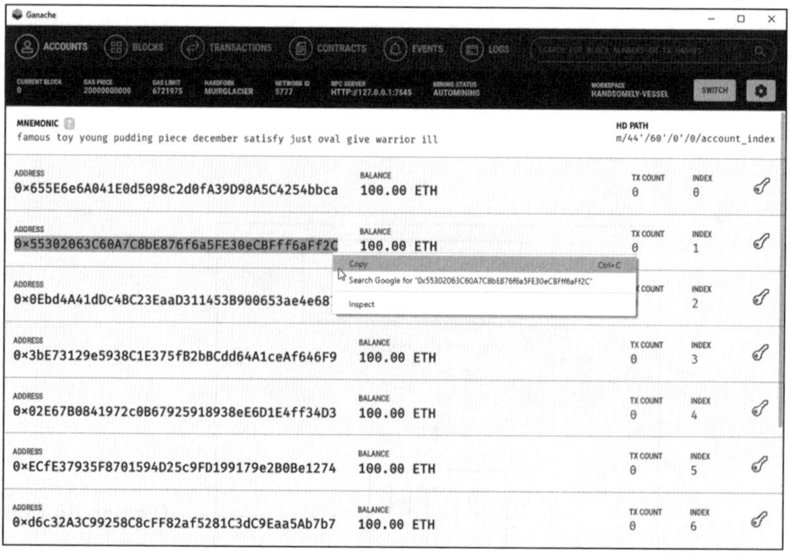

FIGURA 8-20:
Copiando um endereço de uma conta no espaço de trabalho do Ganache.

2. **Siga as etapas típicas listadas aqui para enviar uma transação via MetaMask, conforme mostrado na Figura 8-21:**

   a. *Selecione a conta apropriada:* No nosso caso, é nossa conta do Ganache HV1.

   b. *Certifique-se de estar na rede correta:* Estamos em nossa rede personalizada Handsomely-Vessel.

   c. *Clique no botão Send.*

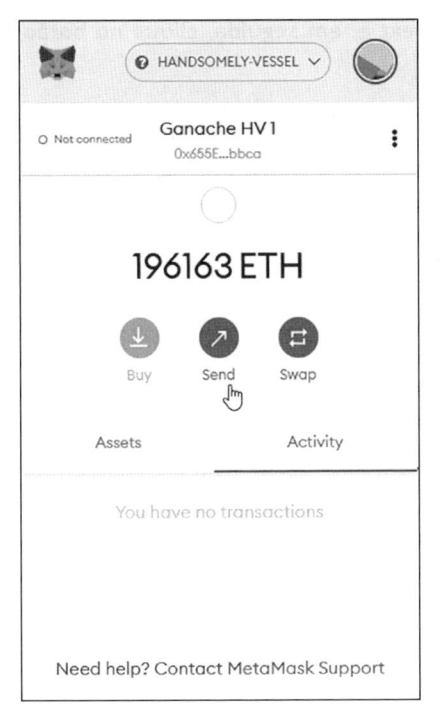

FIGURA 8-21: Preparando-se para transferir fundos de uma conta local do Ganache.

3. **Cole o endereço que você copiou de seu espaço de trabalho no Ganache na Etapa 1, conforme mostrado na Figura 8-22, e selecione o quanto quer transferir (escolhemos 5 ETH de teste).**

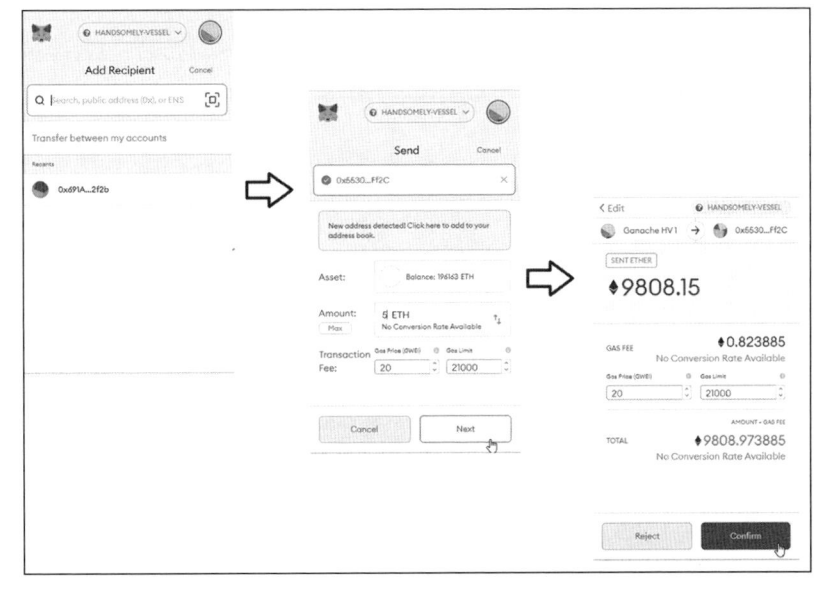

FIGURA 8-22: Transferindo fundos de uma conta local do Ganache para outra.

CAPÍTULO 8 **Configurando um Ambiente de Desenvolvimento** 157

4. **Clique no botão Next e, em seguida, clique no botão Confirm, na página a seguir.**

   LEMBRE-SE

   Os números que você vê neste estágio podem parecer estranhos, como descrevemos em nosso aviso anterior, devido a problemas de incompatibilidade entre a MetaMask e o ambiente local do Ganache.

   Como as transações e os blocos são minerados automaticamente no blockchain local do Ganache, o status dessa transação enviada muda rapidamente de *pendente* para concluída, conforme mostrado na Figura 8-23.

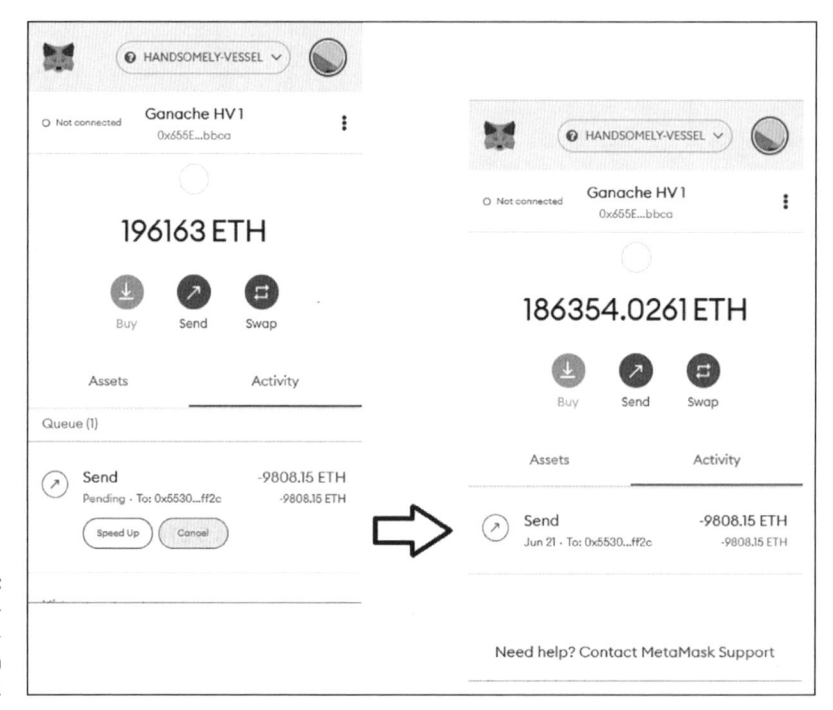

FIGURA 8-23: Confirmação de transação na MetaMask.

5. Verifique os saldos das contas em seu espaço de trabalho do Ganache.

Observe que 5 ETH de teste foram movidos da primeira conta para a segunda, como mostrado na Figura 8-24.

Seu novo Saldo

FIGURA 8-24: Saldos de conta atualizados no espaço de trabalho do Ganache.

Sincronizando o Remix com sua carteira da MetaMask

Nesta seção, você explora o Remix para poder compilar e implantar contratos inteligentes — em seu ambiente local, em uma rede de teste ou na Mainnet.

Para acessar o Remix, siga estes passos:

1. **Acesse:** http://remix.ethereum.org.

   Certifique-se de digitar http://(sem o s), e *não* https://(com o s), ou o Remix não conseguirá acessar a MetaMask.

CUIDADO

CAPÍTULO 8 **Configurando um Ambiente de Desenvolvimento** 159

2. **Clique no ícone Ethereum, na barra de ferramentas, à esquerda, como mostrado na Figura 8-25.**

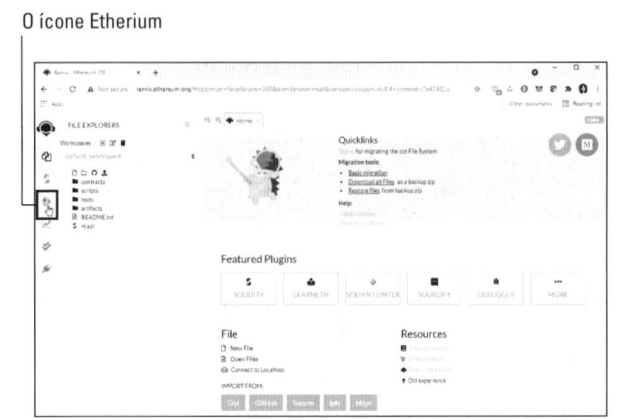

FIGURA 8-25:
A página principal do Remix.

3. **Escolha Injected Web3, no menu suspenso Environment, na caixa de diálogo Deploy & Run Transactions (veja na Figura 8-26).**

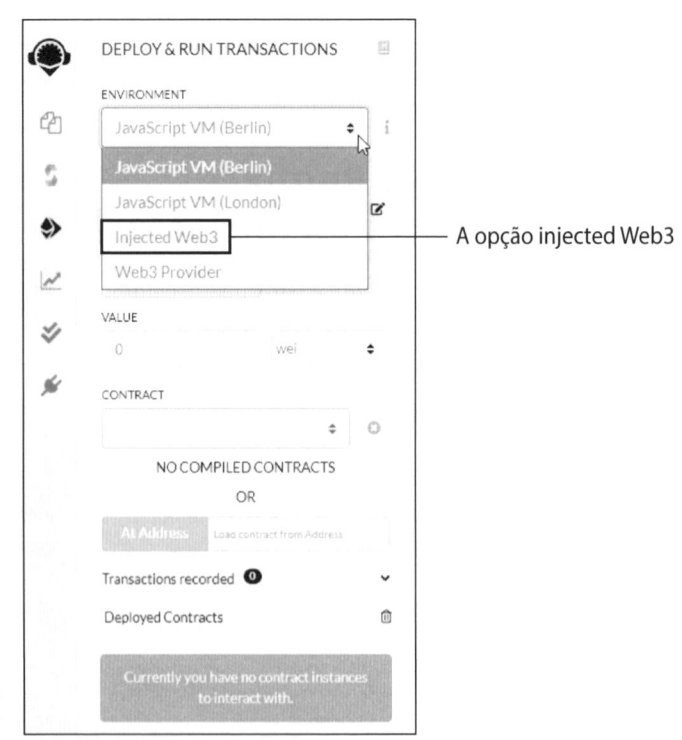

FIGURA 8-26:
A caixa de diálogo Deploy & Run Transactions.

> **CUIDADO**

4. **Inicie sessão em sua carteira da MetaMask.**

   Problemas podem surgir se você instalou outras extensões de carteira, como Dapper. Recomendamos desativar essas outras extensões e manter apenas a MetaMask enquanto você continua nosso guia passo a passo.

5. **(Opcional) Para desativar extensões de navegador potencialmente problemáticas, siga estas etapas:**

   a. *Clique com o botão direito do mouse no ícone da extensão que deseja desativar na barra de ferramentas do navegador.*

   b. *Selecione Manage Extensions [Gerenciar Extensões].*

   c. *Na página seguinte, clique na outra opção disponível (veja a Figura 8-27) para desativar a extensão do navegador em questão.*

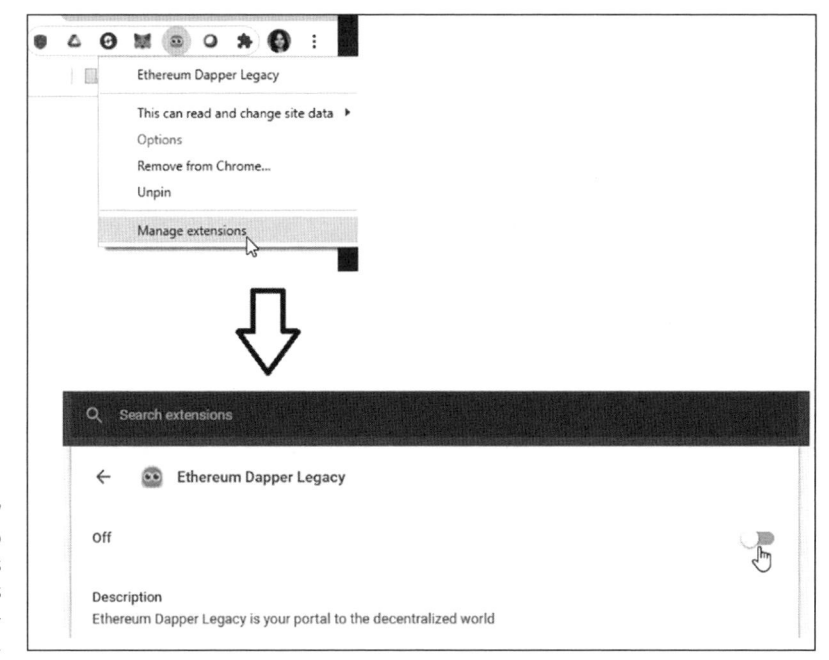

FIGURA 8-27
Desativando extensões específicas do navegador.

CAPÍTULO 8 Configurando um Ambiente de Desenvolvimento   161

6. **Dentro da MetaMask, selecione a rede e a conta em que deseja trabalhar.**

Na Figura 8-28, mostramos nosso ambiente Remix ao selecionar a rede de teste Ropsten junto com a conta Testnet — que lhe mostramos como criar e financiar no Capítulo 7.

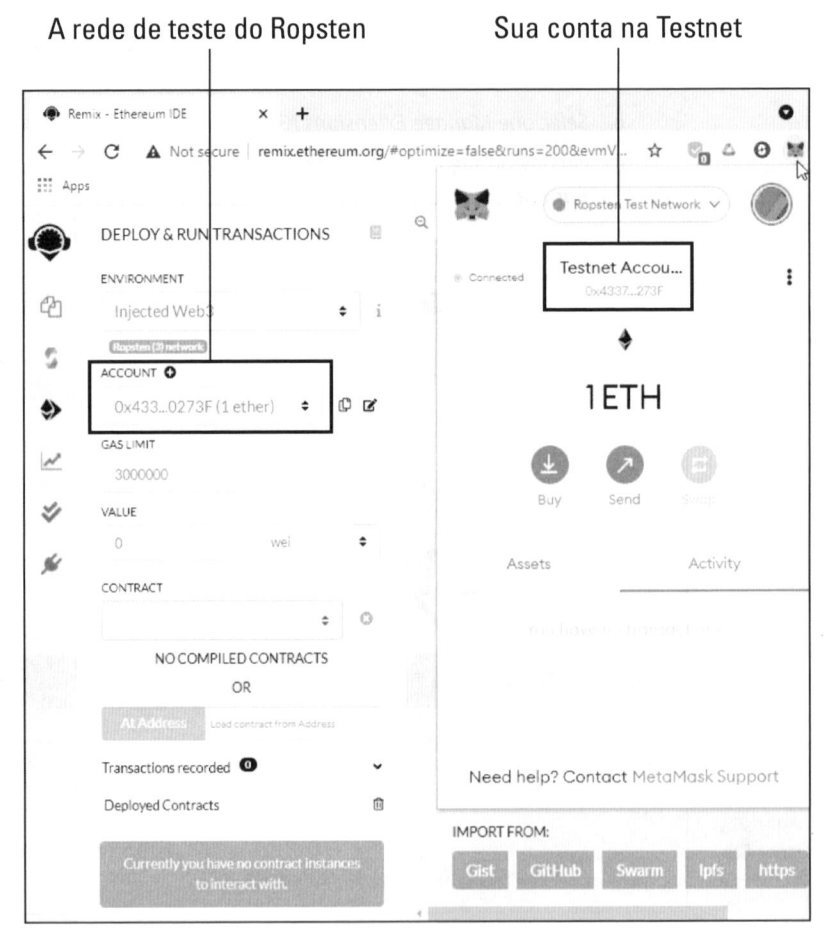

FIGURA 8-28: Nossa conta Testnet na rede de teste Ropsten.

A Figura 8-29 mostra nosso ambiente Remix ao selecionar nossa rede personalizada Handsomely-Vessel junto com a conta Ganache HV1 que importamos e renomeamos anteriormente neste capítulo.

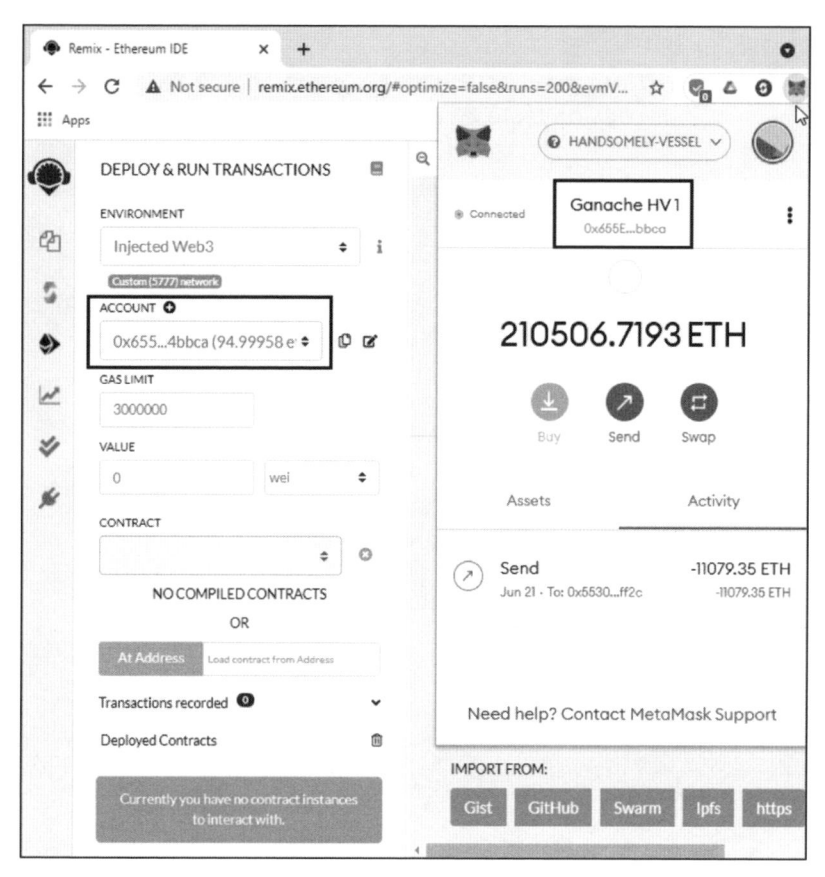

FIGURA 8-29: Nossa conta Ganache HV1 na rede personalizada Handsomely-Vessel.

Parabéns! Agora você tem uma pilha de soluções totalmente funcional e autônoma para começar a desenvolver e implantar contratos inteligentes.

CAPÍTULO 8 **Configurando um Ambiente de Desenvolvimento** 163

NESTE CAPÍTULO

» Apresentando linguagens para contrato inteligente

» Explicando os elementos básicos de um modelo de contrato inteligente

» Vendo bibliotecas de contratos inteligentes pré-construídas

» Desenvolvendo, compilando e implantando seu primeiro contrato inteligente da Ethereum

Capítulo 9
Implantando um Contrato Inteligente

Este capítulo explica as etapas para desenvolver, compilar e implantar seu primeiro contrato inteligente [*smart contract*]. Antes de chegarmos a essas etapas, porém, queremos fazer uma rápida apresentação das linguagens de contratos inteligentes e descrever seus elementos. Também queremos abordar as bibliotecas de contratos inteligentes, que se tornam mais relevantes nos Capítulos 10 e 11.

DICA

Este capítulo representa a preparação prática final que você precisa antes de construir seu próprio token ERC-721 não fungível (veja o Capítulo 11 para obter mais informações sobre esse tópico). É altamente recomendável ler o capítulo completo para entender melhor as características básicas dos contratos inteligentes — bem como o raciocínio por trás das seleções que fazemos ao longo do caminho. Se estiver ansioso, porém, pule direto para a seção final deste capítulo, "Fogo! Lançando Seu Contrato Inteligente".

LEMBRE-SE Para começarmos, você precisa ter instalado e configurado uma carteira na MetaMask (veja os Capítulos 2 e 4). E também precisa ter contas Mainnet, Testnet e locais, além do ambiente Ganache local e uma rede personalizada correspondente na MetaMask (veja os Capítulos 7 e 8). Por fim, você precisa ter configurado o navegador Remix-IDE (`http://remix.ethereum.org`) para sincronizar com sua carteira da MetaMask (novamente, o Capítulo 8 o ajudará com essa tarefa).

Falando a Minha Língua

Para criar um contrato inteligente funcional, você basicamente envia bytecode como uma transação (sem um endereço de destino) para a rede Ethereum. Como o *bytecode*, um código de nível de máquina escrito em formato hexadecimal, é difícil de aprender e interpretar, você precisa usar uma linguagem suportada mais semelhante à humana — que o compilador traduza em bytecode — para escrever o código-fonte do contrato inteligente.

Felizmente, há várias linguagens ativas. Dentro do Remix IDE, que escolhemos para nosso guia passo a passo, o compilador incluído é projetado para alternar facilmente entre as linguagens Solidity e Yul:

» **Solidity:** A linguagem de programação Solidity foi projetada especificamente para implementar contratos inteligentes na Ethereum Virtual Machine (EVM). Ela continua sendo a principal linguagem usada pelos desenvolvedores de contratos na Ethereum, e seu uso se espalhou até mesmo para outras plataformas concorrentes.

Na classificação de linguagens de programação, Solidity é considerada uma *linguagem de alto nível:* é mais fácil de entender (por seres humanos) e depurar, mas é menos eficiente em memória e requer que a compilação seja traduzida em instruções que a máquina executora entenda.

» **Yul:** A linguagem de programação mais recente Yul requer um maior domínio e compreensão dos *opcodes* (instruções de baixo nível, em linguagem de máquina) para ser usada de forma eficaz. Yul é considerada uma linguagem intermediária, ou de nível médio.

Depois de selecionar a linguagem e escrever o código-fonte do contrato, você o compila para produzir estes elementos:

- **Bytecode:** O bytecode é um conjunto de instruções ditadas em formato hexadecimal, executável na EVM. O bytecode é um código de máquina, que, na classificação das linguagens de programação, fica no nível mais baixo e é o mais difícil para a interpretação humana direta.

- **Opcode:** Quando você se torna mais versado no mundo do desenvolvimento dos contratos inteligentes, percebe que muitos programadores fazem referência a comandos de opcode, que é uma linguagem assembly. As instruções de opcode correspondem ao que é transmitido pelo bytecode, mas fornecem códigos de operação legíveis para o que o processador deve fazer. Na classificação de linguagens de programação, o assembly é considerado uma linguagem de baixo nível, que fica apenas uma camada acima do código da máquina.

- **ABI:** O compilador também cria uma interface binária de aplicativo (ABI) correspondente, de que os aplicativos do usuário final precisam para navegar pelos dados e funções do contrato.

Vamos usar Solidity porque é a linguagem mais popular e a mais simples de se trabalhar. Quando você trabalha com Solidity, tem acesso a muitas outras bibliotecas pré-construídas, que forneceram um código cuidadosamente desenvolvido e verificado a partir do qual construir. (Falamos sobre bibliotecas pré-construídas com mais detalhes na seção "Nada Se Cria: As Bibliotecas", mais adiante neste capítulo.)

Versão pragma do Solidity

Para garantir que seu código-fonte do Solidity não seja compilado em versões incompatíveis, sempre inclua a versão pragma como a primeira linha do código. A *versão pragma* especifica a(s) versão(ões) permitida(s) do compilador Solidity a ser(em) usada(s) na compilação, da seguinte forma:

```
pragma solidity 0.8.6;
```

Nesse exemplo, a versão pragma permite que o código-fonte seja compilado apenas sob a versão 0.8.6, o que garante que ele não seja compilado sob uma versão mais recente, que possa ter introduzido atualizações incompatíveis com ele.

A sintaxe do pragma pode ser modificada para maior flexibilidade. Esta lista destaca alguns exemplos:

- <=0.8.6 permite compiladores incluindo a versão 0.8.6 e anteriores.
- >=0.8.6 permite compiladores incluindo a versão 0.8.6 e seguintes.
- ^0.8.6 permite versões do compilador incluindo e seguindo a versão 0.8.6, mas estritamente anteriores à versão 0.9.0 (o "^" especifica que as versões do compilador além de 0.8.X não devem ser usadas).

Na sintaxe do pragma, os modificadores <= e >= podem ser usados juntos para uma maior personalização do que o modificador ^, especificado de forma restrita. Além disso, < e > são modificadores aceitáveis.

Indo do código-fonte para o bytecode

Considere este código de contrato inteligente simples escrito em Solidity:

```
pragma solidity 0.8.6;
contract LittleBear {
    string public msg = "Hello Little Bear (a.k.a. Maddie)!";
}
```

Quando esse código-fonte do Solidity é compilado, você acaba com o seguinte bloco de bytecode no nível da máquina:

```
6080604052348015610010576000080fd5b50600436106100
2b5760003560e01c80636b473fca14610030575b600080
fd5b61003861004e565b6040516100459190610115565b6
0405180910390f35b6000805461005b90610186565b8060
1f016020809104026020016040519081016040528092919
0818152602001828054610087906101 86565b80156100d4
5780601f106100a9576101008083540402835291602001
916100d4565b820191906000526020600020905b81548
1529060001019060020180831161 00b757829003601 f168
201915b505050505081565b60006100e782610137565b
6100f181856101 42565b935061010181 85602086016101 5
3565b61010a816101 e7565b840191505092915050565b
60006020820190508181036000830151261 012f81846100d
c565b905092915050565b600081519050919050565b6000
82825260208201905092915050565b60005b8381101 56
```

```
10171578082015181840152602081019050610156565
5b83811115610180576000848401525b50505050565b
60006002820490506001821680610109e57607f821
691505b6020821081141561011b2576101b16101b8
565b5b50919050565b7f4e487b710000000000000000
000000000000000000000000000000000000000060
0052602260045260246000fd5b6000601f19601f8301
16905091905056fea264697066735822122067b6da
38f6dde0621c9c49d1785ec9d01d5d423d6d5f4aca
74e7b3f8ffa4c18f64736f6c63430008060033
```

Uma seção do opcode correspondente é semelhante a esta:

```
PUSH1 0x80 PUSH1 0x40 MSTORE CALLVALUE DUP1 ISZERO PUSH2
0x10 JUMPI PUSH1 0x0 DUP1 REVERT JUMPDEST POP PUSH1 0x4
CALLDATASIZE LT PUSH2 0x2B JUMPI PUSH1 0x0 CALLDATALOAD
PUSH1 0xE0 SHR DUP1 PUSH4 0x6B473FCA EQ PUSH2 0x30 JUMPI
JUMPDEST PUSH1 0x0 DUP1 REVERT JUMPDEST PUSH2 0x38 PUSH2
0x4E JUMP JUMPDEST PUSH1 0x40 MLOAD PUSH2 0x45 SWAP2 SWAP1
PUSH2 0x115 JUMP JUMPDEST PUSH1 0x40 MLOAD DUP1 SWAP2 SUB
SWAP1 RETURN JUMPDEST PUSH1 0x0 DUP1 SLOAD PUSH2 0x5B
SWAP1 PUSH2 0x186 JUMP JUMPDEST DUP1 PUSH1 0x1F ADD PUSH1
[...]
```

Por fim, o seguinte é o ABI correspondente que fornece um roteiro para aplicativos de usuário final que desejem interagir com esse contrato inteligente:

```
{
    "inputs": [],
    "name": "msg",
    "outputs": [
        {
            "internalType": "string",
            "name": "",
            "type": "string"
        }
    ],
    "stateMutability": "view",
    "type": "function"
}
```

Você provavelmente pode ver agora por que preferimos escrever nosso código de contrato inteligente em uma linguagem de alto nível e mais humana!

Principais Elementos

Os contratos inteligentes consistem em funções e dados alojados em seu endereço no blockchain da Ethereum. Além disso, quando uma transação é executada para acessar funções em um contrato inteligente, as alterações de estado podem ser registradas no blockchain sem serem armazenadas na conta, o que é mais caro. Nesta seção, abordamos esses elementos-chave do contrato inteligente — seus dados, funções e logs de eventos.

Dados

O Solidity é uma linguagem de programação estaticamente tipada, o que significa que o tipo (e, geralmente, o tamanho) de uma variável deve ser especificado no código-fonte antes da compilação.

As variáveis podem ser armazenadas como parte dos dados do contrato; essas variáveis são definidas como *variáveis de estado*. Por outro lado, você também pode ter variáveis fugazes, usadas apenas para fazer cálculos intermediários, que não precisam ser retidas de iteração para iteração; essas variáveis são conhecidas como *variáveis de memória*.

As informações armazenadas em variáveis de estado também podem ser acessadas por outros contratos inteligentes se forem declaradas como variáveis de estado *públicas*. Caso contrário, a informação é considerada *privada* e está acessível apenas dentro do contrato inteligente em que é armazenada (embora ainda possa ser visualizada por qualquer pessoa, porque as variáveis de estado privado são armazenadas no blockchain público).

LEMBRE-SE

Quanto aos dados armazenados, públicos ou privados, só o contrato no qual são armazenados pode alterar o valor de suas variáveis de estado.

Funções

Nas funções reside a ação. Elas podem ser usadas para executar cálculos, definir novos valores para variáveis de estado, recuperar dados de outro lugar no blockchain, enviar ETH para outros endereços ou chamar outras funções. As funções se enquadram nestas três grandes categorias:

» **Funções internas [built-in]:** O Solidity tem um menu de funções que executam tarefas comuns, como `receive()` para receber ETH e `address.send()` para enviar ETH para um endereço específico. Outra função popular é `selfdestruct(address)`, que envia qualquer ETH restante na conta do contrato para o endereço especificado e então o exclui.

» **Funções de construção:** Cada contrato pode especificar uma função `constructor()`, que é executada apenas uma vez, quando ele é implantado na EVM.

» **Funções personalizadas:** E, claro, você pode escrever suas próprias funções!

Ao escrever suas próprias funções, você precisa declarar a acessibilidade de cada função por outras funções, contratos ou transações usando as seguintes palavras-chave:

» **Público/Externo:**

As funções *públicas*, que são o padrão, fornecem uma maior flexibilidade. Elas podem ser chamadas por outras funções dentro do contrato, por outros contratos e por transações enviadas de contas de propriedade externa.

As funções *externas* fornecem o mesmo grau de acessibilidade das funções públicas, exceto que as chamadas de função dentro do contrato são tratadas como se fossem chamadas externas e devem ser acompanhadas pela palavra-chave `this` como um prefixo.

» **Privado/Interno:**

As funções *privadas* só podem ser chamadas a partir do contrato em que estão alojadas.

O Solidity também possui um recurso que permite aos programadores combinarem contratos em um novo *contrato derivado*, que herde o código de outro. O contrato que está sendo inserido no derivado é o *contrato base*. Funções *internas* são como funções privadas, exceto que também podem ser chamadas por seus contratos derivados.

Logs de eventos

Os logs de eventos são uma forma conveniente de armazenar instâncias históricas de informações no blockchain sem declarar espaço de armazenamento adicional em sua conta de contrato. Outros contratos inteligentes (ou pessoas) podem visualizar esses registros para uma conta de alterações que ocorrerem. Os eventos podem ser declarados em um contrato usando a palavra-chave `event`. Quando chamados (usando a palavra-chave `emit`), os argumentos são armazenados no blockchain em um log associado ao endereço do contrato.

O exemplo de contrato inteligente que você implantará mais adiante neste capítulo, na seção "Fogo! Lançando Seu Contrato Inteligente", fornece um exemplo de como um evento é declarado e emitido.

Nada Se Cria: As Bibliotecas

Uma infinidade de bibliotecas de contratos inteligentes está disponível para fornecer funções e implementações pré-construídas dos padrões de desenvolvimento Ethereum (para obter mais informações sobre esse tópico, veja o Capítulo 10). Além de economizar o trabalho fundamental, as bibliotecas de código aberto pré-desenvolvidas e preestabelecidas fornecem uma segurança adicional para desenvolvedores menos experientes, que não estão familiarizados com as considerações mais refinadas quando se trata de desenvolvimento e operações de contratos inteligentes.

LEMBRE-SE O contrato inteligente que lhe mostramos a seguir é simples o suficiente para que você não precise se preocupar em usar bibliotecas de contratos inteligentes ainda. No Capítulo 11, no qual mostramos como criar seu próprio token ERC-721, você aprenderá a carregar bibliotecas pré-construídas e importar os contratos básicos que desejar.

Fogo! Lançando Seu Contrato Inteligente

As etapas a seguir o orientam na implantação de seu primeiro contrato inteligente na EVM (ou no Ropsten, se você ainda não estiver pronto para gastar nenhum ETH real):

1. **Acesse** `http://remix.ethereum.org`.

   Digite: `http://`(sem o *s*), e *não* `https://`(com o *s*), ou então o Remix não conseguirá acessar a MetaMask.

LEMBRE-SE

2. **Clique no link New File, em File, na página principal, como mostrado na Figura 9-1.**

   Um novo arquivo é aberto no painel File Explorers, localizado do lado esquerdo da página.

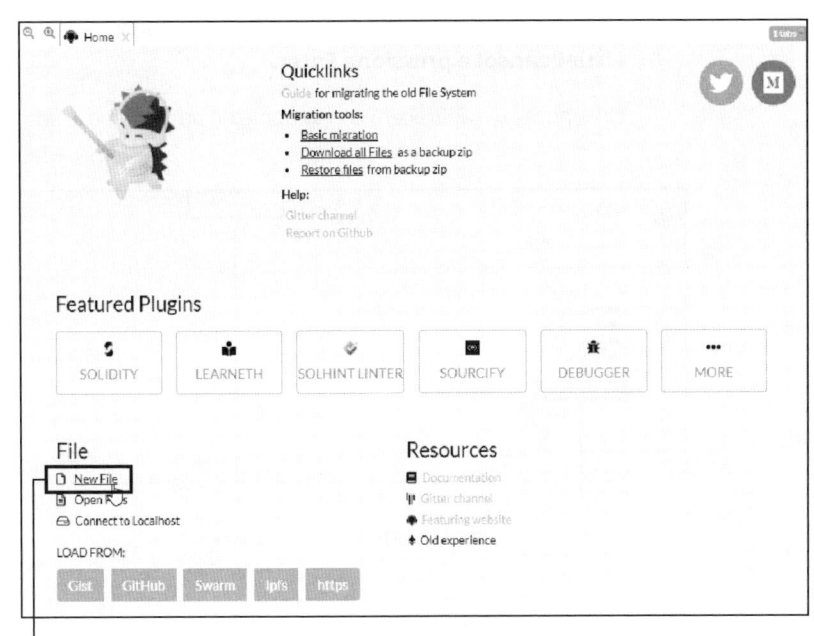

FIGURA 9-1:
A página principal do Remix Ethereum.

Novo arquivo

> **DICA**
>
> A qualquer momento, o ícone Double Page, no canto esquerdo, leva-o de volta ao painel File Explorers, conforme mostrado na Figura 9-2.

Clique para retornar à visualização File Explorers

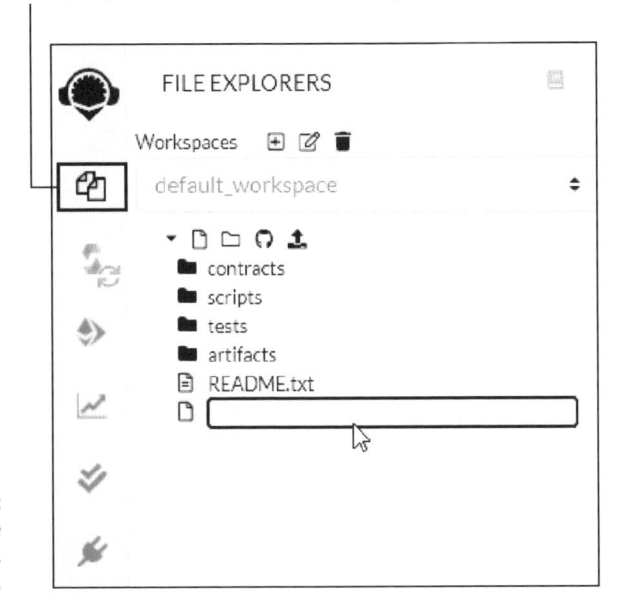

FIGURA 9-2:
O painel File Explorers, no Remix.

CAPÍTULO 9 **Implantando um Contrato Inteligente**

3. **Usando o cursor, clique na caixa de texto em branco, digite LittleBear.sol e pressione Enter.**

Uma nova guia aparecerá com o nome do arquivo, mostrado na Figura 9-3.

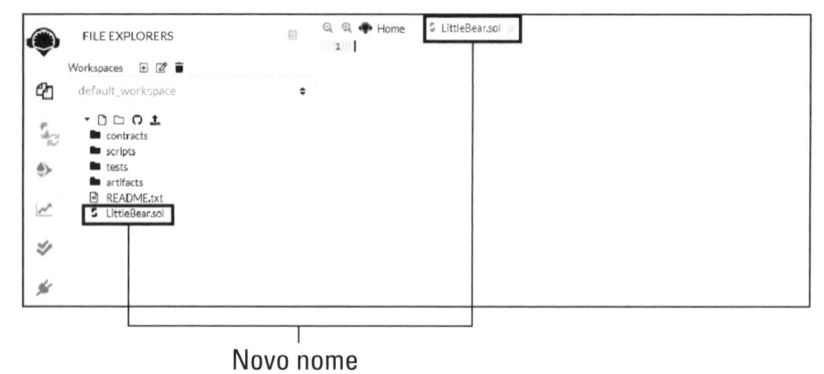

FIGURA 9-3: A guia LittleBear.sol, aberta no Remix.

Muito bem. Agora você está pronto para inserir seu código Solidity!

Começando com um modelo simples

Digite o seguinte código no arquivo `LittleBear.sol`:

```
pragma solidity 0.8.6;

contract LittleBear {

    event LogMsg(string message);

    string public storedMsg;

    constructor() {
    storedMsg = "Hello Little Bear (a.k.a. Maddie)!";
    emit LogMsg(storedMsg);
    }

    function updateMsg(string memory newMsg) public {
    storedMsg = newMsg;
    emit LogMsg(storedMsg);
    }

}
```

DICA Para evitar erros de digitação, copie e cole esse trecho diretamente de: www.seoyoungkim.com/nftfdcode.html.

CUIDADO O Solidity é sensível a maiúsculas e minúsculas, portanto, `LogMsg` e `logmsg` não são tratados de forma idêntica na compilação.

O restante desta seção explica o código, pedaço por pedaço.

Esta primeira linha de código é a versão pragma do Solidity, que especifica a(s) versão(ões) permitida(s) do compilador Solidity a ser(em) usada(s) na compilação. Neste caso, a versão do pragma permite que o código-fonte seja compilado apenas sob a versão 0.8.6:

```
pragma solidity 0.8.6;
```

Em seguida, você define o contrato `LittleBear` — o Solidity é uma linguagem *curly-bracket*, ou seja, usa colchetes para abrir e fechar blocos de código:

```
contract LittleBear {
```

A linha a seguir declara um evento, `LogMsg`, que aceita um único argumento de tipo `string`:

```
event LogMsg(string message);
```

A próxima linha declara uma variável de estado público, `storedMsg`, do tipo `string`. O conteúdo mais recente do `storedMsg` é armazenado no contrato, mesmo que ele e suas funções fiquem inativos entre as chamadas:

```
string public storedMsg;
```

O bloco de código a seguir declara a função especial `constructor()`, que é executada apenas uma vez, no início do contrato. A primeira linha dessa função inicializa o texto que está sendo armazenado na variável de estado `storedMsg`; a segunda linha aciona o evento `LogMsg`, passando o conteúdo de `storedMsg` a ser gravado no log de eventos do contrato:

```
constructor () {
    storedMsg = "Hello Little Bear (a.k.a. Maddie)!";
    emit LogMsg(storedMsg);
}
```

O bloco de código a seguir declara uma função pública, `updateMsg()`, que aceita um único argumento de tipo `string`. Esse parâmetro é definido por `newMsg`, dentro da função, e é declarado como uma variável de memória, o que significa que seu conteúdo não é retido após a iteração se completar. Sem declarar explicitamente a palavra-chave `memory`, os parâmetros de função são, por padrão, variáveis de memória em oposição às de estado:

```
function updateMsg(string memory newMsg) public {
    storedMsg = newMsg;
    emit LogMsg(storedMsg);
}
```

A primeira linha da função `updateMsg()` substitui o texto armazenado na variável de estado `storedMsg` pelo texto que foi passado para essa função quando chamada. A segunda linha aciona o evento `LogMsg` para que o conteúdo mais recente do `storedMsg` seja gravado no log de eventos do contrato.

Por fim, concluímos o bloco do código com um colchete de fechamento:

```
}
```

Compilando antes do lançamento

Depois de preparar seu arquivo `LittleBear.sol` e adicionar o código necessário, compile o código seguindo estas etapas:

1. Clique no ícone Compiler, localizado no painel de navegação à esquerda, conforme mostrado na Figura 9-4.

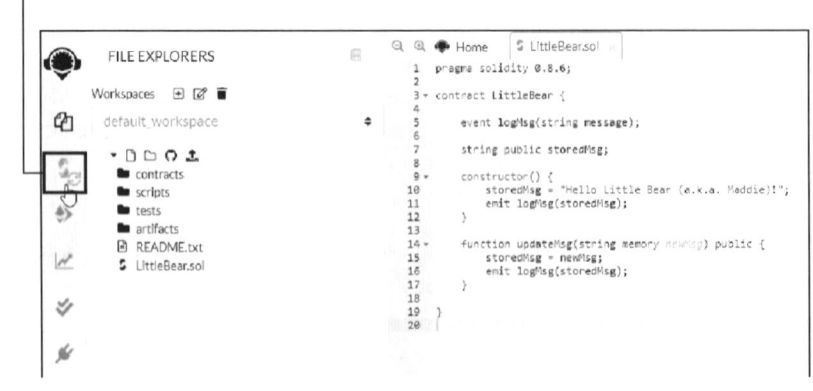

FIGURA 9-4: Código-fonte do LittleBear.sol, pronto para compilação no Remix.

2. No painel Compiler, do Solidity, clique no botão Compile LittleBear.sol, como mostrado na Figura 9-5.

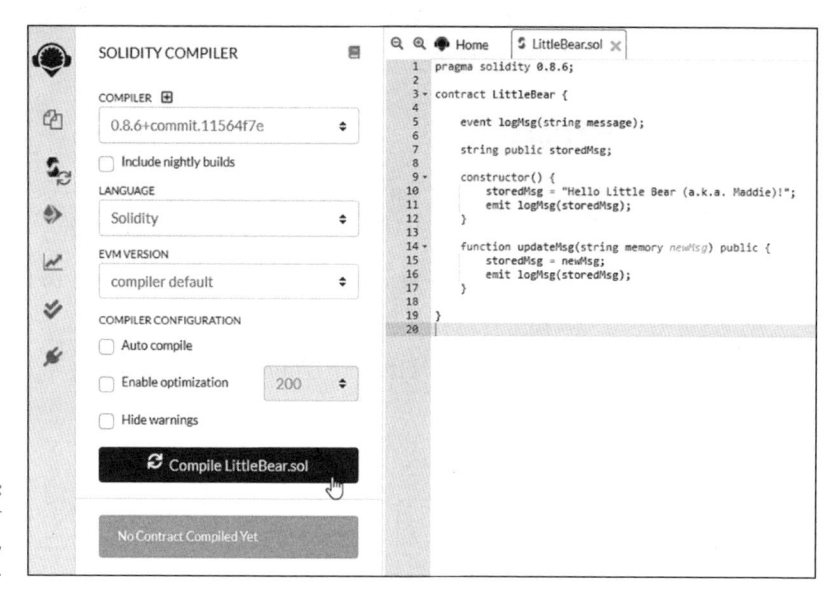

FIGURA 9-5: Compilador do Solidity, no Remix.

Os detalhes da compilação para este contrato aparecem abaixo do botão Compile, conforme mostrado na Figura 9-6.

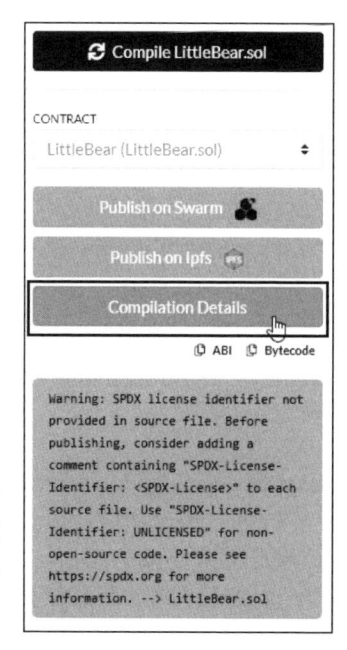

FIGURA 9-6: Acessando os detalhes da compilação no Remix.

CAPÍTULO 9 **Implantando um Contrato Inteligente** 177

LEMBRE-SE

Excelente! Agora você está pronto para implantar seu contrato inteligente.

Depois de implantá-lo, você não pode voltar e alterar nenhum dos códigos. Se quiser fazer correções, tem que implantar um novo contrato inteligente com o código atualizado.

Implantando

Antes de chegar aos finalmentes, pratique a implantação desse contrato em seu ambiente Ganache local (que discutimos no Capítulo 8).

1. **Clique no ícone da Ethereum no painel à esquerda (o ícone abaixo de Compiler).**

   Esta etapa abre o painel Deploy & Run Transactions, mostrado na Figura 9-7.

FIGURA 9-7: Deploy & Run Transactions no Remix.

2. **Selecione a opção Injected Web3, no menu suspenso Environment.**

   Certifique-se também de

   a. Fazer login na extensão MetaMask do navegador clicando no ícone de raposa, na barra de ferramentas (veja a Figura 9-8).

   b. Conectar-se à rede personalizada Handsomely-Vessel.

   c. Selecionar uma de suas contas do Ganache importadas. No nosso caso, escolhemos Ganache HV1.

LEMBRE-SE

Você também deve ter o aplicativo para desktop do Ganache aberto e executando o espaço de trabalho apropriado — nesse caso, o espaço de trabalho Handsomely-Vessel.

3. **Selecione o contrato LittleBear-LittleBear.sol no menu suspenso Contract e clique no botão Deploy (veja a Figura 9-8).**

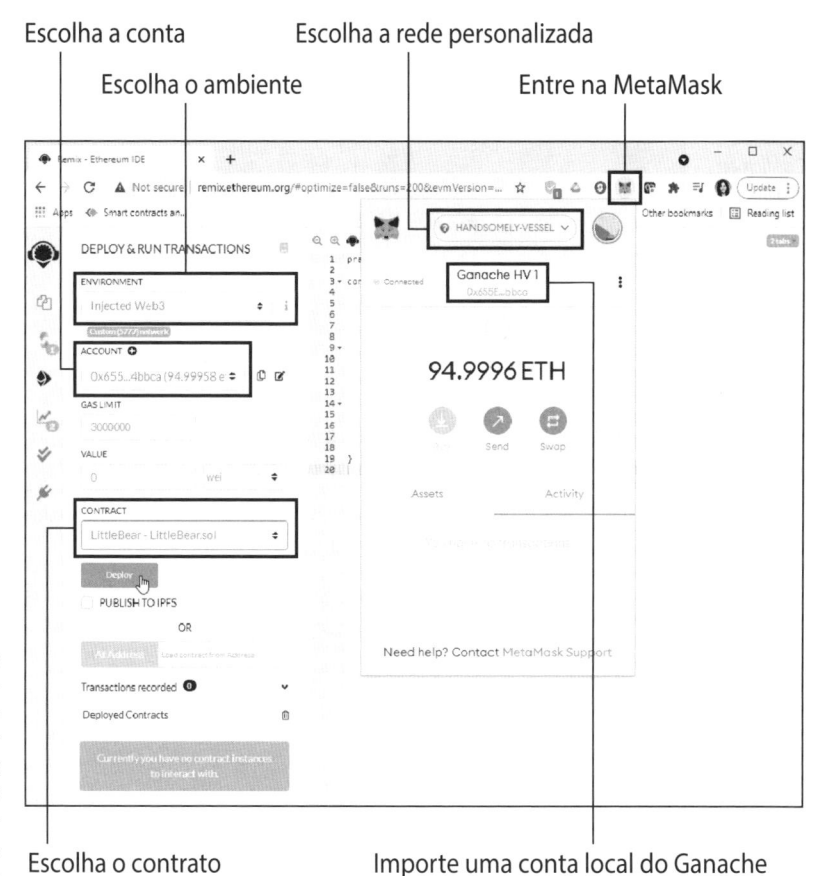

FIGURA 9-8: Implantando o contrato LittleBear no espaço de trabalho Handsomely-Vessel, no Ganache.

4. **Na notificação pop-up da MetaMask (veja a Figura 9-9), revise os detalhes da transação e clique em Confirm.**

Clicar em Confirm envia a transação contendo o bytecode compilado (sem especificar um endereço de destino), que gera uma conta de contrato com seu próprio endereço para acesso futuro. Se perceber que não está pronto para implantar seu contrato, basta clicar em Reject.

CAPÍTULO 9 **Implantando um Contrato Inteligente** 179

FIGURA 9-9: Confirmando a criação da conta de contrato no espaço de trabalho Handsomely-Vessel.

Agora você pode visualizar e interagir com esse contrato sob o menu Deployed Contracts, conforme mostrado na Figura 9-10:

- Clique no botão storedMsg para ver o que está atualmente armazenado nessa variável de estado.
- Clique no botão updatedMsg para chamar a função que atualiza o texto armazenado em storedMsg, como mostrado na Figura 9-11.

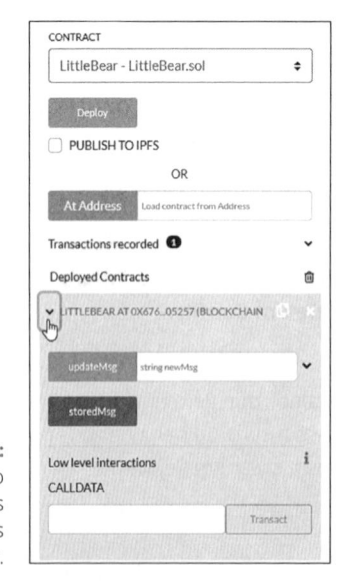

FIGURA 9-10: Visualizando contratos implantados no Remix.

180 PARTE 3 **Botando a Mão na Massa**

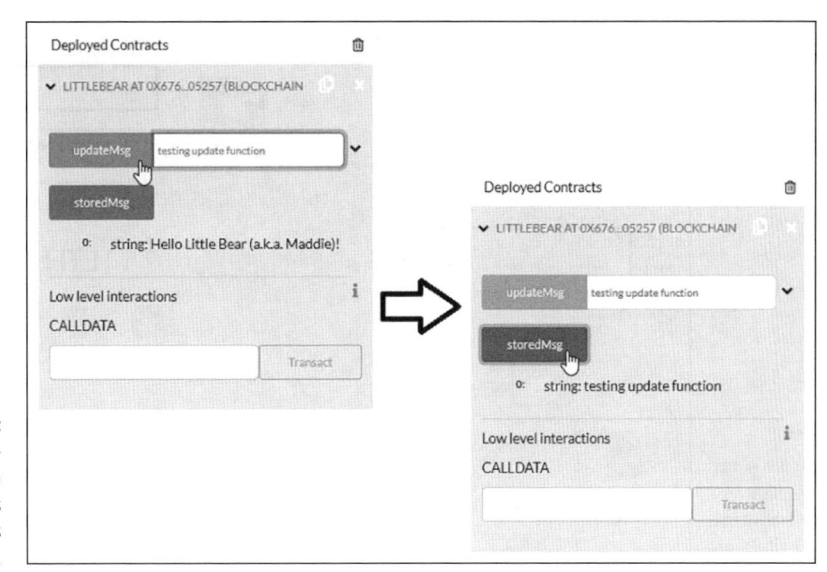

FIGURA 9-11: Interagindo com contratos implantados no Remix.

LEMBRE-SE

Executar a função `updateMsg` é uma transação na EVM que requer gás, ao passo que simplesmente visualizar o conteúdo da variável `storedMsg` não requer. Você percebe um pop-up de notificação da MetaMask exigindo confirmação toda vez que tenta executar a função `updateMsg`.

Agora que colocou os pés no ambiente local do Ganache, é hora de implantar o contrato `LittleBear` no Ropsten. Siga estes passos:

1. **Clique no ícone da raposa, na barra de ferramentas, para abrir a MetaMask.**

2. **Alterne as redes para a rede de teste Ropsten e selecione sua conta Testnet (que você pode ver como criar e financiar com o Ropsten Test ETH no Capítulo 7).**

   As informações da conta no painel Deploy & Run Transactions, do Remix, são alteradas de acordo, conforme mostrado na Figura 9-12.

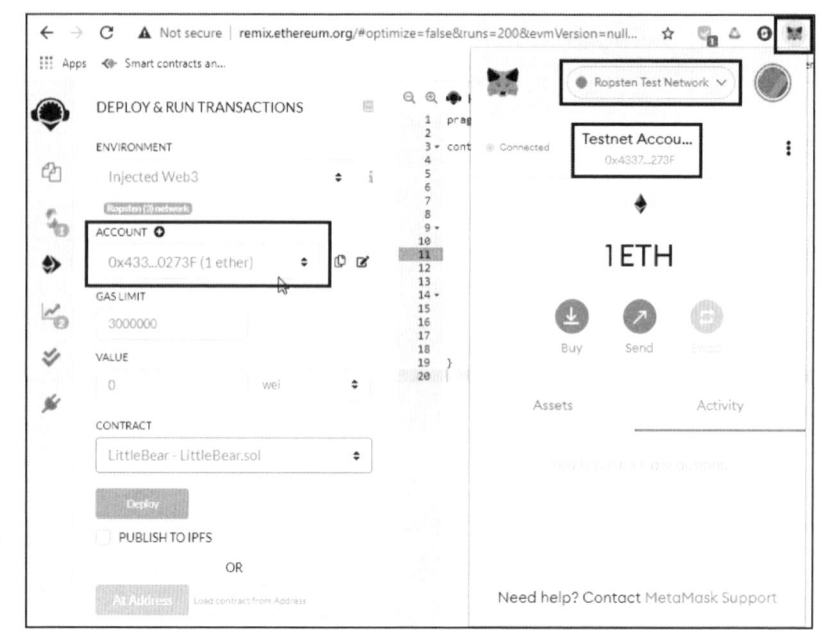

FIGURA 9-12: Implantando o contrato LittleBear na rede de teste Ropsten.

3. **Clique no botão Deploy e confirme a transação na notificação da MetaMask que surgir, conforme mostrado na Figura 9-13.**

   LEMBRE-SE

   A transação leva mais tempo para minerar dessa vez porque os blocos na rede de teste Ropsten não são minerados automaticamente, pois estão em instâncias de blockchain locais no ambiente do Ganache.

FIGURA 9-13: Confirmando a criação da conta de contrato na rede de teste Ropsten.

182   PARTE 3 **Botando a Mão na Massa**

4. **Acesse a função** `updateMsg` **para atualizar o texto que está sendo armazenado.**

   Estamos fazendo duas atualizações: primeiro para dizer: "Hello Mama Kim!" e depois: "Hello Papa Kim!" Ambas as alterações aparecem nos logs de eventos mostrados um pouco mais tarde, na Figura 9-17.

5. **Para visualizar esse contrato do** `LittleBear` **recém-implantado no blockchain Ropsten, comece clicando no ícone Double Page (à direita do cabeçalho do** `LittleBear`**) para copiar o endereço da conta do contrato, conforme mostrado na Figura 9-14.**

   No nosso caso, esse endereço é `0x1F922670Ce8bC699e780b9b 12960Fb80F998573e`.

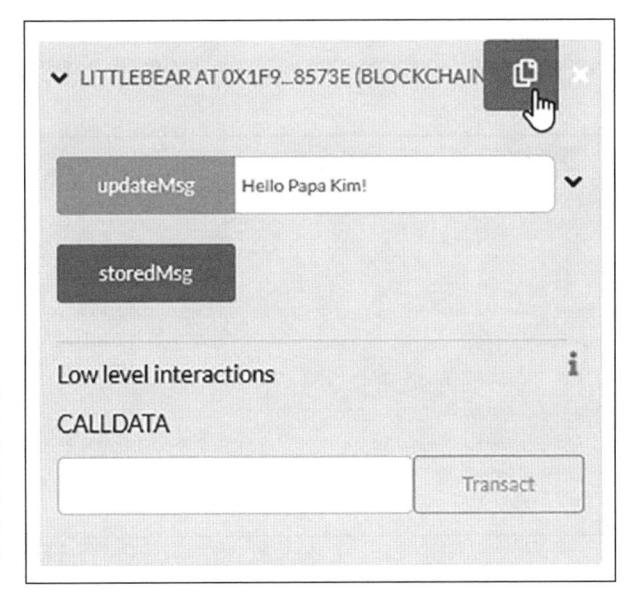

FIGURA 9-14: Copiando um endereço de contrato após sua implantação via Remix.

6. **Acesse:** `https://ropsten.etherscan.io`, **cole o endereço da conta do contrato na barra de pesquisa, conforme mostrado na Figura 9-15, e clique no botão Pesquisar.**

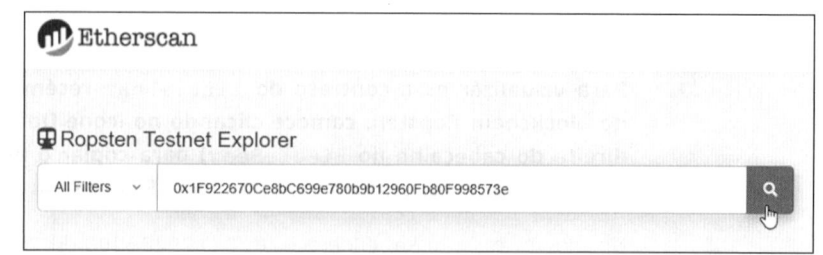

FIGURA 9-15: O Ropsten Testnet Explorer do Etherscan.

A Figura 9-16 mostra que o contrato tem três transações associadas: a que o criou seguida por duas transações para chamar a função `updateMsg`. Observe que as transações mais recentes aparecem na parte superior.

FIGURA 9-16: O contrato inteligente LittleBear na rede de teste Ropsten, como mostrado na Etherscan.

7. **Clique na guia Events para visualizar os logs de eventos criados pelo contrato.** *Dica:* **por uma questão de legibilidade, use as guias suspensas para converter as saídas de log de** `Hex` **para** `Text`**, como mostrado na Figura 9-17.**

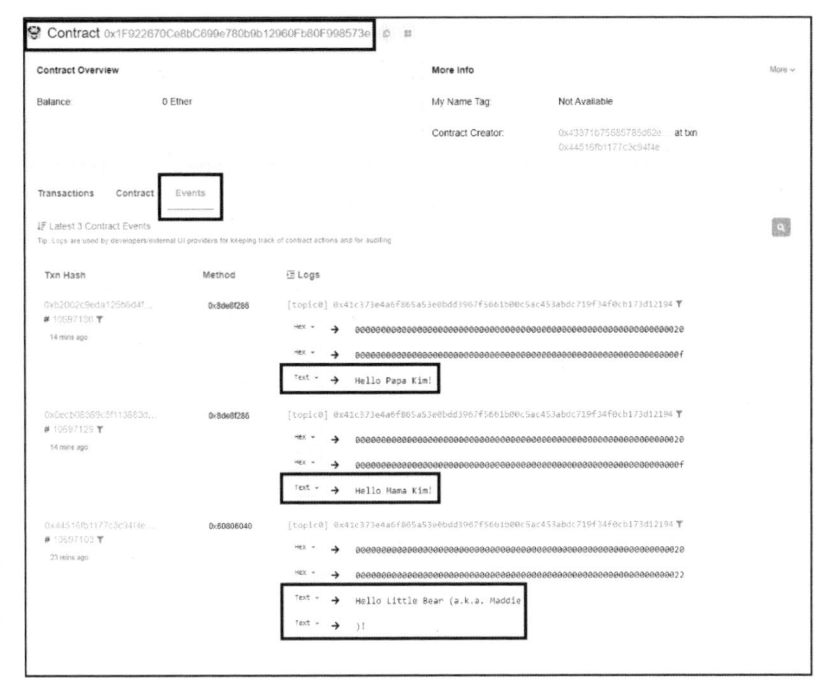

FIGURA 9-17: Os registros de eventos de Little-Bear.

Tcharan! Agora você implantou com sucesso seu primeiro contrato inteligente em um blockchain público. Neste ponto, você pode repetir as etapas anteriores para implantar esse contrato na Ethereum Mainnet. Quanto a nós, estamos optando por salvar nosso valioso (e real!) ETH e para evitar adicionar bagagem desnecessária à EVM, porque não planejamos usar o contrato `LittleBear`, a não ser para demonstrar como implantar um contrato inteligente.

> **NESTE CAPÍTULO**
>
> » Conhecendo os padrões de desenvolvimento da Ethereum
>
> » Olhando as interfaces de token
>
> » Explorando tokens ERC-20 (fungíveis)
>
> » Mergulhando em tokens não fungíveis ERC-721

Capítulo **10**

Cheio de Não Me Token

Este capítulo faz uma pausa na implementação prática para abordar padrões de desenvolvimento da Ethereum, bem como dois padrões de token amplamente utilizados: ERC-20 e ERC-721. Como de costume, recomendamos que leia o capítulo completo para mergulhar na linguagem do token e desenvolver uma maior apreciação da implementação prática.

Dito isso, o conhecimento contido neste capítulo não é necessário para continuar criando seu NFT. Então, se está ansioso, vá direto para o Capítulo 11.

Desenvolvendo na Ethereum

Dada a complexa interdependência entre contratos, clientes e serviços de carteira que compõem o ecossistema da Ethereum, a comunidade tem um procedimento em vigor para propor e estabelecer padrões de desenvolvimento a seguir ao redigir contratos inteligentes para casos de uso comum. Você não é obrigado a aderir a esses padrões ao desenvolver seus tokens ou dApps, mas seguir diretrizes estabelecidas facilita o processo.

Interoperabilidade e composability

Então, como a padronização afeta o desenvolvimento?

Primeiro, ela garante a *interoperabilidade*. Os clientes e as carteiras da Ethereum são programados para executar chamadas de contrato ou aceitar tokens, e aderir aos padrões de desenvolvimento aceitos garante que esse nexo descentralizado de agentes permaneça compatível. Você pode comparar isso com a padronização no tamanho e na forma dos cartões de crédito de vários emissores, o que garante a legibilidade em vários processadores e a conformidade com todos os slots de cartão de crédito das carteiras.

Segundo, a padronização promove a *capacidade de composição (composability)*, que se refere à capacidade do sistema de permitir que os desenvolvedores misturem e combinem contratos existentes para compor uma solução personalizada funcional. Por exemplo, pense nos blocos de LEGO: a padronização dos pinos e encaixes neles lhe permite fazer muitos produtos diferentes e criativos. Sim, o mundo do LEGO projetou um sistema altamente aberto à composição!

Os ABCs do EIP e do ERC

Para explicar os termos comumente vistos ERC-20 e ERC-721, começamos definindo e descrevendo a Ethereum Improvement Proposal [Proposta de Melhoria da Ethereum] (EIP), uma vez que um Ethereum Request for

Comment [Pedido de Comentário da Ethereum] (ERC) é um tipo especial de EIP.

Um desenvolvedor que deseje apresentar um novo padrão de desenvolvimento deve enviar um rascunho EIP para consideração da comunidade da Ethereum de desenvolvedores principais. O primeiro EIP, o EIP-1, descreve seu objetivo, diretrizes do que deve incluir e o fluxo de trabalho que descreve o caminho da idealização à finalização, ou retirada (veja a Figura 10-1). Esse processo é baseado nos processos adotados pelas comunidades de Python e de Bitcoin, que estabeleceram Python Enhancement Proposals [Propostas de Aprimoramento de Python] (PEPs) e Bitcoin Improvement Proposals [Propostas de Melhoria de Bitcoin] (BIPs), respectivamente.

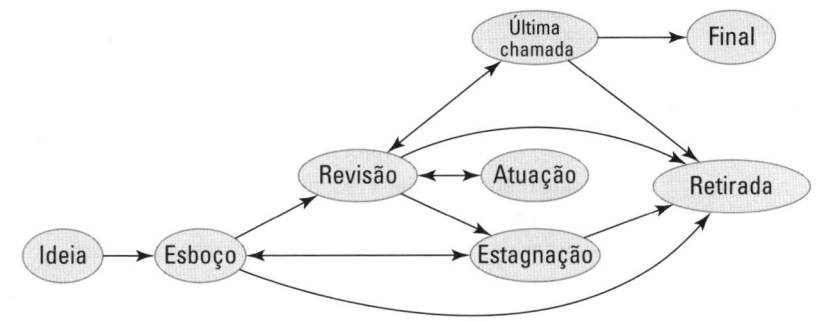

FIGURA 10-1: Fluxo de trabalho EIP do EIP-1.

Disponível em: https://eips.ethereum.org/EIPS/eip-1.

Cada novo EIP não só melhora o sistema, como a compreensão da comunidade de desenvolvimento dos pontos fortes e fracos da máquina virtual da Ethereum (EVM). Os EIP também fomentam o pensamento criativo em relação a casos de uso adicionais para a plataforma da Ethereum.

A lista que se segue descreve os três tipos de EIP e os exemplifica:

» O **EIP de rastreamento de padrões** estabelece mudanças nos padrões que afetam a maioria, se não todas, as atividades da Ethereum. A categoria tem as seguintes quatro subclassificações, que variam quanto ao grau de impacto no sistema e às ramificações para a interoperabilidade:

• Os *EIP principais* dizem respeito à camada de consenso, que especifica as regras pelas quais as transações são liquidadas e, em última análise, como a rede concorda com um estado e histórico específicos da EVM.

Exemplos incluem o EIP-2929, que aumentou o gás necessário para a execução de certos opcodes, e o mais recentemente finalizado Core EIP-3554, que atenuou a *difficulty bomb* [bomba de dificuldade].

LEMBRE-SE

Os opcodes, que apresentamos no Capítulo 9, são instruções em linguagem de máquina que fornecem códigos de operação legíveis a serem processados.

- Os *EIPs de rede* dizem respeito à camada de rede, que especifica como as informações são trocadas e propagadas na Ethereum.

  Por exemplo, a rede EIP-2124 finalizada mais recentemente, intitulada "Fork identifier for chain compatibility checks", fornece um mecanismo de manutenção de registros e validação para identificar eficientemente nós pares compatíveis.

- Os *EIPs de interface* referem-se à camada de interface de programação de aplicativos (API), ou chamada de procedimento remoto (RPC), que especifica a conexão entre aplicativos e como eles são executados em uma rede distribuída. Os EIPs de interface também se referem a padrões de nível de linguagem — que regem os nomes dos métodos no código e como os cálculos são submetidos ao sistema operacional.

  Exemplos incluem o EIP-6, que introduziu o opcode `SELFDESTRUCT` em vez do `SUICIDE` para reconhecer as realidades dos problemas de saúde mental, e o EIP-1193, que introduziu um formato padronizado para APIs de JavaScript para garantir a compatibilidade entre os serviços de carteira da Ethereum e aplicativos da web.

- Os *EIPs da Ethereum Request for Comment (ERC)* pertencem à camada de aplicativos que especifica padrões para garantir que diferentes aplicativos em todo o ecossistema da Ethereum interajam e compartilhem informações sem problemas. Por exemplo, esses padrões garantem a compatibilidade entre tokens e serviços de carteira e melhoram a compostabilidade, propondo convenções para bibliotecas e pacotes de contratos inteligentes.

  Exemplos incluem o famoso EIP-20 (ERC-20), que introduziu as normas para a implementação de um token fungível, e o EIP-721 (ERC-271), que introduziu as normas para a implementação de um token não fungível.

» Os **meta EIPs** resumem as principais mudanças na Ethereum e estabelecem procedimentos para a comunidade da Ethereum propor mudanças nos processos existentes. O EIP-1 é um exemplo de Meta EIP. O EIP-4, que delineia os EIPs de rastreamento de padrões em subcategorias mais finas, é outro exemplo de Meta EIP. Outros exemplos de Meta EIPs incluem uma série de Hardfork Metas, que resumem as principais atualizações para a camada de consenso.

» O **EIP informativo** fornece à comunidade da Ethereum informações gerais ou orientações sugestivas.

  Por exemplo, o EIP-2228, intitulado "Canonicalize the name of network ID 1 and chain ID 1", sugere que as referências à rede Ethereum principal sejam

> padronizadas com os substantivos adequados: Ethereum Mainnet ou simplesmente Mainnet.

Com a ideia básica por trás dos EIPs em mente, você pode mergulhar mais fundo nos ERCs específicos que fornecem os padrões predominantes para emissão de tokens na Ethereum.

Interfaces Padrões de Token

As interfaces de token são um esboço que declara funções e eventos a serem implementados em um determinado contrato de token. A adoção de uma interface padrão permite que os tokens se conformem facilmente aos serviços de carteira e exchanges, que, por sua vez, são programados para interagir com os tokens que implementem a interface específica. As interfaces são declaradas em Solidity (uma linguagem de programação que apresentamos no Capítulo 9) da seguinte forma:

```
interface InterfaceName { }
```

Uma interface se parece muito com o esqueleto de um contrato, no qual funções e eventos são declarados, mas não implementados.

O EIP-20, criado em 19 de novembro de 2015, forneceu o primeiro padrão de token amplamente utilizado na Ethereum: o token ERC-20. Essa proposta forneceu uma interface padrão para tokens fungíveis na Ethereum, e padrões adicionais seguidos para melhorar a funcionalidade desse padrão de token fungível.

Muitas criptomoedas notáveis, como Tether (USDT) e Chainlink (LINK), foram cunhadas com base nesse padrão e continuam a negociar como tokens ERC-20 (ou aprimorados) no blockchain da Ethereum. Outras, como EOS e Binance Coin (BNB), começaram como tokens ERC-20 antes de serem trocadas por tokens nativos de seus respectivos projetos, após as plataformas de blockchain separadas terem sido construídas. Em agosto de 2021, a Ethereum tinha mais de 445 mil contratos de token ERC-20 pendentes.

Inspirado no padrão de token ERC-20, o EIP-721 foi criado para fornecer uma interface padrão para tokens não fungíveis na Ethereum (sim, estamos falando de NFTs!). O padrão de token ERC-20 trata seus tokens como idênticos (e, portanto, fungíveis). O padrão de token não fungível ERC-721 trata cada token como um ativo exclusivo, cada um com seu próprio `tokenID`.

Assim, nasceram colecionáveis digitais como *CryptoKitties* e Art Blocks! Em agosto de 2021, a Ethereum tinha cerca de 15 mil contratos de token ERC-721 pendentes.

As seções a seguir analisam as interfaces para cada um desses padrões de token com mais detalhes.

Padrão de token ERC-20

Para ser compatível com ERC-20, um contrato deve implementar uma série de elementos da interface padrão do ERC-20. Todas as funções e eventos devem ser declarados com as mesmas convenções de nomenclatura ditadas pela interface.

Vamos começar observando as funções necessárias:

» `totalSupply()`, `name()`, `symbol()` e `decimals()`: Essas funções retornam os valores armazenados em suas respectivas variáveis de estado homônimas (as funções `name ()`, `symbol ()` e `decimals()` são opcionais nessa interface).

» `balanceOf(address _owner)`: Essa função retorna o saldo da conta com `address _owner`.

» `transfer(address _to, uint256 _value)`: Essa função transfere tokens `_value` da conta do chamador com `address _to`.

» `transferFrom(address _from, address _to, uint256 _value)`: Essa função transfere tokens `_value` de uma conta especificada (`_from`) para outra (`_to`).

» `approve(address _spender, uint256 _value)`: Essa função permite que a conta especificada (`_spender`) retire até `_value` tokens da conta do chamador.

» `allowance(address _owner, address _spender)`: Essa função retorna o valor que a conta `_spender` está atualmente autorizada a retirar de `account _owner`.

Agora, vejamos os eventos declarados na interface do ERC-20:

» `Transfer(address indexed _from, address indexed _to, uint256 _value)`: Esse evento deve ser emitido quando os tokens forem transferidos de uma conta para outra.

» `Approval(address indexed _owner, address indexed _spender, uint256 _value)`: Esse evento deve ser emitido sempre que uma conta aprovar um valor a ser retirado por outra.

Na implementação da interface ERC-20, algumas variáveis de estado também devem ser armazenadas no contrato de token. Embora os nomes das funções e eventos necessários devam ser preservados conforme ditado pela interface, as seguintes variáveis podem ser declaradas e definidas se você achar que se encaixam em sua implementação específica da interface.

» `balances[]`: Essa variável armazena os saldos de tokens de cada conta. (Observe que essa variável é um array.)

» `allowances[][]`: Essa variável armazena os montantes que uma conta está atualmente autorizada a retirar da outra. (Observe que essa variável é uma matriz.)

» `totalSupply`: Essa variável armazena o fornecimento total de token.

» `name` (*opcional*): Essa variável armazena o nome do token (como Tether).

» `symbol` (*opcional*): Essa variável armazena o símbolo do token (como USDT, no caso de Tether).

» `decimals` (*opcional*): Essa variável armazena o número de decimais que o token usa (ou seja, a divisibilidade do token).

PAPO DE ESPECIALISTA

Diferentes implementações podem exigir funções ou variáveis adicionais, mas você deve, no mínimo, nomear e implementar as funções e eventos declarados na interface do ERC-20, conforme especificado por ela. Os nomes de variáveis declarados na sua implementação da interface do ERC-20 não afetam a interoperabilidade do seu contrato de token com qualquer outro contrato que esteja esperando interagir com um token ERC-20.

Padrão de token não fungível ERC-721

Para ser compatível com o ERC-721, um contrato de token deve implementar os seguintes elementos da interface do ERC-721 e da interface do ERC-165. Todas as funções e eventos devem ser declarados com as mesmas convenções de nomenclatura ditadas por essas interfaces.

Vamos começar observando as funções necessárias:

» `name()` e `symbol()`: Essas funções opcionais retornam os valores armazenados em sua respectiva variável de estado homônima.

- `balanceOf(address _owner)`: Essa função retorna o número de NFTs na conta com `address _owner`.
- `ownerOf(uint256 _tokenId)`: Essa função retorna o endereço da conta que possui o NFT especificado, `_tokenId`.
- `safeTransferFrom(address _from, address _to, uint256 _tokenId, bytes data)`: Essa função transfere o NFT especificado, `_tokenId`, de uma conta especificada (`_from`) para outra (`_to`) e também passa `data` [dados] para a conta do destinatário (`_to`).
- `safeTransferFrom(address _from, address _to, uint256 _tokenId)`: Essa função transfere o NFT especificado, `_tokenId`, de uma conta especificada (`_from`) para outra (`_to`).
- `transferFrom(address _from, address _to, uint256 _tokenId)`: Essa função é semelhante à `safeTransferFrom`, mas não verifica se a conta do destinatário (`_to`) pode receber NFTs.
- `approve(address _approved, uint256 _tokenId)`: Essa função permite que a conta especificada (`_approved`) transfira o NFT especificado (`_tokenID`).
- `setApprovalForAll(address _operator, bool _approved)`: Essa função alterna a configuração de permissão conforme a conta especificada (`_operator`) tiver direitos de transferência de todos seus NFTs.
- `getApproved(uint256 _tokenId)`: Essa função retorna o endereço da conta que tem direitos de transferência para o NFT especificado (`_tokenID`).
- `isApprovedForAll(address _owner, address _operator)`: Essa função verifica se uma conta (`_operator`) tem direitos de transferência para todos os NFTs em outra (`_owner`).
- `supportsInterface(bytes4 interfaceID)`: Essa função está incluída na interface do ERC-165 para a detecção da interface padrão.

Agora, vamos ver os eventos declarados na interface do ERC-721:

- `Transfer(address indexed _from, address indexed _to, uint256 indexed _tokenId)`: Esse evento deve ser emitido quando NFTs forem transferidos de uma conta para outra.
- `Approval(address indexed _owner, address indexed _approved, uint256 indexed _tokenId)`: Esse evento deve ser emitido sempre que uma conta aprovar um direito de transferência de um NFT para outra conta.
- `ApprovalForAll(address indexed _owner, address indexed _operator, bool _approved)`: Esse evento deve ser

emitido sempre que uma conta permitir ou não que outra acesse todos seus NFTs.

Na implementação da interface do ERC-721, algumas variáveis de estado também devem ser armazenadas no contrato de token. Como antes, as seguintes variáveis de estado podem ser declaradas e definidas se você achar que se encaixam em sua implementação específica da interface.

> `owners[]` armazena o endereço da conta do proprietário associado a cada um dos NFTs individuais (essa variável é um array).
>
> `balances[]` armazena o número de NFTs em cada conta (essa variável é um array).
>
> `tokenApprovals[]` armazena o endereço da conta que permite direitos de transferência para cada um dos NFTs individuais (essa variável é um array).
>
> `operatorApprovals[][]` rastreia se uma conta está atualmente autorizada a transferir os NFTs da outra (essa variável é uma matriz).
>
> `name` (opcional) armazena o nome do grupo unificador para os NFTs (como *CryptoKitties*).
>
> `symbol` (opcional) armazena o símbolo dos NFTs (como CK para *CryptoKitties*).

Novamente, diferentes implementações podem exigir funções ou variáveis adicionais, que podem ser declaradas e definidas conforme você achar adequado. Para ser compatível com ERC-721, no entanto, todas as funções e eventos declarados na interface do ERC-721 e na do ERC-165 devem ser nomeados e implementados conforme especificado pelas interfaces.

Outros padrões de token na Ethereum

Com a proliferação de tokens fungíveis e não fungíveis, várias implementações continuam a fornecer funcionalidades e aprimoramentos adicionais. Alguns desses recursos foram formalizados como padrões de token adicionais, para fornecer um novo padrão (como o padrão multitoken) ou uma interface padrão para melhorias nas interfaces originais de tokens, fungíveis e não fungíveis.

Aqui estão alguns exemplos de padrões finalizados:

» **O padrão do token ERC-777:** Esse padrão introduziu uma interface para um token fungível compatível com versões anteriores do ERC-20 com recursos avançados, alguns dos quais foram popularizados pelo padrão de token não fungível ERC-721.

Por exemplo, a interface do ERC-777 especifica uma função para conceder a uma conta o direito de transferir tokens em nome de outra conta.

» **O padrão do token ERC-1363:** Esse padrão introduziu uma interface para tokens ERC-20 para permitir a execução automática de código após uma chamada bem-sucedida para as funções `transfer`, `transferFrom` e `approve`.

» **O padrão do NFT ERC-2981:** A norma ERC-2981 introduziu uma interface para os tokens não fungíveis ERC-721 e ERC-1155 para designar um valor de royalties e o destinatário a ser pago a cada vez que o NFT em questão é vendido.

» **O padrão do ERC-1155 multitoken:** Esse padrão introduziu uma interface consolidada para gerenciar tokens fungíveis, não fungíveis e semifungíveis (algo semelhante a uma edição limitada).

À medida que a adoção continua a se espalhar e os casos de uso adicionais se materializam, você certamente verá padrões de token mais interessantes e empolgantes por aí!

NESTE CAPÍTULO

» **Lançando seu próprio NFT**

» **Rastreando seu NFT**

» **Interagindo com seu NFT**

Capítulo **11**

Construindo um Token ERC-721

Este capítulo o orienta pelas etapas de desenvolvimento, compilação e implantação de seu primeiro contrato de token não fungível.

Para seguir com sucesso o guia passo a passo deste capítulo, você precisa ter concluído algumas etapas importantes. Presumimos que você seguiu fielmente os pré-requisitos das instruções contidas nos Capítulos 7, 8 e 9.

Escrevendo e Compilando Seu NFT

Como um contrato de token é um tipo especial de contrato inteligente, você começa sua jornada pelo NFT lançando seu primeiro contrato inteligente, tal qual lhe mostramos no Capítulo 9. Em caso de dúvida, veja aquele capítulo para obter um guia sobre criação e compilação de arquivos.

O código

Ao criar um contrato de token, comece sempre ativando o ambiente Remix — basta seguir estes passos para fazer a magia acontecer:

1. **Acesse:** `http://remix.ethereum.org`.

   Digite `http://`(sem o *s*), e *não* `https://`(com o *s*), ou o Remix não conseguirá acessar a MetaMask.

2. **Clique em New File, em File, na página principal. (Como alternativa, há o ícone New File no painel File Explorers, do lado esquerdo da página.)**

   Um novo arquivo aparecerá no painel, para você digitar um novo nome.

3. **Usando o cursor, clique na caixa de texto em branco, digite NFTFD.sol e pressione Enter.**

   Uma nova guia aparecerá, rotulada com o nome do arquivo.

   A extensão `.sol` é usada para indicar um arquivo de origem Solidity. Para mais informações sobre o Solidity, veja o Capítulo 9.

   Clique no ícone Double Page [página dupla], localizado na barra de ferramentas, do lado esquerdo, para retornar ao explorador de arquivos [painel File Explorer].

4. **Digite o seguinte código no arquivo** `NFTFD.sol`:

   ```
   pragma solidity ^0.8.0;

   import "https://github.com/OpenZeppelin/openzeppelin-
       contracts/blob/master/contracts/token/ERC721/
       extensions/ERC721URIStorage.sol";
   ```

```
contract NFTFD is ERC721URIStorage {
   address public founder;
   constructor() ERC721("NFTs For Dummies", "NFTFD") {
      founder = msg.sender;

      for (uint tokenID=1; tokenID<=5; tokenID++) {
         _mint(founder, tokenID);
         _setTokenURI(tokenID, "NFTFD
Limited Edition Initial Release");
      }
   }

function mintNFT(
   address to,
   uint256 tokenID,
   string memory tokenURI
)
   public
{
   require(msg.sender == founder, "not
an authorized minter");
   _mint(to, tokenID);
   _setTokenURI(tokenID, tokenURI);
   }

}
```

CUIDADO

A linha de código import "[...]/ERC721URIStorage.sol" deve ser escrita diretamente, sem quebras de linha.

DICA

Evite erros de digitação copiando e colando esse código diretamente de: www.seoyoungkim.com/nftfdcode.html.

LEMBRE-SE

Solidity é sensível a maiúsculas e minúsculas, de modo que ERC721URIStorage e erc721uristorage não são entendidos de forma idêntica na compilação.

5. **Para compilar o código-fonte que acabou de digitar, clique no ícone Solidity-Compiler, localizado no painel de navegação à esquerda.**

   Esse ícone fica logo abaixo do ícone de Double Page do File Explorers.

DICA

6. No painel de navegação do Solidity-Compiler, clique em Compile NFTFD.

PAPO DE ESPECIALISTA

Os detalhes da compilação para esse contrato aparecem abaixo do botão Compile NFTFD.sol. Ao clicar no menu suspenso Contract (mostrado na Figura 11-1), os seguintes nomes de contrato aparecem, além de NFTFD:

» ERC721URIStorage

» ERC721

» IERC721

» IERC721Receiver

» IERC721Metadata

» Address

» Context

» Strings

» ERC165

» IERC165

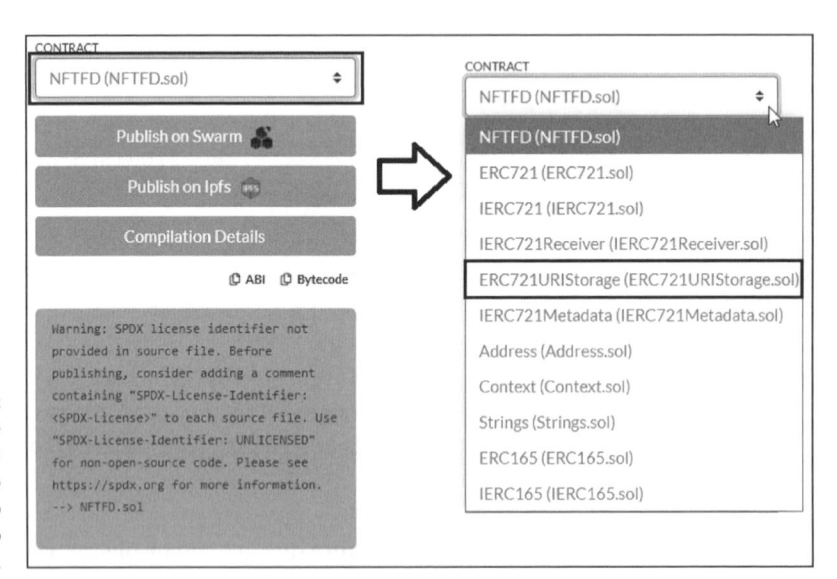

FIGURA 11-1: NFTFD e detalhes da compilação do contrato básico no Remix.

PAPO DE ESPECIALISTA

Se observar mais de perto o código-fonte digitado na Etapa 4, você perceberá a linha `contract NFTFD is ERC721URIStorage {`. Isso informa que o contrato `NFTFD` é diretamente *derivado* do contrato base pré-construído — ERC721URIStorage (importado de https://github.com/OpenZeppelin/openzeppelin-contracts/blob/master/contracts/token/ERC721/extensions/ERC721URIStorage.sol) —, que é derivado do contrato base `ERC721`, que é derivado de outras interfaces e contratos na lista anterior.

Passo a passo

A seguir está uma explicação detalhada do código `NFTFD.sol`, que você usa para seu contrato de token. Também fornecemos dicas para personalizar elementos do código sem quebrá-lo.

```
pragma solidity ^0.8.0;
```

1. Essa versão do pragma Solidity permite que o código-fonte seja compilado apenas sob as versões 0.8.x (incluindo e seguindo a 0.8.0, mas estritamente anterior à 0.9.0).

```
import "https://github.com/OpenZeppelin/openzeppelin-
contracts/blob/master/contracts/token/ERC721/extensions/
ERC721URIStorage.sol";
```

2. A próxima linha de código direciona o compilador para importar o contrato ERC721URIStorage da biblioteca de contrato inteligente do OpenZeppelin. Esse contrato serve como a base da qual derivamos nosso próprio contrato de token.

Se visitar esse URL em particular para dar uma olhada no código no arquivo `ERC721URIStorage.sol`, você perceberá que o `ERC721URIStorage` é derivado da implementação `ERC721` do OpenZeppelin, que é importado de https://github.com/OpenZeppelin/openzeppelin-contracts/blob/master/contracts/token/ERC721/ERC721.sol. O contrato `ERC721URIStorage` fornece uma funcionalidade aprimorada ao `ERC721`, adicionando um meio para definir e armazenar informações adicionais específicas do token *(tokenURI)* para cada um deles.

```
contract NFTFD is ERC721URIStorage {
```

3. Em seguida, definimos nosso contrato, `NFTFD`. O código aqui, por meio da palavra-chave `is`, especifica que nosso novo contrato é derivado de um contrato base, `ERC721URIStorage`, o qual está contido no arquivo `.sol` que importamos na linha de código anterior. Esse recurso é conhecido como *herança* [inheritance]. O Solidity permite herança múltipla. Um contrato pode herdar vários outros contratos, direta ou indiretamente:

» **Indiretamente:** Se nosso próprio contrato `NFTFD` herda diretamente do `ERC721URIStorage`, também herda indiretamente do `ERC721`, "pai" do `ERC721URIStorage`.

» **Diretamente:** Você pode especificar a herança direta fornecendo uma lista separada por vírgulas de todos os contratos-base dos quais deseja que seu contrato seja herdado.

> **DICA** Você pode digitar um nome para seu contrato diferente do NFTFD, que escolhemos, sem ter que alterar outros elementos das instruções ou código para estar em conformidade com o nome do contrato escolhido.

```
address public founder;
```

4. Essa linha declara uma variável de estado público, `founder`, do tipo `address`. No código a seguir, essa variável é atribuída ao endereço de conta do fundador do token e é usada para garantir que apenas a conta do fundador tenha a capacidade de cunhar novos tokens.

```
constructor() ERC721("NFTs For Dummies", "NFTFD") {
```

5. Esse bloco de código declara a função especial `constructor ()`, que é executada apenas uma vez no início do contrato. Observe a declaração adicional: `ERC721("NFTs For Dummies", "NFTFD")`. Essa parte especifica o nome e o ticker [abreviatura], respectivamente, a serem usados na função `constructor` de `ERC721`.

> **DICA** Você pode personalizar o nome e o ticker de seu token como quiser sem ter que se preocupar em permanecer compatível com outras partes do código. Basta digitar um nome e um ticker para substituir "NFTs For Dummies" [o título original deste livro, em inglês] e "NFTFD" [o título original abreviado] na declaração `constructor()` anterior.

```
founder = msg.sender;
```

6. Voltando-nos para o conteúdo da função `constructor()`, a primeira linha de código (dentro da definição de colchetes) inicializa o endereço que está sendo armazenado na variável de estado `founder` como `msg.sender`, que contém o endereço da conta que iniciou a transação. Especificamente, `msg` é uma variável global que contém informações sobre a transação atual, e `sender` é o membro desse objeto (conhecido no Solidity como *estrutura — struct*). Como esse código faz parte da função `constructor()`, essa linha de código armazena essencialmente o endereço da conta da qual o contrato de token é implantado na variável de estado `founder`.

```
    for (uint tokenID=1; tokenID<=5; tokenID++) {
        _mint(founder, tokenID);
        _setTokenURI(tokenID, "NFTFD Limited
Edition Initial Release");
    }
```

7. O próximo bloco de código implementa um loop `for` que cria iterativamente novos tokens enumerados: 1, 2, 3, 4 e 5.

> **DICA**
> Você pode personalizar quantos tokens criar simplesmente alterando o número "5" na parte `tokenID<=5` do código que define o loop `for`. *Cuidado!* Selecionar um grande número aumenta drasticamente o tempo e a energia necessários para implantar seu contrato de token.

Dentro desse loop `for`, a chamada de função `_mint(founder, tokenID)` cria um novo token, com `tokenID` como identificador numérico, e designa o endereço do `founder` como a conta que possui esse novo token. A chamada de função `_setTokenURI (tokenID, "NFTFD Limited Edition Initial Release")` armazena a cadeia de caracteres [string] "NFTFD Limited Edition Initial Release" como parte das informações específicas do token que podem ser acessadas posteriormente com `tokenID` como identificador numérico. As funções `_mint` e `_setTokenURI` são originalmente definidas nos contratos-base `ERC721` e `ERC721URIStorage`, respectivamente.

> **DICA**
> Você pode personalizar a string que deseja armazenar no lugar de "NFTFD Limited Edition Initial Release" digitando sua própria string no lugar.

```
}
```

8. Em seguida, você completa a função `constructor()` com uma chave de fechamento antes de prosseguir para definir a próxima função.

```
function mintNFT(
    address to,
    uint256 tokenID,
    string memory tokenURI
)
    public
```

9. Esse bloco de código declara uma função pública, `mintNFT()`, que aceita três argumentos: `to`, `tokenID` e `tokenURI`, cujos respectivos tipos são `address`, `uint256` e `string`.

```
{
    require(msg.sender == founder, "not an
    authorized minter");
    _mint(to, tokenID);
    _setTokenURI(tokenID, tokenURI);
}
```

10. Esse bloco de código implementa a função `mintNFT()`.

A primeira linha especifica um requisito que deve ser cumprido para que o código restante seja executado. Aqui, essa função incorporada no Solidity, `require`, determina se a conta que emite a chamada de função `mintNFT (to, tokenID, tokenURI)` é o fundador [founder] autorizado. Se essa condição não for satisfeita, o chamador de função não autorizado recebe a mensagem "not an authorized minter" ["não autorizado"] e a chamada de função termina sem execução adicional.

Supondo que essa condição seja satisfeita, a chamada de função `_mint(to, tokenID)` cria um novo token, com `tokenID` como identificador numérico, e designa o endereço `to` como a conta que possui esse novo token. Em seguida, a chamada de função `_setTokenURI (tokenID, tokenURI)` armazena a string no `tokenURI` como parte das informações específicas do token que podem ser acessadas posteriormente para o token com `tokenID` como identificador numérico.

```
}
```

11. E, claro, você completa o bloco do código do contrato com uma chave de fechamento.

Implantando Seu NFT

Depois de inserir e compilar o código-fonte, você pode colocar o bytecode em ação!

DICA

Antes de prosseguir, é interessante ver os Capítulos 7 e 8 para uma atualização sobre como alternar entre redes e entre contas na MetaMask. Você também pode ver o Capítulo 9 para uma atualização sobre a implantação de seu contrato inteligente.

Implantando no Ganache

Começamos implantando o contrato no ambiente Ganache.

LEMBRE-SE

Abra o aplicativo Ganache para desktop e execute o espaço de trabalho apropriado — no nosso caso, o espaço de trabalho Handsomely-Vessel (veja o Capítulo 8), que temos usado ao longo deste guia passo a passo:

1. **Faça login na extensão MetaMask.**

2. **Conecte-se à rede personalizada Handsomely-Vessel e selecione uma de suas contas Ganache locais importadas clicando no círculo colorido no canto superior direito da interface da MetaMask.**

   No nosso caso, continuamos a usar Ganache HV1, começando com o endereço da conta 0x655E [...], como mostrado na Figura 11-2.

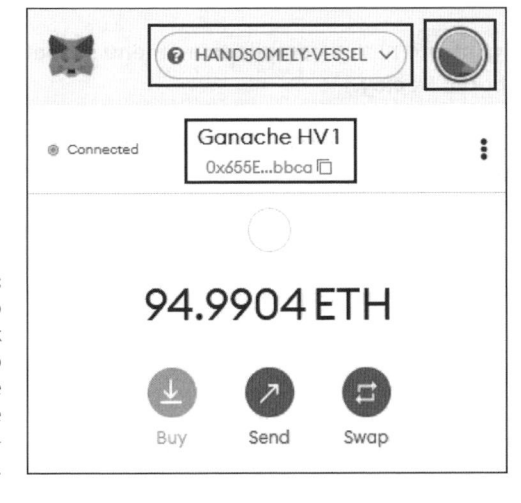

FIGURA 11-2: A exibição MetaMask da conta do Ganache HV1 na rede Handsomely-Vessel.

3. **No Remix, clique no ícone Ethereum no painel do canto esquerdo para acessar o painel Deploy & Run Transactions.**

4. **Selecione a opção Injected Web3 no menu suspenso Environment.**

   A conta selecionada aparecerá no menu suspenso Account (no nosso caso, começando com o endereço da conta "0x655E [...]"), como mostrado na Figura 11-3.

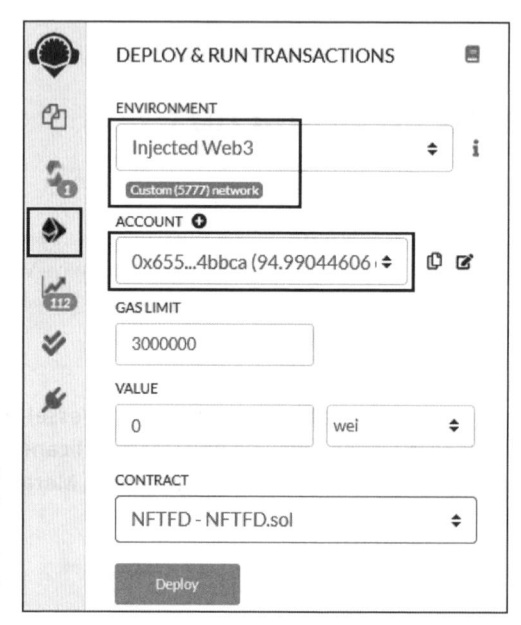

FIGURA 11-3: Ambiente e conta Ganache selecionados no Remix.

5. **Selecione o contrato** `NFTFD` **compilado no menu suspenso Contract e clique no botão Deploy.**

6. **Para prosseguir, clique no botão Confirm quando a notificação pop-up da MetaMask surgir.**

Excelente! Agora você implantou com sucesso o `NFTFD` em seu blockchain Handsomely-Vessel local. Claro, isso ocorreu muito rapidamente, dado que o Ganache extrai blocos automaticamente para permitir testes e exploração rápidos.

Abaixo do botão Deploy, no painel Deploy & Run Transactions, está o contrato implantado NFTFD, com suas funções e dados públicos, conforme mostrado na Figura 11-4.

FIGURA 11-4: Funções públicas e dados do contrato NFTFD.

PAPO DE ESPECIALISTA

Além da função `MintNFT` e da variável de estado `founder` (que descrevemos na seção "Passo a passo", no início deste capítulo), os recursos restantes do contrato fazem parte da interface padrão do ERC-721. Veja o Capítulo 10.

Esse menu lhe permite interagir com seu contrato de token recém-implantado. Algumas interações são gratuitas e outras requerem gás. Brinque e veja o que descobre. Entramos em maiores detalhes — e fornecemos mais exemplos — à medida que você se forma no Ropsten Testnet!

Implantando no Ropsten

Agora você precisa mudar de marcha para chegar à rede de teste do Ropsten, ou seu Testnet.

Primeiro, conecte-se a ela de sua carteira MetaMask e selecione uma conta que tenha ETH de teste Ropsten (que mostramos como criar e financiar no Capítulo 7). Em nosso caso, continuamos a usar nossa conta Testnet, com endereço `0x43371B75585785D62e3a50533aa15ee8D350273F`, conforme mostrado na Figura 11-5.

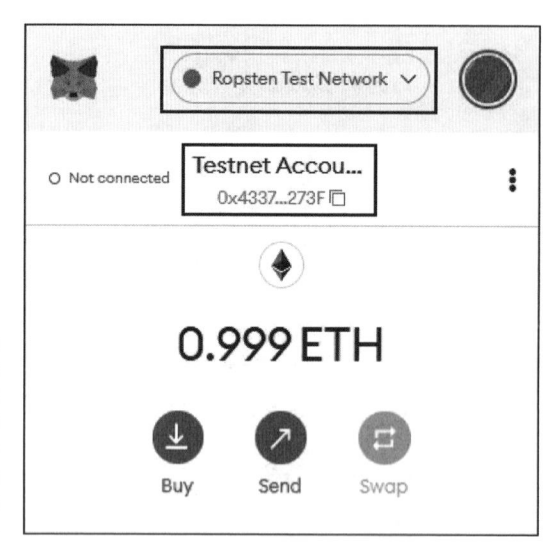

FIGURA 11-5: A exibição MetaMask de nossa conta Testnet na Rede de Teste Ropsten.

Voltando ao painel Deploy & Run Transactions, no Remix, execute as seguintes etapas:

1. **Selecione a opção Injected Web3, no menu suspenso Environment.**

A conta selecionada na MetaMask aparece no menu suspenso Account (no nosso caso, `0x43371B75585785D62e3a50533aa15ee8D350273F`), conforme mostrado na Figura 11-6.

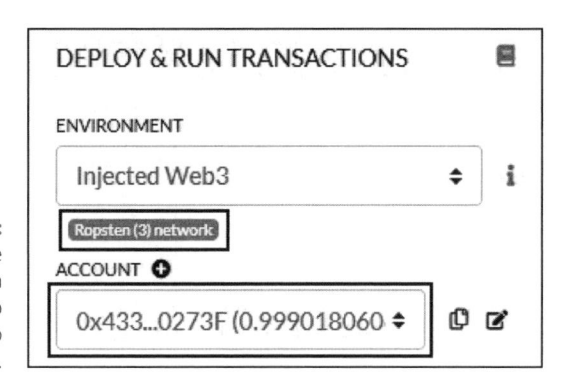

FIGURA 11-6:
O ambiente do Ropsten selecionado e a conta do Remix.

2. Selecione o contrato compilado `NFTFD` no menu suspenso Contract e clique no botão Deploy.

3. Para prosseguir, clique no botão Confirm, na notificação pop-up MetaMask que surgir, conforme mostrado na Figura 11-7.

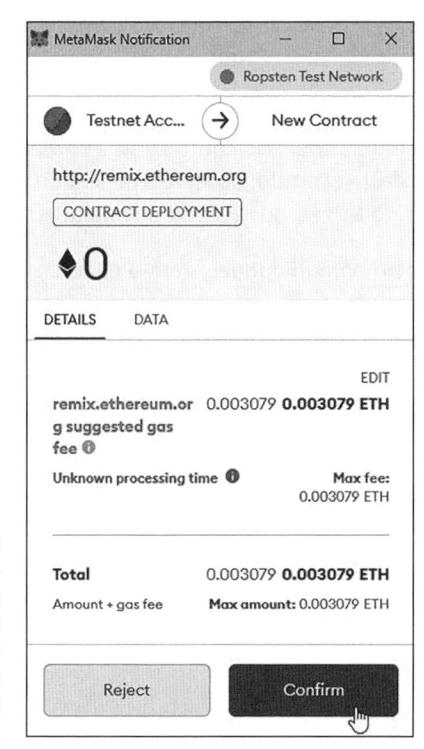

FIGURA 11-7: Confirmando a implantação do contrato na rede de teste Ropsten.

Excelente! Uma vez que sua transação é executada no Ropsten, outro contrato aparece na lista Deployed Contracts, na página Deploy & Run Transactions.

Clique no ícone Double Page à direita do nome do contrato, conforme mostrado na Figura 11-8, para salvar seu endereço.

FIGURA 11-8: Copiando o endereço do contrato recém-implantado.

O endereço do nosso contrato é `0xd4139A846b5561c31df03FbbCE358 3f1A7d8A814`. Mais tarde, discutiremos como usar esse endereço para continuar rastreando e interagindo com o contrato.

CUIDADO

O tempo de espera para a execução é tipicamente inferior a um minuto, mas pode haver muita variação nos tempos de execução. Seja paciente! Se a rede permanecer sem resposta por mais de dez minutos, faça uma pequena pausa e tente novamente.

Como antes, quando você implantou seu contrato NFTFD em seu blockchain do Ganache, no início deste capítulo, observe a mesma lista de funções públicas e dados sob o contrato NFTFD que acabou de implantar no Ropsten.

Por exemplo, se você clicar no botão Founder, verá o endereço da conta na qual o contrato de token foi implantado. Você também pode colar esse endereço na caixa de entrada balanceOf, que mostra cinco tokens nessa conta, conforme mostrado na Figura 11-9 (lembre-se de que nosso código gerou cinco tokens na iniciação). Essas chamadas de dados não requerem gás.

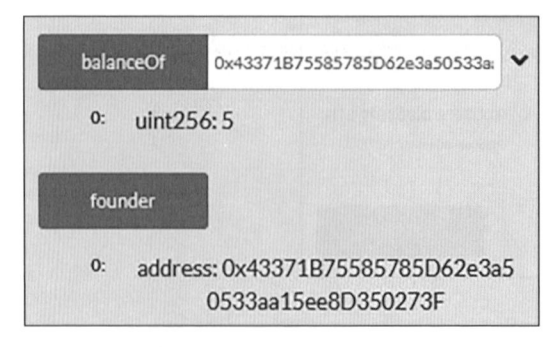

FIGURA 11-9: Interagindo com NFTFD, implantado no Ropsten.

Se você continuar a interagir com esse contrato a partir da conta do fundador, poderá usar o botão mintNFT para criar um novo token NFTFD (observe que a criação de um novo token requer gás). Veja como isso é feito:

1. **Clique na seta para baixo à direita do botão MintNFT, conforme mostrado na Figura 11-10.**

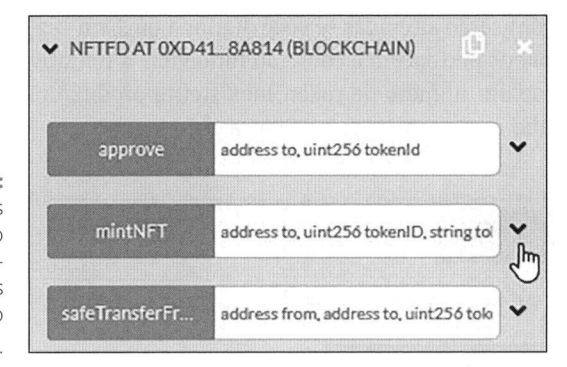

FIGURA 11-10: Parâmetros de função de expansão alojados no contrato NFTFD.

2. **Preencha os parâmetros de função da seguinte forma, conforme mostrado na Figura 11-11:**

   a. `to: 0x885b0F6065B2cD6655eDcc2F7A12062b1ca79d97`.

   Esse endereço está vinculado a outra conta de teste que criamos pela MetaMask. Você pode usar o endereço de qualquer conta que quiser. No entanto, para evitar confusão, recomendamos que evite misturar ativos digitais em diferentes redes dentro da mesma conta (como discutimos no Capítulo 7).

   b. `tokenID: 17760704`.

   c. `tokenURI: https://en.wikipedia.org/wiki/Independence_Day_(United_States)`.

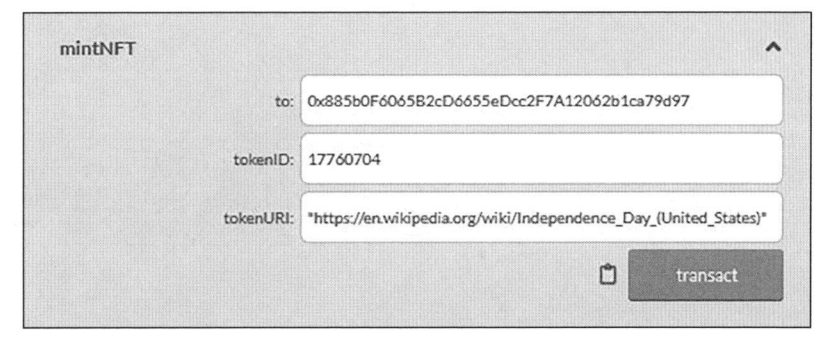

FIGURA 11-11: Parâmetros da função mintNFT.

3. **Clique no botão Transact e, em seguida, clique no botão Confirm, na notificação pop-up da MetaMask que surgir.**

Excelente! Agora você criou o novo token NFTFD.

Você pode verificar o proprietário e o URI desse token digitando **17760704** (o tokenID inserido na Etapa 2 do exemplo anterior) nas caixas de entrada ao lado dos botões ownerOf e tokenURI, conforme mostrado na Figura 11-12. Essas informações serão alteradas se você digitar **1** ou **5** em vez de 17760704, porque esses tokens pertencem à conta do fundador. A tentativa de verificar o proprietário de um número de token inexistente produz uma mensagem de erro no Remix, como mostrado na Figura 11-13.

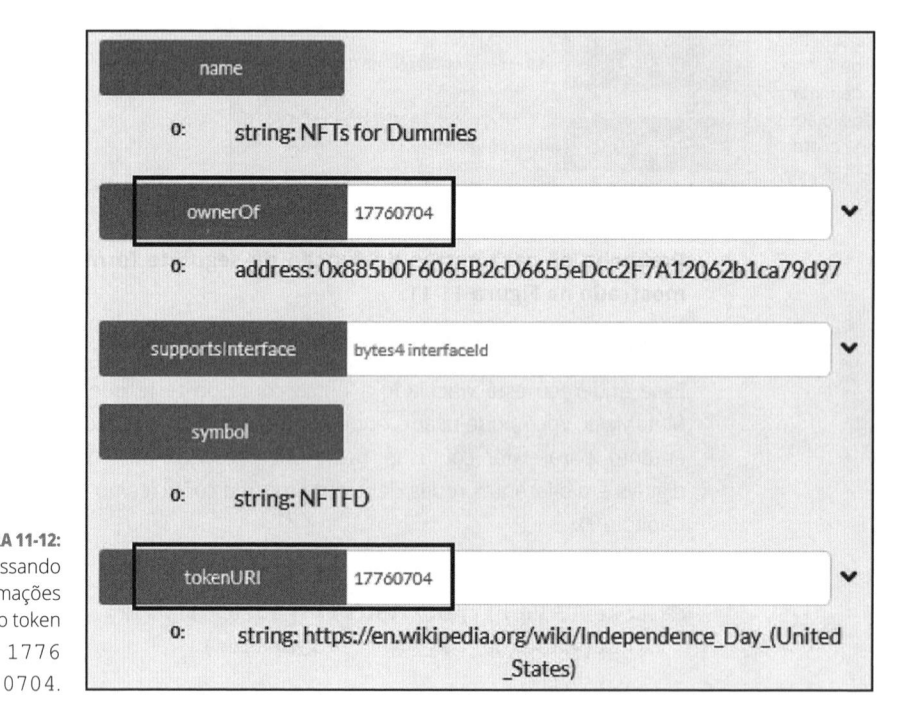

FIGURA 11-12: Acessando informações para o token 17760704.

FIGURA 11-13:
Mensagem de erro de uma tentativa de verificar o proprietário de um token inexistente.

Você também pode rastrear seus novos acervos de token NFTFD por meio de sua carteira MetaMask. Certifique-se de que está na conta certa e na rede de teste Ropsten dentro de sua carteira da MetaMask. Começamos com a conta Testnet (`0x43371B75585785D62e3a50533aa15ee8D350273F`) que usamos para implantar o contrato NFTFD e procedemos na MetaMask da seguinte forma:

1. **Clique na guia Assets (na parte inferior da tela da conta) e clique no botão Add Tokens, conforme mostrado na Figura 11-14.**

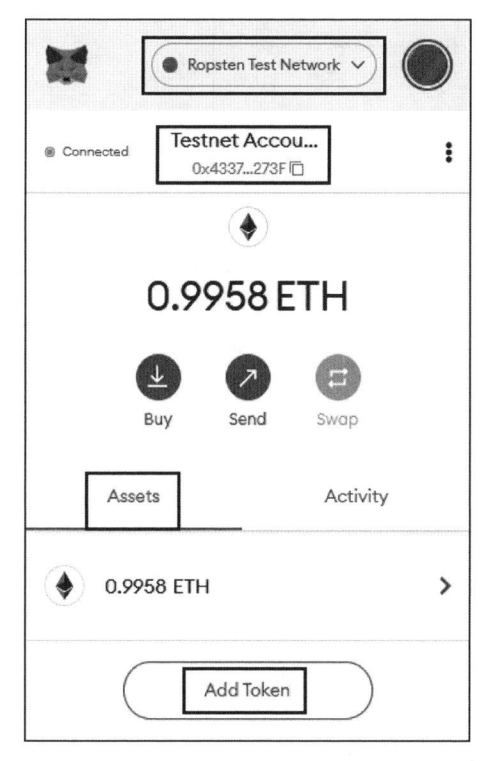

FIGURA 11-14: Adicionando um novo tipo de token em sua carteira da MetaMask.

CAPÍTULO 11 **Construindo um Token ERC-721** 213

2. **Na página Add Tokens, que será exibida (veja a Figura 11-15), digite o endereço de contrato do token apropriado.**

   No nosso caso, é 0xd4139A846b5561c31df03FbbCE3583f1A7d8A 814.

   O campo Symbol do token exibe automaticamente NFTFD após o endereço do contrato ser inserido.

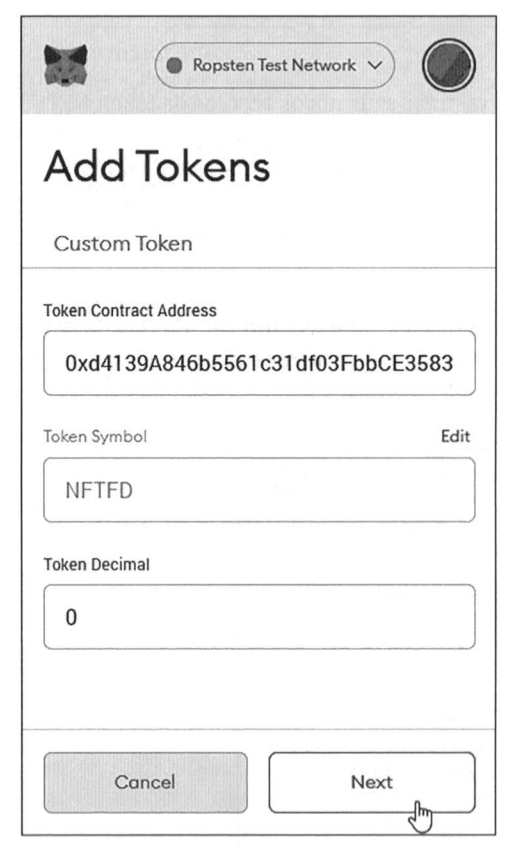

FIGURA 11-15: Especificando os detalhes personalizados para um novo tipo de token em sua carteira da MetaMask.

3. **Digite 0 para Token Decimal e clique no botão Next.**

   A próxima página mostra o token que está sendo adicionado (NFTFD) e o saldo do token para essa conta específica.

   LEMBRE-SE: Ao contrário dos tokens fungíveis, cada NFT é único e não pode ser dividido (veja o Capítulo 1). Assim, o campo "Token Decimal" é definido como "0" para NFTs.

4. **Clique no botão Add Tokens, como mostrado na Figura 11-16.**

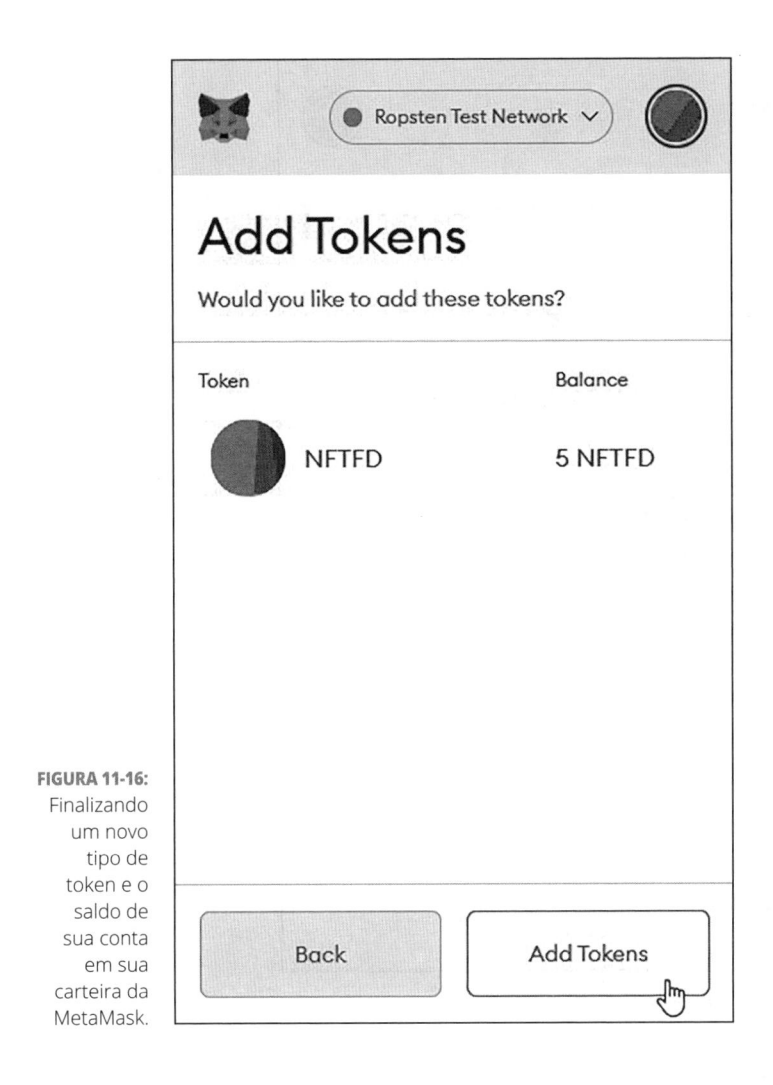

FIGURA 11-16: Finalizando um novo tipo de token e o saldo de sua conta em sua carteira da MetaMask.

Agora, sempre que você alternar para ver os ativos em sua conta, verá os cinco NFTFD além do ETH de teste, conforme mostrado na Figura 11-17.

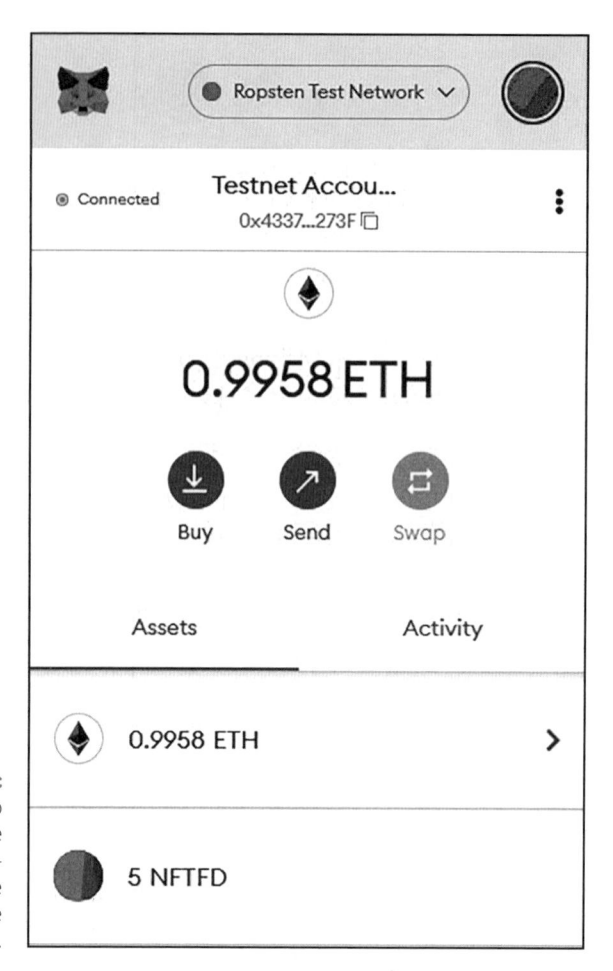

FIGURA 11-17:
Nosso novo saldo de conta Testnet na Rede de Teste Ropsten.

LEMBRE-SE

De acordo com nossa discussão sobre "desaparecer" saldos, no Capítulo 7, o saldo NFTFD em nossa conta Testnet aparece apenas quando estamos conectados à rede de teste Ropsten, porque esse contrato de token NFTFD (`0xd4139A846b5561c31df03FbbCE3583f1A7d8A814`) foi implantado no Ropsten e não existe em outras redes.

Por exemplo, tanto o saldo ETH de teste quanto o saldo NFTFD desaparecem completamente quando você visualiza nossa conta Testnet enquanto está conectado à Ethereum Mainnet, conforme mostrado na Figura 11-18.

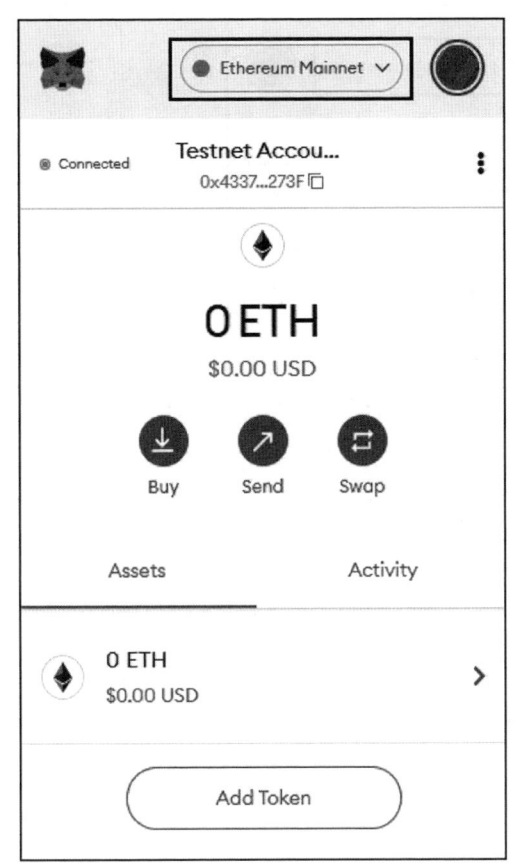

FIGURA 11-18:
O saldo da nossa conta Testnet na Ethereum Mainnet.

Por uma questão de integridade, reexecutamos as etapas anteriores para adicionar o saldo do token NFTFD à nossa segunda conta de teste, `0x885b0F6065B2cD6655eDcc2F7A12062b1ca79d97`, que recebeu o token especial `17760704`, que cunhamos após o início do contrato. Como esperado, a MetaMask exibe um saldo NFTFD de 1 nessa conta, conforme mostrado na Figura 11-19.

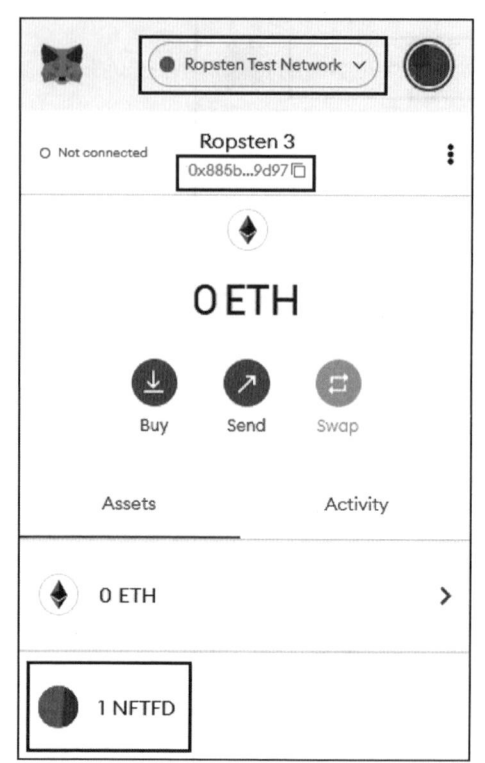

FIGURA 11-19:
O saldo da conta na rede de teste Ropsten para 0x885b0F6065B2cD6655eDcc2F7A12062b1ca79d97.

Para manter as coisas claras, aqui está um resumo dos vários endereços referenciados e dos tokens criados:

» **A conta a partir da qual implantamos o contrato NFTFD no Ropsten:** `0x43371B75585785D62e3a50533aa15ee8D350273F`.

» **Uma segunda conta:** `0x885b0F6065B2cD6655eDcc2F7A12062b1ca79d97`, que foi presenteada com o token especialmente cunhado com `tokenID 17760704`.

» **A conta de contrato NFTFD no Ropsten:** `0xd4139A846b5561c31df03FbbCE3583f1A7d8A814`.

» **Um total de seis NFTFDs:** 1, 2, 3, 4, 5 e 17760704.

Destes, os tokens 1, 2, 3, 4 e 5 foram criados no início do contrato, com o lançamento inicial de URI NFTFD Limited Edition Initial Release e mantidos pelo fundador `0x43371B75585785D62e3a50533aa15ee8D350273F`.

O sexto token, `17760704`, foi cunhado pela conta fundadora após o início do contrato e mantido por outra conta, `0x885b0F6065B2cD6655eDcc2F7A12062b1ca79d97`.

As informações mais importantes a serem observadas são o endereço da conta do contrato, o qual você precisa para rastrear ou continuar a interagir com ele de tempos em tempos.

Implantando na Mainnet

Se você tiver ETH para queimar, também poderá implantar seu contrato de token na Ethereum Mainnet.

As etapas para implantar na Mainnet são quase idênticas às etapas que cobrimos anteriormente para implantar no Ropsten. A principal diferença é que você precisa estar conectado à Ethereum Mainnet com uma conta financiada com algum ETH real.

Além disso, quando tenta implantar seu contrato na Mainnet, o Remix apresenta um aviso pop-up, conforme mostrado na Figura 11-20, para garantir que você está ciente de que está criando uma transação na Mainnet.

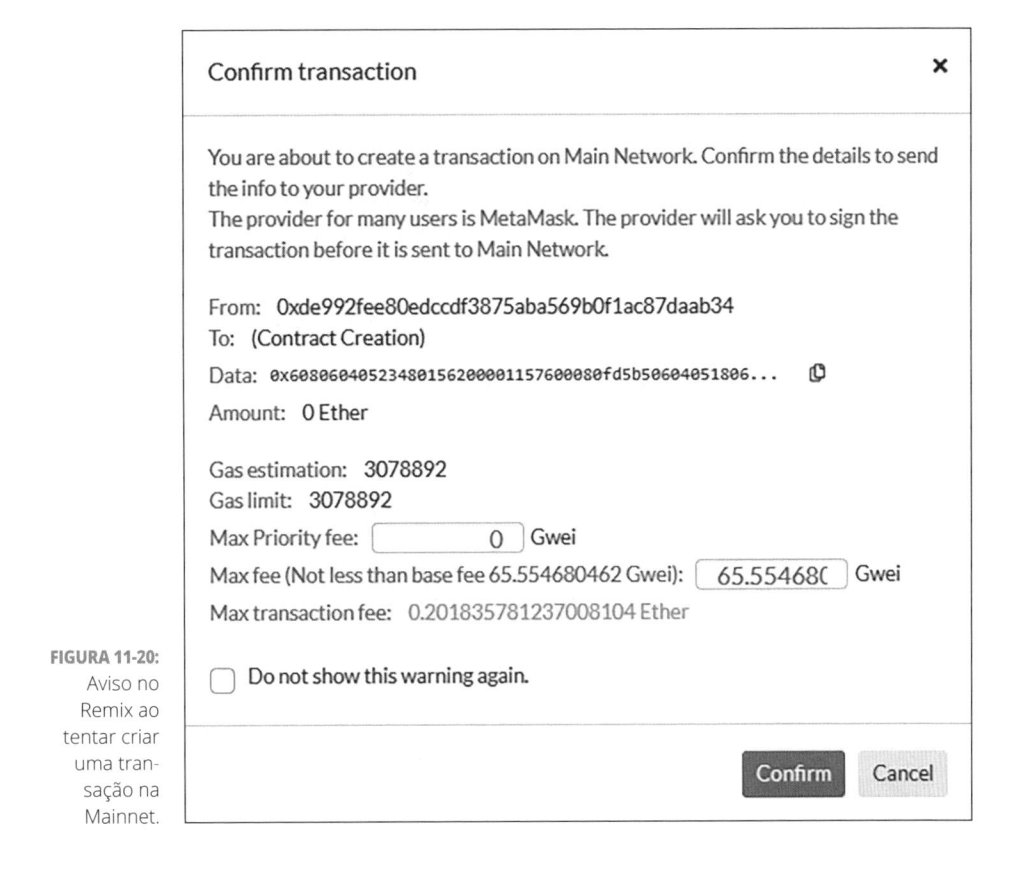

FIGURA 11-20: Aviso no Remix ao tentar criar uma transação na Mainnet.

Se clicar no botão Confirm, uma notificação da MetaMask será exibida, descrevendo as taxas de gás estimadas para a implantação do contrato, conforme mostrado na Figura 11-21. Essa notificação é semelhante à fornecida para implantação de contrato no Ropsten (veja a Figura 11-7), exceto que a MetaMask agora também fornece o equivalente em USD estimado do ETH sendo gasto. Aqui, a taxa de gás sugerida para implantar nosso contrato NFTFD na Mainnet é de 0,202058 ETH (US$642,44) (infelizmente, não temos fundos suficientes para implantar na Mainnet).

FIGURA 11-21: Taxa de gás estimada e equivalente em US$D para implantação do contrato NFTFD na Mainnet.

Nutrindo Seu NFT

Depois de implantar seu primeiro NFT, você pode continuar a rastrear e interagir com esse contrato no futuro.

Por uma questão de simplicidade, descrevemos nossos passos para rastrear o contrato NFTFD que implantamos na rede de teste Ropsten (com o endereço de contrato 0xd4139A846b5561c31df03FbbCE3583f1A7d8A814).

LEMBRE-SE

As etapas para rastrear e interagir com um contrato implantado na Mainnet são quase idênticas, e notamos essas diferenças à medida que acompanhamos as etapas na seção a seguir.

Seguindo seu NFT no blockchain

Siga estas etapas para visualizar todas as informações e atividades relacionadas ao seu NFT:

1. **Acesse:** `https://ropsten.etherscan.io`.

   Nota: Para visualizar um contrato implantado na Mainnet, acesse: `https://etherscan.io`.

2. **Cole o endereço do contrato na barra de pesquisa, mostrada na Figura 11-22, e pressione Enter.**

   Como alternativa, você pode simplesmente anexar seu endereço de contrato a `https://ropsten.etherscan.io/address`. Em nosso caso, temos o seguinte: `https://ropsten.etherscan.io/address/0xd4139A846b5561c31df03FbbCE3583f1A7d8A814`.

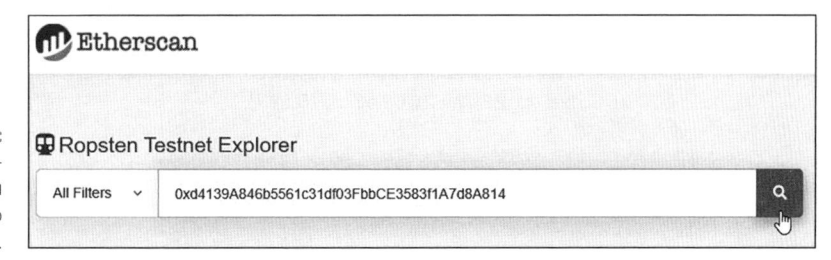

FIGURA 11-22: Encontrando seu contrato no Ropsten.

Uma página aparece, mostrando informações sobre o criador do contrato, as transações associadas a ele e os eventos respectivos registrados.

3. **Clique no link no campo Token Tracker, na caixa More Info, localizada no canto superior direito, conforme mostrado na Figura 11-23.**

    Como alternativa, anexe o endereço de contrato a `https://ropsten.etherscan.io/token`. No nosso caso, temos `https://ropsten.etherscan.io/token/0xd4139A846b5561c31df03FbbCE3583f1A7d8A814`.

    Aparece uma página mostrando informações sobre transferências e posições de tokens.

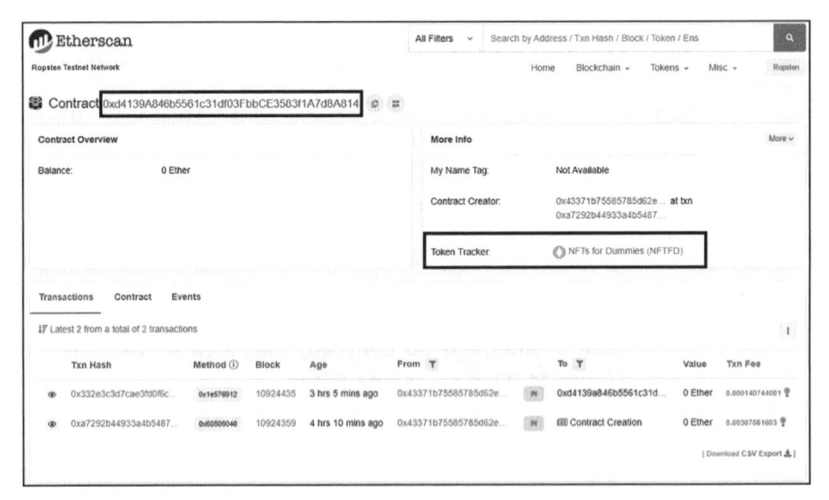

FIGURA 11-23: Um perfil básico de contrato fornecido pela Etherscan.

Por exemplo, você pode ver um total de seis transações na guia Transfers, conforme mostrado na Figura 11-24. Observe os tokens 1, 2, 3, 4 e 5, atribuídos à conta do fundador (`0x43371B75585785D62e3a50533aa15ee8D350273F`), e o token subsequentemente cunhado 17760704, que foi atribuído a uma conta separada (`0x885b0F6065B2cD6655eDcc2F7A12062b1ca79d97`).

FIGURA 11-24:
Informações de transferência fornecidas pela Etherscan sobre o token NFTFD.

Na guia Holders, como mostrado na Figura 11-25, você pode ver todos os titulares de token nesse ambiente específico, com seus respectivos saldos.

FIGURA 11-25:
Informações do token NFTFD fornecidas pela Etherscan.

Isso significa que você pode acompanhar todas as transações e mudanças à medida que seu ambiente de tokens cresce!

Interagindo com seu NFT

Se quiser interagir com seu NFT novamente mais tarde (talvez para cunhar tokens adicionais), precisa recompilar seu código de contrato e retornar à página Deploy & Run Transactions, no Remix:

1. **Faça login em sua carteira da MetaMask, com a conta e a rede apropriadas.**

2. **Acesse:** `http://remix.ethereum.org`.

3. **Clique duas vezes no arquivo** `NFTFD.sol` **para abrir o código do contrato criado anteriormente e compilar o código-fonte do painel Solidity Compiler.**

4. **Clique no ícone da Ethereum, localizado no painel à esquerda, para acessar a página Deploy & Run Transactions.**

CAPÍTULO 11 **Construindo um Token ERC-721** 223

5. **Selecione Injected Web3 para alterar seu ambiente e garantir que está conectado à rede e à conta apropriadas.**

   Como mostrado na Figura 11-26, estamos na rede de teste Ropsten porque foi onde implantamos o contrato `NFTFD`.

   Observação: Para interagir com um contrato implantado na Mainnet, altere as configurações de rede da MetaMask de acordo com a necessidade.

6. **Em vez de implantar outro contrato `NFTFD`, cole no endereço de seu contrato no campo At Address, localizado na parte inferior da página Deploy & Run Transactions, também mostrado na Figura 11-26, e pressione Enter.**

   Em nosso caso, continuamos com o contrato:
   `0xd4139A846b5561c31df03FbbCE3583f1A7d8A814`

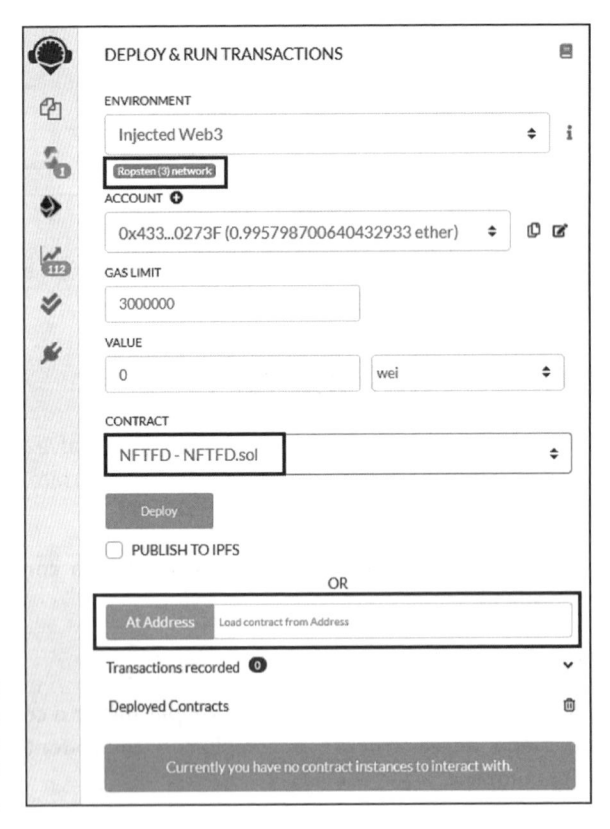

FIGURA 11-26: Localizando o contrato implantado NFTFD.

Esse contrato aparece na lista de contratos implantados, conforme mostrado na Figura 11-27.

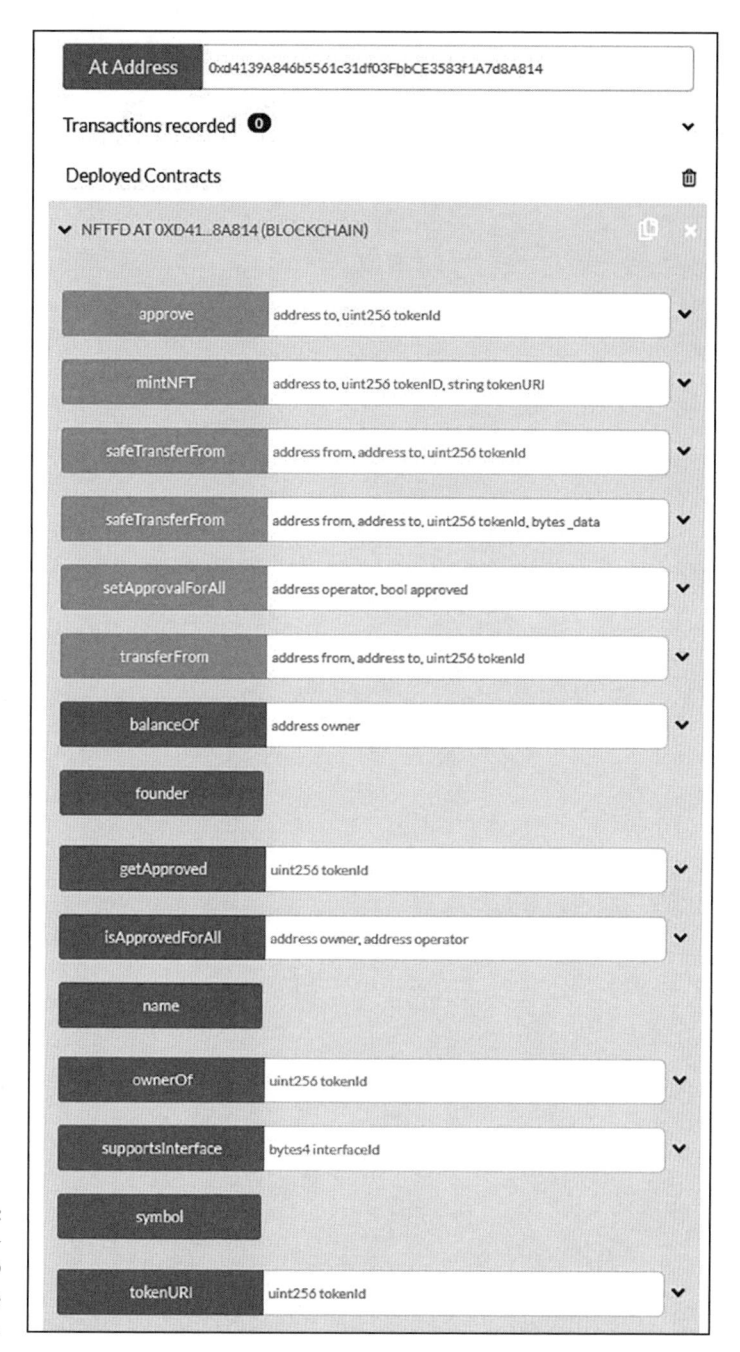

FIGURA 11-27:
Interagindo com o NFTFD (de novo).

Tcharan! Agora prossiga cunhando tokens adicionais, transferindo tokens existentes ou simplesmente acessando os dados básicos armazenados no contrato `NFTFD`.

A Parte dos Dez

4

NESTA PARTE...

Descubra as dez plataformas NFT que mais crescem.

Explore os dez NFTs mais caros de todos os tempos.

> **NESTE CAPÍTULO**
>
> » **Esmiuçando os dez principais mercados de NFT**
>
> » **Comprando, criando e vendendo NFTs nesses mercados**
>
> » **Pesando vantagens e desvantagens**

Capítulo **12**

Dez Mercados de NFTs

NFTs tomaram o mundo de assalto, e o espaço NFT está evoluindo *rapidamente*. Este capítulo revela as dez plataformas mais empolgantes para criar e coletar NFTs. Avalie os recursos e desvantagens de cada plataforma descrita aqui para se preparar para criar, negociar e coletar NFTs.

O NFT é uma grande invenção econômica — permite que pessoas criativas de toda parte do mundo criem e compartilhem suas criações e recebam por seu trabalho árduo. Essa oportunidade econômica decolou, em parte, por causa das condições econômicas que a Covid-19 criou em 2020; mas, agora que artistas e colecionadores têm acesso a essa nova tecnologia, é improvável que ela desapareça.

OpenSea

O OpenSea (https://opensea.io) foi a primeira e é a maior plataforma peer-to-peer de criptocolecionáveis. Ativa desde 2018, é um dos mercados de NFT mais populares do mundo (plataformas peer-to-peer são controladas por colaboradores, de forma cooperativa).

O OpenSea tem muitas ferramentas que permitem a você:

- » Negociar livremente seus ativos.
- » Lançar novas obras digitais.
- » Construir mercados ricos e integrados para seus ativos digitais.

A plataforma é fácil de usar — tudo o que você precisa fazer para adicionar seu próprio NFT é especificar algumas categorias e fazer upload de sua arte. A propriedade do token é atribuída após a criação, permitindo-lhe vender ou transferir de forma instantânea. O OpenSea é compatível com padrões de blockchain abertos, o que significa que você pode criar seu trabalho em outra plataforma e depois listá-lo no OpenSea. E tudo isso sem pagar taxas de publicidade ou passar por processos de anúncio exaustivos — embora o OpenSea ganhe dinheiro quando você vende.

Quanto dinheiro? Bem, sempre que alguém compra um NFT no OpenSea, a empresa recebe 2,5% do preço de venda. O criador original do NFT também pode optar por cobrar uma taxa sobre as vendas subsequentes de sua obra. Assim, cria um fluxo de royalties para si mesmo.

A desvantagem do OpenSea é que ele não suporta compras por cartão de crédito ou PayPal. Você precisa possuir criptomoedas, ou comprar algumas antes, para usá-lo.

A vantagem é que o OpenSea tem um programa de afiliados de referência: se indicar um amigo que faça uma compra, você ganha entre 40% e 100% da taxa que o OpenSea recebe por essa venda.

Axie Infinity

O Axie Infinity (https://axieinfinity.com) suporta o videogame online Axie Infinity, desenvolvido pelo estúdio vietnamita Sky Mavis. Ele vende personagens e itens apenas do ecossistema Axie Infinity, mas ainda é um dos mercados NFT mais populares do mundo.

No Axie Infinity, que foi inspirado em *Pokémon*, você ganha tokens por meio do jogo e de contribuições para o ecossistema. Possui duas criptomoedas: Axie Infinity Shards (AXS) e Small Love Potion (SLP). As moedas do jogo são usadas para batalhar, coletar, criar e construir um reino terrestre para seus animais de estimação Axie no jogo.

A diferença crucial entre o Axie Infinity e um jogo tradicional é que ele tem uma economia centrada no jogador. O sistema recompensa os jogadores por suas contribuições para o ecossistema (se você é fã do romance *Jogador Nº 1*, sabe do que estamos falando). Esse novo modelo de jogo, *Play-to-Earn*, foi pensado como um sistema econômico viável em um mundo pós-escassez. O Axie atraiu milhares de agentes de países em desenvolvimento que estavam à procura de novas fontes de renda durante a pandemia de Covid-19.

Ao negociar no mercado Axie Infinity, o vendedor paga uma taxa de 4,25%. A equipe da Sky Mavis usa essas taxas para financiar mais desenvolvimento. No entanto, as taxas do mercado vão para uma tesouraria comunitária, que recompensa os detentores de tokens AXS por meio de apostas — pegando seus tokens e trancando-os em um contrato inteligente que, em seguida, paga um dividendo na mesma criptomoeda. Funciona de forma semelhante a um CDB ou a uma conta-poupança.

Assim como o OpenSea, o Axie Infinity não oferece suporte a pagamentos via PayPal ou cartão de crédito. Use sua carteira MetaMask (veja o Capítulo 2) para fazer transações menores ou exchanges como a Coinbase (www.coinbase.com) para transações maiores. Transações grandes e pequenas significarão coisas diferentes para pessoas diferentes. Têm a ver com seu desejo de conveniência versus segurança. Quando me refiro a uma pequena transação, equivale àquilo com que estou disposta a arcar. Transações grandes são raras, e está tudo bem se eu tiver que passar por algumas etapas de segurança para proteger meus fundos.

CryptoPunks

Lançado em junho de 2017, o *CryptoPunks* (`www.larvalabs.com/cryptopunks`) foi um dos primeiros marketplaces de token não fungível. Desenvolvido pela Larva Labs (sediada em Nova York), o *CryptoPunks* foi construído na rede de blockchain Ethereum e apresenta 10 mil imagens exclusivas de arte de 24x24 pixels — que lembram a arte dos primeiros games — geradas por meio de algoritmos. Cada obra tem sua própria página de perfil, indicando seus atributos e status de propriedade.

No início, o *CryptoPunks* podia ser comprado por qualquer pessoa com uma carteira Ethereum. No entanto, agora, seu mercado está na casa dos milhões de dólares. O "CryptoPunk nº 7523" foi vendido por US$11.754 milhões como parte do leilão online da Sotheby's "Natively Digital: A Curated NFT Sale".

As imagens do *CryptoPunks* são muito grandes para serem armazenadas economicamente na Ethereum. A imagem que o NFT representa é em hash. É o hash que está escrito no blockchain.

LEMBRE-SE

Uma função de hash criptográfica (veja o Capítulo 6) é um algoritmo que usa uma quantidade arbitrária de dados — uma imagem *CryptoPunks*, por exemplo — para criar uma sequência pequena, de tamanho fixo, e única de caracteres. Os cientistas de dados usam hashes há anos para gerenciar grandes quantidades de informações digitais, como os 10 mil *CryptoPunks* únicos.

PAPO DE ESPECIALISTA

Você pode verificar seus *CryptoPunks* no contrato inteligente Ethereum calculando um hash SHA-256 na imagem s e comparando-o com o hash armazenado no contrato.

Obtenha seus *CryptoPunks* seguindo estas etapas:

1. **Se ainda não o fez, baixe e instale a MetaMask, um plugin do Chrome.**

   Para obter mais informações sobre a MetaMask, veja o Capítulo 2.

2. **Compre um pouco de Ether ou transfira de outra conta.**

3. **Acesse:** `www.larvalabs.com/cryptopunks/forsale`.

4. **Faça login com seu plugin MetaMask.**

Após reconhecer sua carteira, o site da Larva Labs adiciona botões à interface que lhe permitem fazer lances, comprar e vender *CryptoPunks* diretamente de seu navegador.

NBA Top Shot

Em 2019, a NBA fez uma parceria com a Dapperlabs, criadora da *CryptoKitties*, para criar o mercado Top Shot (`https://nbatopshot.com`). O subsequente acordo de licenciamento com a NBA e o sindicato de seus jogadores tem sido muito popular e produziu milhões em vendas apenas no primeiro ano.

LEMBRE-SE Uma característica significativa da era digital é que a informação pode ser infinitamente replicada e compartilhada. Tem sido difícil regular a escassez na internet. A informação pirata é facilmente acessível e gratuita. A revolução da tecnologia blockchain foi sua capacidade de criar escassez digital e autenticidade a um custo insignificante. Agora, indústrias como a do esporte podem se reinventar no mundo digital.

É possível replicar o arquivo de mídia que um NFT representa, mas é difícil alterar seu registro de propriedade — desde que a segurança adequada tenha sido usada. Isso ocorre porque o item foi protegido dentro da rede distribuída do blockchain. Os investidores compram NFTs esportivos porque acreditam que esse novo tipo de *memorabilia* continuará a ter colecionadores — como o basquetebol, o beisebol e o futebol, tradicionalmente.

O Top Shot oferece quatro níveis de colecionáveis que permitem a você comprar edições comuns (1 em 10 mil) até edições finais (1 de 1). O Top Shot cobra uma taxa de 5%, que é dividida entre a Dapper e a NBA. Comprar NFTs no NBA Top Shot é simples e fácil porque o mercado permite compras por cartão de crédito, bem como criptomoeda, e tem um site intuitivo.

Rarible

O Rarible (`https://rarible.com`) foi lançado em 2020 e rapidamente cresceu em popularidade até se tornar um dos maiores marketplaces de NFT, arrecadando cerca de US$150 milhões em vendas em 18 meses. Todo tipo de NFT imaginável está disponível para compra, porque o Rarible permite que qualquer pessoa compre e leiloe arte digital. O Rarible também tem um token de governança que permite que os usuários façam e votem em propostas sobre os recursos e taxas da plataforma. (Para mais informações sobre tokens de governança, veja o Capítulo 4.)

O processo de autolistagem criou uma diversidade em relação ao fornecimento de NFTs, o que é um pouco complexo no começo. Como criador de conteúdo no Rarible, você decide vender seus NFTs de duas maneiras: a opção Buy Now [Comprar Agora] ou por leilão.

Como comprador, você classifica e filtra os NFTs em uma ampla variedade de categorias, o que o fará encontrar o nicho que ama. No Rarible, você paga 2,5% de comissão, mas não há taxas de listagem envolvidas para artistas e investidores. O criador original do NFT também pode optar por cobrar taxas adicionais sobre a venda futura de suas criações. O Rarible não opera com cartões de crédito nem PayPal. Se quiser adquirir itens, você tem que usar a carteira MetaMask, cuja instalação mostramos no Capítulo 2, ou transferir criptomoedas de uma outra carteira.

LEMBRE-SE

Como ocorre com a maioria dos sites de criptomoedas, é possível usar um plugin de carteira Ethereum em seu navegador. A partir daí, a MetaMask (um plugin do Chrome) fornece a melhor experiência de usuário. Depois de ter acesso à sua carteira Ethereum, conecte-a ao Rarible e siga estas etapas:

1. **Acesse:** https://rarible.com/.
2. **Clique no botão Sign In.**
3. **Na nova página exibida, clique no botão Sign In with MetaMask.**
4. **Clique no botão My Profile no menu suspenso.**
5. **Clique no botão Edit Profile.**
6. **Adicione uma foto de perfil e uma imagem de capa.**
7. **Adicione as informações de sua conta.**
8. **(Opcional) Vincule suas redes sociais para compartilhar sua coleção.**
9. **(Opcional) Defina um URL personalizado.**

Depois de tudo isso, você pode criar novos NFTs ou começar a coletar aqueles que mais ama.

SuperRare

No SuperRare (https://superrare.com/market), você pode coletar e negociar obras de arte digitais de edição única protegidas no blockchain Ethereum com um token ER721. Esse mercado apresenta belas e incríveis coleções. Ativo desde 2018, o SuperRare, sediado nos EUA, usa a Rede Ethereum, e seus NFTs são o tipo comum de token ERC-721.

O SuperRare é mais seletivo para autorizar as pessoas a venderem NFTs, o que o torna a casa de leilões Christie's do mundo NFT. Cada NFT equivale a uma obra de arte digital oficial criada por um artista de sua rede. Você precisa de criptomoedas para comprar itens no SuperRare, e todas as transações são feitas usando Ether, o token nativo da Ethereum. (A coinbase.com é um bom lugar para comprar Ether usando uma conta bancária comum.)

Este é um detalhamento de como as transações funcionam no SuperRare:

» **All purchase [todas as compras]:** O comprador paga uma taxa de transação de 3%.

» **Primary sales [vendas primárias]:** O comprador paga uma comissão de 15%; vendas secundárias carregam um royalty de 10%.

» **Beta Launch Artwork [arte de lançamento beta]:** São os NFTs com um ID de token inferior a 4 mil, que têm taxa de bloqueio específica. Esses primeiros trabalhos não têm taxa de transação ou comissão sobre as vendas primárias e sua comissão é de 3% sobre as secundárias.

O SuperRare vê as taxas secundárias como a melhor maneira de apoiar os artistas e uma das melhores inovações da comunidade de artistas.

Alcor

O Alcor (https://greymass.com/en) é muito mais do que um mercado de NFT. Lançado em 2020, suas exchanges descentralizadas (DEX) atuam como mercados peer-to-peer (P2P) conectando compradores e vendedores de NFT. As plataformas descentralizadas são *não custodiais*, o que significa que os usuários permanecem no controle de suas chaves privadas — melhor para usuários experientes e um pouco difícil para iniciantes. Independentemente disso, a plataforma flexível do Alcor permite a *autolistagem*, ou seja, deixa os artistas se listarem gratuitamente e venderem suas obras diretamente. O Alcor também negocia NFT sem taxas.

PAPO DE ESPECIALISTA

O Alcor tem sido uma DEX que cresce com rapidez. Diferentemente da maioria dos mercados de NFT, o Alcor foi construído em blockchain EOSIO e tem integrações com blockchains BOS, EOS, Proton, TELOS e WAX. Você pode fazer um monte de coisas usando o Alcor, que vão muito além da criação e listagem de NFT. Por exemplo, também pode criar:

» **Pools de liquidez para tokens:** É aqui que os tokens são bloqueados em contratos inteligentes que fornecem liquidez em exchanges descentralizadas.

» **Negociação de limite/mercado para criptomoedas:** Essa é uma estratégia de negociação para diminuir a volatilidade do mercado.

» **Tokens:** São usados para representar ações de empresas ou outros ativos.

» **Pares de mercado:** Essa é uma estratégia de negociação neutra para o mercado que lhe permite lucrar em praticamente qualquer condição.

DICA

O Alcor não permite saques ou depósitos com cartão de crédito ou PayPal, e a MetaMask não funciona em seu site. Para usá-la, você precisa de uma carteira Anchor (`https://greymass.com/en/anchor/download`), disponível nas versões móvel e desktop, que lhe permite fazer login, assinar documentos e executar contratos inteligentes distribuídos.

Se usar a carteira Anchor para celular, ela armazenará suas chaves privadas com criptografia de nível militar usando enclaves seguros vinculados às informações biométricas de seu smartphone.

PAPO DE ESPECIALISTA

Enclave é uma área isolada do processador principal que fornece uma camada extra de segurança. Ele visa manter seguros os dados confidenciais do usuário.

Binance

A exchange chinesa de criptomoedas Binance (`www.binance.com`) criou uma exchange de NFT em 2021, lançada com obras de arte dos lendários artistas Andy Warhol e Salvador Dalí. A Binance lista todos os tipos de NFTs, incluindo itens de esportes e e-sports, colecionáveis, itens de entretenimento e arte digital. O marketplace opera na Binance Smart Chain usando tokens BEP-721, um padrão de token para Binance. O mercado de NFT da Binance também suporta NFTs da rede Ethereum.

Os NFTs criados na Binance Smart Chain ou na Ethereum estão sujeitos a taxas de rede blockchain. Além dessas taxas, os NFTs feitos no mercado de NFT da Binance estão sujeitos a uma taxa de listagem de 1% paga em Binance Coin (BNB). Como artista, você escolhe entre um formato de leilão ou preço fixo e recebe o pagamento em uma das várias criptomoedas possíveis. Os artistas recebem um pagamento de royalties de 1% por qualquer negociação subsequente de seu NFT na plataforma. Se transferir um NFT que possua, também receberá um royalty de 1% quando ele for vendido. Hoje em dia, não há um padrão de token reconhecido universalmente que garanta royalties fora da plataforma em que foram emitidos. No entanto, é provável que isso mude no futuro próximo.

Fazer um NFT na Binance é simples. Depois de inserir os detalhes básicos sobre ele e o tipo e a duração da venda, a equipe da Binance analisa seu envio antes de listá-lo.

O marketplace de NFT da Binance está conectado à sua exchange, o que torna um pouco mais fácil seu acesso aos NFTs. Você pode depositar dinheiro em sua conta da exchange com um cartão de transferência bancária ou débito e, em seguida, usar esses fundos para comprar NFTs.

CUIDADO Nunca deixe grandes quantias de dinheiro em uma exchange — elas são vulneráveis a ataques.

Foundation

O Foundation (https://foundation.app) está construindo uma nova economia criativa para artistas, criadores e colecionadores. Tal como acontece com outros mercados de NFT, pessoas criativas que fazem uso da plataforma do Foundation são recompensadas por seu trabalho e constroem ligações mais fortes com seus apoiadores. O Foundation foi lançado em 2021 e teve milhões de vendas em poucos meses.

Para começar a coletar NFTs, vá para a página inicial do Foundation, clique em Connect Wallet e selecione MetaMask no menu exibido. Após vincular a MetaMask, você pode fazer logon na área de marketplace do site.

Os NFTs do Foundation são vendidos por meio de leilão com um preço de reserva. Depois que um NFT recebe seu primeiro lance, uma contagem regressiva de 24 horas começa, quando, então, outros colecionadores podem dar seus lances. O leilão se estende por mais 15 minutos até o fechamento.

Para começar a trabalhar com o Foundation como artista, outro membro da comunidade deve convidá-lo. Ao receber um convite, você pode usar uma carteira MetaMask para criar um perfil. Junto com arquivos JPG ou PNG de sua obra, você precisa de algum ETH para pagar a taxa pelo anúncio e listagem no blockchain da Ethereum (a demanda do mercado muda o custo a cada vez que tal processo é feito).

O Foundation envia seus arquivos para o InterPlanetary File System (IPFS), uma rede de protocolo peer-to-peer que armazena e compartilha dados maiores em um sistema distribuído. Em seguida, você define um preço em ETH e abre um leilão. Então, você receberá 85% do preço final de venda e 10% de royalties sobre vendas futuras se vender no Foundation, no OpenSea ou no Rarible.

Crypto.com

A plataforma Crypto.com (`https://crypto.com/nft`) é uma nova adição à família. Com sede em Hong Kong, a empresa administra seu mercado de NFT como parte de sua própria plataforma de exchange; para você, isso facilita a transferência de fundos para sua carteira para comprar NFTs.

Lançado em 2021, esse mercado utiliza o blockchain Crypto.org Chain, que é um blockchain público, de código aberto e que dispensa permissões de uso projetado para pagamento, finanças descentralizadas (DeFi) e NFTs.

A plataforma Crypto.com foi lançada com um acordo exclusivo com a F1 Collectibles, emitido pela equipe de corrida de Fórmula 1 da Aston Martin Cognizant. Seus primeiros NFTs incluíam o piloto de corrida Sebastian Vettel e Lance Stroll em carros Aston Martin. Snoop Dogg também lançou vários NFTs na Crypto.com.

Enquanto escrevíamos o livro, a Crypto.com não cobrava taxas a artistas ou compradores. Você pode facilmente configurar uma conta e adicionar fundos à sua carteira. Os artistas podem configurar royalties de até 10% do preço de compra das revendas. A plataforma aceita cartões de crédito e você não precisa de criptomoeda para comprar NFTs.

> **NESTE CAPÍTULO**
>
> » **Explorando os dez NFTs mais caros**
>
> » **Descobrindo os artistas mais populares de NFT**
>
> » **Investigando a inspiração subjacente por trás desses NFTs**

Capítulo **13**

Os Dez NFTs Mais Caros

Neste capítulo, você explora os NFTs mais caros de todos os tempos (no momento em que este livro foi escrito) e os artistas que os criaram. No mundo atual de tecnologia em rápido desenvolvimento, a forma como os artistas criam e compartilham seu trabalho também está mudando rapidamente.

Como os NFTs representam uma mudança de poder que favorece artistas e colecionadores, entender os mais desejáveis e o trabalho e o pensamento que entraram em sua criação é útil. Este capítulo o ajuda a obter uma melhor compreensão do fenômeno do NFT e dos artistas que mais estão se beneficiando dessa nova tendência. Você também obtém uma melhor compreensão dos compradores prontos e dispostos a adquirir esse novo tipo de arte.

EVERYDAYS: THE FIRST 5000 DAYS

https://onlineonly.christies.com/s/beeple-first-5000-days/beeple-b-1981-1/112924

O NFT mais caro vendido e comprado até o momento é o *EVERYDAYS: THE FIRST 5000 DAYS*, uma obra de arte criada pelo artista digital Mike Winkelmann, também conhecido por seu apelido, Beeple. Esse designer gráfico e "motion artist" da Carolina do Sul acumulou mais de 1,8 milhão de seguidores no Instagram e colabora com marcas conhecidas, como Louis Vuitton e Nike. Ele até trabalhou com artistas como Katy Perry e Childish Gambino.

A partir de maio de 2007, Beeple começou a criar e publicar uma nova obra de arte online todos os dias. *EVERYDAYS* é composta das 5 mil imagens digitais que Beeple postou online em um fluxo constante para cada um desses 5 mil dias. Esse NFT é notável por ser a primeira obra de arte puramente NFT a ser vendida por uma grande casa de leilões — a Christie's.

Beeple fez mais do que juntar 5 mil imagens desconexas para criar *EVERYDAYS*. Ele criou uma colagem de temas recorrentes e esquemas de cores que organizou as imagens em ordem cronológica para dar à obra uma coerência estética. Se você ampliar as imagens individuais dentro da obra, verá como o artista evolui dos desenhos básicos para as imagens digitais 3D. A obra inclui muitos temas recorrentes, como a relação da sociedade com a tecnologia, a riqueza e a turbulência política nos EUA.

A primeira imagem digital que Beeple criou para a colagem foi uma desenhada à mão de seu tio Jim, a quem ele apelidou de Uber Jay. Suas obras evoluíram para trabalhos em 3D, como seu desenho de Mike Pence com uma mosca na cabeça em cima da Casa Branca. Essa é uma de suas obras de arte mais atuais, concluída imediatamente após o debate vice-presidencial de 2020, e que pretendia servir como comentário político sobre o governo Trump. Quando visto como um todo, o trabalho não mostra os detalhes específicos de cada imagem individual, mas a versão JPEG do NFT é tão grande que o proprietário pode ampliar cada obra para estudá-la individualmente.

Beeple explica sua evolução como artista como alguém cada vez mais centrado nos acontecimentos atuais. Ele declarou seu desejo de usar ferramentas 3D em sua arte para referenciar os eventos contemporâneos conforme aconteciam.

EVERYDAYS foi vendido em 11 de março de 2021, por surpreendentes US$69,3 milhões. Embora o lance tenha começado em apenas US$100, cresceu para quase US$30 milhões nos últimos segundos do leilão. Em seguida, uma enxurrada de lances de última hora levou o leilão a se estender por dois minutos, aumentando o preço de venda final para US$69,3 milhões. De acordo com a casa de leilões que vendeu o NFT, esse preço faz da obra o terceiro maior preço de leilão para um artista vivo, atrás dos artistas Jeff Koons e David Hockney.

Vignesh Sundaresan, também conhecido como MetaKovan na comunidade de criptomoedas, comprou o NFT. Sundaresan é o fundador do projeto Metapurse NFT, o maior fundo de NFT do mundo. EVERYDAYS foi criado no blockchain Ethereum, então, Sundaresan obterá um código exclusivo existente no blockchain Ethereum, além de um gigantesco JPEG do NFT.

CryptoPunk nº 7523

www.larvalabs.com/cryptopunks/details/7523

O segundo NFT mais caro é *CryptoPunk* #7523, um dos vários Alien Punks criados por Matt Hall e John Watkinson (fundadores do estúdio Larva Labs). Os *CryptoPunks* são um conjunto de 10 mil personagens de pixel-arte que foram originalmente distribuídos de forma gratuita no blockchain Ethereum, em 2017. Inspirado pelo padrão ERC-721, que alimenta quase toda a arte digital e colecionáveis, os *CryptoPunks* são um dos primeiros exemplos de NFTs da Ethereum.

Conhecidos por suas características distintas, não há dois Punks completamente idênticos, e o blockchain tem 10 mil Punks. Os nove Alien Punks *CryptoPunks* são os tipos de Punk mais raros, em comparação com os 24 Apes, 88 Zombies, 3.840 Females e 6.039 Males. Muitos *CryptoPunks* compartilham acessórios semelhantes, como cachimbos, óculos de sol, bonés e tapa-olhos, mas tais itens se misturam, combinando os diferentes acessórios, cores de pele e tipos para criar imagens únicas.

Todos *CryptoPunks* são conhecidos por seu minimalismo estético, pois são NFTs de 24x24 pixels e 8 bits. Um CryptoPunk em particular tem pele verde azulada, um pequeno brinco de ouro na orelha direita e um gorro marrom na cabeça — além de uma máscara médica, que se tornou simbólica da pandemia da Covid-19, apesar de não ter sido planejado assim quando criado. Essa talvez tenha sido uma das maiores razões para ele agora ser o CryptoPunk NFT mais vendido de todos os tempos.

Hall e Watkinson, que criaram o *CryptoPunk* #7523, são tecnólogos criativos que trabalharam com quase todos os tipos de software, desde infraestrutura web em grande escala até softwares de análise genômica. Além dos *CryptoPunks*, eles criaram os *Autoglifos*, a primeira arte gerativa on-chain no blockchain da Ethereum (aqui, *on-chain* significa que a própria obra de arte também é armazenada no blockchain). Eles trabalharam com empresas muito conhecidas, como Google e Microsoft, e até criaram um aplicativo para Android, chamado AppChat, que cria uma sala de bate-papo para cada aplicativo instalado.

O *CryptoPunk #7523* foi vendido por US$11,75 milhões em 10 de junho de 2021, como parte do leilão online da Sotheby's, "Natively Digital: A Curated NFT Sale". Em parte, esse NFT foi vendido por um preço tão alto por causa da posição dos Punks no coração do NFT e do ecossistema de criptomoedas. Os *CryptoPunks* assumiram um símbolo único de identidade online, dando a quem os possui acesso a um dos NFTs mais procurados.

O empresário israelense Shalom Meckenzie, o maior acionista da empresa de apostas esportivas digitais DraftKings, comprou o *CryptoPunk #7523*. Meckenzie também fundou o fornecedor de tecnologia de apostas SBTech em 2007, atuando como seu diretor até maio de 2014.

CryptoPunk nº 3100

www.larvalabs.com/cryptopunks/details/3100

O próximo NFT na lista é outro *CryptoPunks*, esse intitulado *CryptoPunk #3100*. Muitos dos NFTs mais vendidos de todos os tempos são *CryptoPunks*. O *CryptoPunk #3100* é o Alien, que representa um alienígena com pele verde azulada, careca e com uma faixa de cabeça listrada de azul e branco. Embora 406 dos *CryptoPunks* tenham essas bandanas, nenhum deles é exatamente como esse em particular.

Todos os *CryptoPunks* obtêm preços relativamente altos, com o mais barato hoje à venda por cerca de US$38 mil. O preço médio de venda de um *CryptoPunk* em julho de 2021 era de cerca de US$200 mil. Ao todo, as vendas de *CryptoPunks* totalizaram mais de US$55 milhões.

O *CryptoPunk #3100* foi vendido em 11 de março de 2021 por US$7,58 milhões, ou 4.200 ETH. Foi vendido no blockchain da Ethereum para um comprador que não foi nomeado além do número da conta Etherscan. No entanto, o proprietário do *CryptoPunk 3100* começou recentemente a oferecer o NFT por 35 mil ETH, o que equivale a US$90,5 milhões. Se um comprador adquiri-lo por esse preço, isso tornará o *CryptoPunk #3100* o NFT mais caro de todos os tempos.

CryptoPunk nº 7804

```
www.larvalabs.com/cryptopunks/details/7804
```

O *CryptoPunk* #7804, o quarto NFT mais caro de todos os tempos, é outro dos nove Alien *CryptoPunks*. Esse Alien Punk se distingue por seu boné cinza escuro e óculos de sol pretos, mas também fuma um cachimbo marrom, semelhante ao de Sherlock Holmes. Mesmo que 378 Punks tenham cachimbo e 317, óculos de sol, esse é o único com ambos os itens.

Dylan Field, CEO da Figma, tinha o *CryptoPunk* #7804, mas o vendeu em 10 de março de 2021. Quando Field o adquiriu, disse às pessoas que possuía "a *Mona Lisa* digital". A imagem de baixa resolução de um alienígena azul com um chapéu e um cachimbo não foi originalmente considerada de muito valor, mas, como os *CryptoPunks* se tornaram cada vez mais valorizados no espaço de NFT, esse NFT em particular disparou em valor. Field vendeu o *CryptoPunk* #7804 por US$7,57 milhões.

Curiosamente, ele vendeu o NFT por 4.200 ETH, que foi o mesmo preço do *CryptoPunk* #3100. No entanto, devido às flutuações no preço da ETH entre as duas vendas, o *CryptoPunk* #7804 foi avaliado em um pouco menos no momento da venda quando convertido em dólares norte-americanos.

O novo proprietário do *CryptoPunk* #7804 não é conhecido além do número da conta Etherscan, mas a conta está listada como proprietária de outros cinco *CryptoPunks*. O *CryptoPunk* #7804 estava listado para venda no momento da escrita deste livro por US$383,86 milhões, o que é um valor significativamente maior do que o de qualquer outro NFT.

CROSSROAD

```
https://niftygateway.com/itemdetail/secondary/0x12f28e
2106ce8fd8464885b80ea865e98b465149/100010001
```

O quinto na lista dos NFTs mais caros vendidos até agora é outro trabalho de Beeple, intitulado *CROSSROAD*. Foi vendido pela primeira vez antes das eleições norte-americanas de 2020 e, ao contrário da maioria dos NFTs, foi projetado para mudar com base no resultado da eleição. O NFT, como está agora, é um vídeo de 10 segundos que retrata o ex-presidente Donald Trump deitado nu no chão em um parque coberto de palavras relacionadas à sua campanha e imagens na mídia. No vídeo, os pedestres passam pela calçada enquanto um pássaro azul, que se assemelha ao mascote do Twitter, pousa em Trump e tuíta um emoji de palhaço.

Contudo, se Donald Trump tivesse vencido a eleição, o NFT teria mudado para caracterizá-lo com um corpo musculoso atravessando chamas e usando uma coroa. A primeira pessoa a comprar o NFT não sabia como seria a obra de arte final, um ponto que Beeple destacou como referência à incerteza dos nossos tempos. Embora o comprador inicial tenha adquirido o NFT sem saber sua forma final, o último comprador a adquiri-la — em fevereiro de 2021, meses após a decisão da eleição — já a conhecia.

CROSSROAD fez parte da primeira venda de NFTs de Beeple no Nifty Gateway, a plataforma de arte digital e marketplace de propriedade da exchange de criptomoedas Gemini. Pablorfraile, o usuário do Twitter que o comprou inicialmente, revendeu a obra — em 22 de fevereiro de 2021, por US$6,6 milhões, mais de 100 vezes seu preço inicial — para uma compradora anônima com uma conta chamada Delphina Leucas. É o segundo NFT mais caro de Beeple e o quinto mais caro de todos os tempos.

Assim como as imagens digitais individuais que compõem os *EVERYDAYS*, o Crossroad exibe a crítica política de Beeple de maneira provocativa. Esse NFT também está no blockchain da Ethereum. Na época em que foi vendido, esse NFT quebrou recordes por ser o NFT mais caro de todos os tempos, antes de o *EVERYDAYS* bater sua marca, algumas semanas depois.

OCEAN FRONT

https://niftygateway.com/itemdetail/primary/0x0151834a6997f89eb8372ac54ac077d79bb4d1e0/7

O artista Beeple tem mais uma obra de arte na lista dos NFTs mais caros do mundo. Seu trabalho *OCEAN FRONT*, sexto da lista, é uma obra destinada a falar sobre o desafio das mudanças climáticas. A obra de arte digital apresenta uma árvore que cresce em uma série de trailers e contêineres que ficam em uma plataforma que emerge do oceano. Na própria imagem, a folhagem verde brilhante da árvore e os tons azuis do céu são contrastados com a ferrugem dos tanques por baixo. O céu também é atormentado por nuvens escuras e fumaça, com linhas de energia entre os pássaros voando ao fundo.

Beeple afirmou que sua obra representa o que acontecerá se não fizermos nada para combater as mudanças climáticas. *OCEAN FRONT* era parte da série *EVERYDAYS*, de Beeple, e foi postado com a legenda: "Juntos podemos resolver isso." Foi leiloado no Nifty Gateway e recebeu três lances sucessivos de três usuários do Twitter: @3fmusic, @BabyBelugaNFT e Justin Sun, o fundador e CEO da TRON Foundation. Os lances começaram em US$2,77 milhões, mas Sun acabou comprando-o por exatamente US$6 milhões.

Sun é conhecido por seu interesse pelo espaço crypto, tendo dado muitos lances em obras de arte NFT no passado. Ele também participou do leilão da Christie's de *EVERYDAYS*, oferecendo US$60 milhões antes de perder para o lance vencedor, de US$69 milhões. Sun afirmou que sua intenção ao comprar *OCEAN FRONT* era ajudar a TRON Foundation a entrar na indústria de NFT. Ele tem planos de estabelecer uma fundação NFT em breve e contratar artistas e consultores para criar mais NFTs. Embora o NFT tenha sido criado no blockchain da Ethereum, Sun planeja armazená-lo permanentemente no blockchain do TRON e no sistema de armazenamento descentralizado BTFS.

Com base no tema sobre mudança climática de *OCEAN FRONT*, Beeple se comprometeu a doar os US$6 milhões para combatê-la. Beeple doou os recursos para a Open Earth Foundation (`https://openearth.org`), uma organização sem fins lucrativos que busca desenvolver uma infraestrutura digital aberta para ajudar a combater a mudança climática.

CryptoPunk nº 5217

`www.larvalabs.com/cryptopunks/details/5217`

O *CryptoPunk #5217* é o sétimo NFT mais caro de todos os tempos. Esse CryptoPunk, que é um dos 24 Ape Punks, veste uma corrente de ouro e um gorro de malha laranja. Exatamente 169 Punks têm corrente de ouro, e 419, gorro de malha. O *CryptoPunk #5217* provavelmente foi vendido por esse preço pela raridade de ser um dos poucos Ape Punks à venda, que é o segundo tipo mais raro de *CryptoPunks*, atrás do Alien.

O proprietário Snowfro vendeu o *CryptoPunk #5217* em 30 de julho de 2021, por US$5,45 milhões, ou 2.250 ETH, a um comprador anônimo, conhecido apenas pelo número da conta EtherScan. No momento da venda, o *CryptoPunk #5217* era o NFT mais vendido do mês. Como todos os *CryptoPunks* criados pela Larva Labs, o *CryptoPunk #5217* foi feito no blockchain da Ethereum.

Código-fonte da World Wide Web

www.sothebys.com/en/press/the-original-files-for-the-source-code-of-the-world-wide-web-sell-as-an-nft

O oitavo NFT da lista o leva de volta ao início da internet, pois esse token baseado em blockchain representa o código-fonte da World Wide Web original. O inventor da World Wide Web, Sir Tim Berners-Lee, anunciou que venderia um NFT representando o código-fonte original da web em um leilão da Sotheby's.

O NFT em si retrata uma série de codificação branca em um fundo preto, uma imagem nítida que reduz a vasta complexidade da internet às suas raízes mais simples. Embora o NFT represente o código-fonte da web, não é o código-fonte em si — o real é aberto e de domínio público; quem quiser pode visualizá-lo ou copiá-lo.

Uma forma artística de representar o código-fonte, apresentada com o título *This Changes Everything*, o próprio NFT é um pacote que inclui um arquivo do código-fonte, um pôster digital do código completo, uma carta de Berners-Lee e um vídeo de meia hora do código sendo digitado em uma tela.

Curiosamente, o vídeo no NFT contém um erro de codificação que aumenta seu valor. Vários dos caracteres escritos na linguagem C foram erroneamente substituídos pela linguagem HTML, que só existe por causa da criação da web. Scott Burke, da PleasrDAO, um coletivo de investimentos descentralizado que adquire NFTs, encontrou o erro.

Berners-Lee, também conhecido como TimBL, é um cientista da computação inglês amplamente creditado por inventar a World Wide Web em 1989, com base em uma ideia inicial destinada a ajudar os cientistas a compartilharem dados uns com os outros por meio da internet. Quando ele decidiu liberar o código-fonte, acabou abrindo a web para todos. Desde a criação da World Wide Web, Berners-Lee foi nomeado cavaleiro pela Rainha Elizabeth e uma das "100 Pessoas Mais Importantes do Século XX" pela *Time*.

Esse NFT foi criado no blockchain da Ethereum e vendido em 30 de junho de 2021 por US$5,4 milhões a um comprador anônimo. À venda por uma semana na Sotheby's, em Nova York, os lances começaram em US$1 mil, mas uma enxurrada de lances nos 15 minutos finais aumentou seu valor para US$5,4 milhões.

Stay Free

https://foundation.app/@Snowden/stay-free-edward-snowden-2021-24437

O nono NFT mais caro é o *Stay Free*, um NFT criado no blockchain da Ethereum e leiloado pelo delator da Agência de Segurança Nacional (NSA), Edward Snowden. Esse trabalho reproduz a decisão do Tribunal de Segunda Circunscrição de Apelações, de 2015, o caso ACLU versus Clapper, que determinou que a NSA estava violando a lei com seu programa de vigilância em massa. A obra de arte digital sobrepõe um retrato de Snowden em cima da variedade de documentos que detalham a decisão do tribunal. Platon, um fotógrafo britânico que capturou a foto de Snowden após uma entrevista em Moscou, criou o retrato. Snowden assinou o trabalho no canto inferior direito.

Snowden é, notoriamente, responsável por um dos maiores vazamentos na história política dos EUA. Ele trabalhava na NSA há quatro anos como funcionário terceirizado quando descobriu que a NSA estava se envolvendo em um programa de vigilância em massa contra o povo norte-americano. Ele revelou muitos documentos ultrassecretos ao público antes de fugir do país. Tal vazamento levou a uma discussão cultural sobre a segurança nacional e a natureza da privacidade individual.

Snowden vendeu seu NFT *Stay Free* por US$5,4 milhões, ou 2.224 ETH, em 16 de abril de 2021. Ele não ficou com os lucros; em vez disso, doou-os para a Freedom of the Press Foundation [Fundação para a Liberdade de Imprensa], da qual é o presidente. A Freedom of the Press Foundation é dirigida por um conselho que inclui figuras notáveis, como o delator Daniel Ellsberg, o escritor Glenn Greenwald e o ator John Cusack.

Na declaração da Freedom of the Press Foundation, Snowden afirmou: "A fusão de aplicativos de criptografia pode desempenhar um papel importante no apoio aos nossos direitos." Ele acredita que o leilão de seu NFT ajudará a impulsionar o desenvolvimento de usos de criptografia que protegem a privacidade e salvaguardam a liberdade de imprensa.

O vencedor do *Stay Free* é PleasrDAO, a mesma DAO ("organização autônoma descentralizada") que detectou o erro no NFT de código-fonte da World Wide Web NFT. PleasrDAO é agora a proprietária do *Stay Free*, com o NFT *x*y=k*, de pplpleasr, uma artista digital taiwanesa que recentemente se juntou à organização como membro honorário. A maioria dos membros da

PleasrDAO nunca se encontrou, e alguns deles permanecem anônimos. Eles compartilham uma filosofia comum, no entanto, que insiste em que a DAO seja usada para beneficiar a sociedade. Eles compraram o Snowden NFT porque concordam com os ideais de Snowden em torno da transparência para todos, algo que, para eles, os blockchains ajudam a fornecer.

CryptoPunk nº 7252

www.larvalabs.com/cryptopunks/details/7252

Por fim, o último NFT na lista, o décimo mais caro de todos os tempos, é o *CryptoPunk* #7252, o quinto CryptoPunk e único Zombie Punk a fazer parte da lista. Esse CryptoPunk é um dos 88 Zombie Punks, que é o terceiro tipo menos comum de CryptoPunk disponível, atrás do Alien e do Ape.

Esse zumbi de pele verde com barba marrom, um brinco de ouro e cabelos ruivos rebeldes, além de olhos vermelhos brilhantes. Dos 10 mil *CryptoPunks*, 282 têm esse tipo de barba; 414, cabelos rebeldes; e 2.459, brincos.

Esse CryptoPunk é o último na lista dos dez NFTs mais caros, mas é a venda mais recente deles. Feng Bo comprou o *CryptoPunk* #7252 em 24 de agosto de 2021, por US$5,33 milhões, ou 1.600 ETH — mais que o dobro do que o comprador anterior pagou por ele, US$2,53 milhões. Como todos os outros *CryptoPunks*, esse NFT também foi criado no blockchain da Ethereum.

Feng Bo, um investidor chinês, possui outros oito *CryptoPunks*, todos eles humanos. O investimento de Feng Bo faz parte de uma tendência geral entre os investidores chineses da internet que entram na economia de criptomoedas comprando NFTs. Cai Wensheng, fundador da empresa de tecnologia chinesa Meitu, é outro investidor que recentemente comprou o *CryptoPunk* #8236. A Meitu foi uma das primeiras empresas chinesas de capital aberto a investir fortemente em criptomoedas, tendo comprado US$100 milhões em Ether e Bitcoin no início de 2021.

Índice

A
Alcor 235-236
Alex Atallah 58
algoritmo 232
Algoritmo de Assinatura Digital de Curva Elíptica (ECDSA) 114
ambiente 139
Anchor 236
Andy Warhol 236
API 190
Art Blocks 192
arte 35
    digital 14
Artificial Intelligence Art V2 59
artistas 66
    popularidade 50
assinaturas digitais 120
ataque de 51% 100
autolistagem 234
Axie Infinity 231

B
Beeple 243
    arte digital 36
Binance 236
    BNB 237
Bitcoin 7
    Improvement Proposal (BIP) 189
blockchain 12
    aplicativos 21
    block nonce 109
    BOS 236
    EOS 236
    EOSIO 236
    Hard Fork 109
    mecanismo de consenso 109
    nó de mineração 109
    Proposta de Melhoria da Ethereum (EIP) 109
    Proton 236
    pública 98
    registro distribuído 23
    TELOS 236
    Uncle block 109
    WAX 236
bloco nonce 100
blocos órfãos 102
bytecode 166

C
Cai Wensheng 248
carteira
    de hardware 51
    determinística hierárquica 51
    fria 51
    quente 51-53
Chainlink 191
chamada 104
chave 113-138
Chris Torres 49
código 178
    hash 36
Coinbase 27
colecionáveis 10
composability 188
conta 84
    de contrato 122-124
    de propriedade externa (EOA) 112-121
contrato
    base 171
    inteligente 24-25
        funções 170
        implantação 172
Covid-19 229
criptocolecionável 20
criptogames 22
criptomineração 98-99
criptomoeda 10
CROSSROAD 243
Crypto.com 238
CryptoKitties 20-33
    Cattributes 32
    procriar 33
CryptoPunk 50
    #3100 242
    #5217 245

#7252 248
#7523 241
cryptowallet 53

D
dados 50
Daniel Ellsberg 247
Dapperlabs 233
Dapper Labs 20
dark web 37
David Hockney 241
deepfake 40
DeFi 14
desenvolvimento 140
Devin Finzer 58
direitos de propriedade 35–44
Disaster Girl 79
Doge 77
doutrina da primeira venda 39
DraftKings 242
DROPS 63
duplicar 14
Dylan Field 243

E
Edward Snowden 247
enclave 236
equity tokens 70
escassez digital 24
ETC 102
Ether (ETH) 108
Ethereum Improvement Proposal (EIP) 189
    de interface 190
    de rastreamento de padrões 189
    de rede 190
    informativo 190
    meta 190
Ethereum, plataforma 12
    desenvolvedores principais da 103
    Mainnet 191
    padrões de desenvolvimento 187–188
Ethereum Request for Comment (ERC) 190
    ERC-20 188
    ERC-165 195
    ERC-721 111
        Non-Fungible Token Standard 10
    ERC1155 59

Ethereum Virtual Machine (EVM) 84–110
    sistema fechado 106
eventos, logs de 171
EVERYDAYS 240
exchange
    centralizada 23
    descentralizada (DEX) 235

F
F1 Collectibles 238
falsificação 43
Feng Bo 248
filmes 40
finanças descentralizadas (DeFi) 14
FinTech 38
fork 103
Foundation 237
fraude 50
Freedom of the Press Foundation 247
função 104
fungibilidade 70
fungível
    e não fungível 9

G
Ganache 139
gás 86
gasto duplo 100
Glenn Greenwald 247
Grande Depressão 71
gwei 86

H
Handsomely-Vessel 205
herança 202

I
ICO 21
imóveis 42
imposto 80
instrumentos financeiros 71
interface binária de aplicativo (ABI) 167
interface gráfica do usuário (GUI) 142
interfaces de linha de comando (CLIs) 142
internet 22
interoperabilidade 188
InterPlanetary File System (IPFS) 37

investidores 234
investimento 49
    queda expressiva do valor 49

J
Jeff Koons 241
jogo 231
    Play-to-Earn 231
John Cusack 247
John Watkinson 241
Justin Sun 245

K
Kevin McCoy 78

L
Lance Stroll 238
Larva Labs 232
LeBron James 48
leilão 38
lista cinza 135
Livro-Razão distribuído 108
livros 40

M
Mainnet 124
marketplace 232
Matt Hall 241
MAYC 12
Meitu 248
meme 49
memorabilia 233
mempool 87
MetaMask 47–68
    Chrome 54
    Firefox 54
mídia física 39
Mike Pence 240
Mike Winkelmann 240
minerador 84
mundo físico 42
música 39
    indústria 49

N
NBA 48
New Deal 71
NFT 7

colecionadores 12
comprar 15–17
conceitos básicos 9
golpistas 11
investimento 16
leis regulatórias 80
melhor desempenho 76
off chain 50
on chain 50
popular 78
uso 10
Nifties 63
Nifty Gateway 63
nó de mineração 84
número de bloco 102
Nylon Cat 79

O
OCEAN FRONT 244
ofertas iniciais de moedas (ICOs) 21
Offer, recurso 31
olecionáveis digitais 25
ommer blocks 102
opcode 166
OpenSea 58
OpenZeppelin 201
oracle 107–108
organizações autônomas descentralizadas (DAOs) 14
Overly Attached Girlfriend 79

P
padronização 188
peer-to-peer (P2P) 235
phishing 51
pilha de soluções 140–142
pixel-arte 241
plataforma
    não custodial 235
    peer-to-peer 230
Platon 247
PleasrDAO 247
Pokémon 231
pplpleasr 247
Proof-of-Work 50
proposta de melhoria Ethereum (EIP) 103
propriedade digital 39
protocolo de rede 103

prova de participação
  Proof-of-Stake (PoS) 98
prova de trabalho
  Proof-of-Work (PoW) 97
Python Enhancement Proposal (PEP) 189

Q
Quantum 78

R
Rainha Elizabeth 246
RARI 65
Rarible 65
rastreio de propriedade 38
Ready Player One 231
rede de teste 125
Remix 139
retorno-alvo 76
Ropsten 208
RPC 190
Rudy Kurniawan 43

S
Salvador Dalí 236
sandbox 124
SBTech 242
Scott Burke 246
Sebastian Vettel 238
SEC 71
segurança 50
senha descartável baseada em tempo (TOTP) 30
Shalom Meckenzie 242
Sina Estavi 49
sinalização social 76
Sir Tim Berners-Lee 246
Sky Mavis 231
Small Love Potion 231
Snoop Dogg 238
solicitação 84
Solidity 166
  código-fonte 168
Sotheby 63
Stay Free 247
streaming 39
StubHub 64
SuperRare 235

T
tecnologia financeira (FinTech) 38
Testnet 124
Tether 191
This Changes Everything 246
TimBL 246
token 47
  BEP-721 236
  de governança 65
  ER721 235
  ERC-20 187
  ERC-721 187
  ERC721 59
  ERC1155 58
  não fungível 9–17
  washing 66
Top Shot 76
  site 48
transação 84
  hash da 86
  nonce 100
tuíte 49
Twitter 49

U
uncle block 102

V
variáveis
  de estado 170
  de memória 170
versão pragma 167
Vignesh Sundaresan 241
  MetaKovan 241
volume de negociação 75

W
Warren Buffett 76
Winklevoss 63
World Wide Web 246
Wyre 57

Y
Yul 166

Projetos corporativos e edições personalizadas
dentro da sua estratégia de negócio. Já pensou nisso?

Coordenação de Eventos
Viviane Paiva
viviane@altabooks.com.br

Contato Comercial
vendas.corporativas@altabooks.com.br

A Alta Books tem criado experiências incríveis no meio corporativo. Com a crescente implementação da educação corporativa nas empresas, o livro entra como uma importante fonte de conhecimento. Com atendimento personalizado, conseguimos identificar as principais necessidades, e criar uma seleção de livros que podem ser utilizados de diversas maneiras, como por exemplo, para fortalecer relacionamento com suas equipes/ seus clientes. Você já utilizou o livro para alguma ação estratégica na sua empresa?

Entre em contato com nosso time para entender melhor as possibilidades de personalização e incentivo ao desenvolvimento pessoal e profissional.

PUBLIQUE SEU LIVRO

Publique seu livro com a Alta Books. Para mais informações envie um e-mail para: autoria@altabooks.com.br

/altabooks   /alta-books   /altabooks   /altabooks

CONHEÇA OUTROS LIVROS DA ALTA BOOKS

Todas as imagens são meramente ilustrativas.

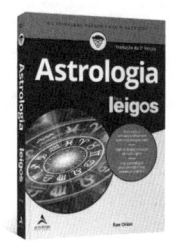

- Canais do YouTube para leigos
- Astrologia para leigos
- DBT (Terapia Comportamental Dialética) para leigos
- Depressão para leigos
- Psicologia para leigos
- Transtorno da Personalidade Borderline para leigos
- Antropologia para leigos
- Judaísmo para leigos

ALTA BOOKS EDITORA · ALTA LIFE EDITORA · ALTA NOVEL · ALTA CULT EDITORA · FARO EDITORIAL · Editora ALAÚDE · TORDESILHAS · ALTA GEEK

ROTAPLAN
GRÁFICA E EDITORA LTDA

Rua Álvaro Seixas, 165
Engenho Novo - Rio de Janeiro
Tels.: (21) 2201-2089 / 8898
E-mail: rotaplanrio@gmail.com